世纪中国论坛典藏文库

失业经济学

袁志刚 著

格致出版社 上海人民出版社

出版说明

出版作为人类思想和智慧的凝结，集聚了发明创造和社会实践的经验与成果，推动了人类文明进步。飞速发展的数字和互联网技术并未削弱出版业的这一功能，反而前所未有地促进了其创新发展。

长期以来，上海世纪出版集团始终以弘扬主旋律、引领学术思潮、关注时代命题为己任，并围绕中国发展的重大事件、重大战略决策和重大理论问题举办“世纪中国论坛”。结合 2016 年“世纪中国论坛”，上海世纪出版集团融合移动端、语音端等新技术，以纸电一体同步发布的方式隆重推出《世纪中国论坛典藏文库》，实现了出版方式与互联网、新技术、新模式的融合发展，表达了出版人在奉献好书的同时，努力践行社会责任、文化理想的使命追求。

《世纪中国论坛典藏文库》聚焦中国经济的长期增长主题，荟萃了诺贝尔经济学奖得主、熊彼特奖得主和中国经济学杰出贡献奖得主等中外著名经济学家的扛鼎之作，著译并重，经典闪耀。

著名经济史学家安格斯·麦迪森早在 1998 年出版的《中国经济的长期表现》英文版中就预言，中国可能在 2015 年成长为世界最大的经济体，从而恢复它在1890年之前所享有的世界经济地位。2014年，在《中国的奇迹：发展战略与经济改革》出版20周年之际，经济学家林毅夫在为图书新版撰写的长篇序言中特别指出："出乎主流经济学界预料之外的是，中国经济在此书出版后20年却基本沿着我们在书中所预测的增长轨迹前进。"

然而，中国经济自2012年增速明显减慢，国内生产总值（GDP）增长率一直处于下行趋势。经济学家们所预言的奇迹或增长赖以产生的基础是否改变？对于未来，我们是否还有足够的信心？

首届中国经济学杰出贡献奖得主吴敬琏在专著《中国增长模式抉择》第一版（2005年）中，就指出了转型、结构调整不能取得成效的很多具体原因，归结到一点，就是存在体制性障碍，核心内容就是政府仍然在资源配置中起决定性的作用，抑制或排除了市场的作用。他在第四版的序言中写道："中国在21世纪面对着两个必须解决的问题，一个是体制改革，一个是发展转型。"

无独有偶，中国经济改革研究的先驱巴里·诺顿在《中国经济：转型与增长》一书中，全面描述和评价了1949年以来的中国经济，并把中国的制度转型放在经济增长的大框架里论述，既突出了转型对中国经济增长的必要性，也突出了转型对中国经济增长的促进作用。

显然，制度转型不可能一蹴而就。诺奖得主道格拉斯·诺思和斯坦福大学教授青木昌彦在各自的经典作品《制度、制度变迁与经济绩效》与《比较制度分析》中，分别从东西方的不同视角阐释了制度的内涵，揭示了制度在经济发展和绩效中的作用。

公共选择理论的奠基者曼瑟·奥尔森的遗著《权力与繁荣》则提出了“强化市场型政府”这一分析经济增长的前沿性概念，为金融危机后的亚洲以及其他发展中国家的治理演变和经济政策提供了有用的分析框架。

对于那场起始于亚洲的金融危机，沈联涛用《十年轮回：从亚洲到全球的金融危机》一书进行了详细的解剖，并警示我们2017年可能发生的另一场全球金融危机。对于可能引发危机的高杠杆问题，瑞典的邓达德等在《新国富论：撬动隐秘的国家公共财富》一书中给出了全新的解决方案，并因此被《经济学人》和《金融时报》推荐为2015年度图书。

根据“十三五”规划的蓝图，中国经济将保持中高速增长，到2020年国内生产总值和城乡居民人均收入比2010年翻一番。2015年11月，习近平总书记提出要着力加强供给侧结构性改革，这是实现收入翻番的必由之路，其目标就是通过消除生产要素供给能力和配置效率以及全要素生产率提高的体制性障碍，消除经济运行中不平衡、不协调、不可持续的因素，一方面挖掘传统增长动能的潜力，另一方面开启新的可持续增长动能，最终实现经济增长方式的转变。正如习近平总书记指出的：“中国共产党人和中国人民完全有信心为人类对更好社会制度的探索提供中国方案。”我们将以出版更多的精品力作传播道路自信、理论自信、制度自信和文化自信，为实现中华民族伟大复兴的中国梦作出贡献。

《世纪中国论坛典藏文库》编委会

2016年7月

再版前言

《失业经济学》一书初版于1997年9月，当时中国经济改革进程中出现的一个重要问题是如何将国有企业中的隐性失业转变为显性失业，我们如何处理大量的“下岗工人”需要再就业以及从农村中大量转移出来的农民工需要在城市就业的问题。面对这样的情况，对失业问题的研究自然成为大家所关注的一个热点。但是，20世纪90年代中国经济学界对失业问题的研究并不是太深入，其中的道理非常简单，在原来计划经济体制之下，无论在城市还是在农村，尽管“冗员”现象到处可见，从理论上讲，社会主义计划经济模式中失业是不存在的。因此，面对国有企业职工的下岗和再就业，农村剩余劳动力的转移，我们十分需要一本系统论述失业问题的著作。在这样的背景之下，我收集了当时能够接触到的有关失业问题研究的文献，写成了《失业经济学》。本书的内容由三篇构成，分别为：(1)失业概论，讨论失业的基本概念和统计，中国和全球的失业概况，失业成因的初步探讨；(2)失业理论的深化与建模，介绍各类失业理论和模型；(3)失业治理及其政策，从主动和被动两大角度讨论世界各国政府实践中的失业政策的主要内容。很显然，这是一本介绍性的著作，类似于教科书，涉及本人的研究和创新内容不多。在《失业经济学》出版之后，我又与其他人合作出版了《中国就业报告》、《中国就业制度的变迁》和《隐性失业论》等著作并发表了一系列论文，构成我的一个主要的研究领域。如果按照现在经济学的标准来评判，本书看起来比较“幼稚”，因为：一是20世纪90年代中叶以来国际经济学界关于失业理论研究文献又有很大的丰富和发展；二是，中国近20年来经济学的进步和对中国实际经济问题研究能力的提高是惊人的。因此，这次世纪出版集团的总裁陈昕先生提出要重版一批“当代经济学文库”早年出版的著作，拙著也在里面，我曾经有过犹豫。但不管怎样，本书的再版，如果从以下几个方面看，可能还有点意义。第一，我们这一代人同时经历了中国经济的高速增长和中国经济学的快速进步，这是一个十分难得的历史现象，本书就是当年中国经济学如何从引进简单的概念开始，后面不断取得进步的一个见证，尽管幼稚，但好像还有那么点“历史地位”。第二，就业和失业问题对于中国这样一个人口大国，始终是一个大问题，尽管在不同的历史时期，失业问题呈现出不同的表现形态，但是本书所提出的一些基本概念、基本理论和基本模型似乎还不过时，其基本政策建议今天看来还是管用的。

下面我们对过去30多年中国就业和失业问题的演变作一简述，本书的读者可以根据书中展开的逻辑，看到中国目前失业问题的解决在中国宏观经济运行中的重要性。

中国自改革开放以来，建立在原计划经济体制上的就业机制逐步退出历史舞台，代之以与市场经济体制相适应的就业机制。在这个就业机制转轨的过程中，由于中国特有的人口包袱，曾经出现劳动力供求的严重失衡，原体制下的国有企业的隐性失业和二元经济中农村隐性失业的释放，经济发展过程中的产业结构大幅度调整所带来的结构性失业的不断上升，导致就业矛盾十分尖锐，各种失业现象不断交替出现，有时又非常严峻。但是，从另外一个方面看，中国的经济增长在很大程度上得益于中国丰富的劳动要素禀赋，得益于中国经济增长对失业问题的很好解决。经济增长的主要方式有两种：一是生产要素投入的增加；二是技术水平的提高。生产要素主要包括劳动和资本，在新中国经济史上，这二者扮演着不断变化的角色。在改革开放以来的30多年，技术水平提高一方面来源于市场机制的引进所导致的竞争，国家政策的扶持，另一方面源于外资的进入，技术水平与国际水平的迅速接轨（“追赶效应”的真正体现）。但是，中国的经济增长并不是单纯由技术水平的提高带来的，30多年的经济奇迹是技术水平和生产效率的提高同生产要素配置效率的提高共同造成的。改革开放以来的经济政策和发展方向从根本上讲，是从对资本和劳动的解放开始的，在资本和劳动供给不断增加的前提下，资本市场和劳动市场的逐步完善是中国经济长期快速增长的基本动因。只有在完善的要素市场下，技术进步的作用才可能最大地显现出来。

因此，许多学者的研究都将中国经济长期快速增长归因于中国劳动要素的丰富，通过从农村转移出廉价的劳动力来促进工业化所需的资本积累和为工业化投资提供更丰厚的回报，“人口红利”思想在中国经济分析中受到很大追捧。

然而，进入21世纪以来，中国劳动力市场总量矛盾和结构性矛盾再度出现。随着中国人口结构的变化，一方面20世纪50年代和60年代出生的人口已经步入或即将步入退休年龄，有些则因为城乡二元结构持续存在，过早地回归农村，劳动力资源充裕的辉煌时代已经一去不复返。由于中国在20世纪70年代末实施了独生子女政策，年轻劳动力的主要部分开始由“80后”和“90后”构成，中国人口老龄化正在加速到来，劳动力的养老负担上升，东部地区的劳工短缺问题在2004年之后就开始出现，劳工短缺下劳动工资水平正在不断上升，使得中国的传统制造业正在失去优势。人们惊呼，维持中国经济高速增长的“人口红利”正在消失，所谓中国已经进入“刘易斯转折点”的说法，被很多人所接受。但是，事实上，中国仍有很多人口集中在农村，农业还远远不能成为现代产业，农业劳动生产率十分低下。同时中国人口和就业在区域间的分布相当不均衡，由于户籍制度的存在，土地和住房制度的扭曲，城市化率依然很低，农民工的市民化程度更低，严重影响了人口在城市的集聚和服务业的发展。在人口和劳动力流动自由难以完成的情况下，中国经济固有的增长模式难以突破，经济结构的升级受到阻遏，就业和失业问题依然严峻。同时，独生子女代受教育年限的延长和劳动态度的变化，要求我们的经济结构变化满足劳动供给结构的变化，但是，在我国经济转型并不顺利，其他要素市场如金融市场、土地市场等改革滞后，导致先进制造业和现代服务业发展比较滞后，特别是在2008年全球金融危机之后，中国式的粗放经济增长已经难以吸收我国每年600万至700万的大学毕业生，新的结构性失业现象正在加剧。

中国人口结构的改变，人口红利的消失，工资水平的持续上升，养老负担的不断加重，城市化的进程进一步加快，这一切都要求中国的就业制度更加灵活，劳动力市场更加完善，使得劳动力资源的配置效率进一步提高。而要完成这些使命，需要中国进入到更加全面和深入经济体制改革之中，更加全面地融入全球经济，完善要素市场，让市场在资源配置中起决定性作用，提升资本、技术、土地和劳动力等诸生产要素的利用效率，做到真正的充分就业。如果在中国人口红利期关闭之前，中国的城镇化速度不能提高，劳动力资源非均衡配置的问题得不到有效解决，全国统一的劳动力市场和社会保障体系不能建立，中国经济的增长动力就业不能成功转换，经济结构的转型就难以维持，中国经济高速度增长很可能在不远的将来戛然而止，我们终究无法逃脱"中等收入陷阱"。

就业和失业在中国这样一个人口众多的国家，这样一个人口结构即将面临剧变的国家，无疑会是一个永恒的主题。就业是民生之本，人类与失业现象的斗智斗勇将永无止境。

此为《失业经济学》再版前言。

袁志刚

2014年初于复旦大学

序

失业是当今发达市场经济国家和向市场经济转轨国家普遍存在的经济现象。像通货膨胀一样，它不仅关系到千家万户的切身利益，同时又是事关一国经济和社会改革、发展和稳定大局的大问题。因此，理所当然地成为引起各国政治家、经济学家进行理论研究和对策思考的一个跨世纪的挑战性问题。

我国是一个有12亿多人口的大国，劳动力基础庞大这一特殊国情决定劳动力供过于求的矛盾长期存在。改革开放以来，随着计划经济体制向市场经济体制的转变，粗放经营方式向集约经营方式的转变，农村不断释放出大量剩余劳动力，国有企业的隐性失业转化为公开失业，经济发展过程中结构调整带来失业，客观经济波动引致失业等等，就业、失业和再就业的压力日趋严重。据统计，到1996年底，全国城乡登记失业人员有553万，城镇还有2 200万企业隐性失业需要分流安置！农村尚余11 000万潜在失业，再加上“九五”期间预测将有7 200万城乡新成长的劳动力需要就业。我国面临着数量庞大，类型不同，成因有异的失业和再就业的严峻形势。

长期以来，在“社会主义消灭了失业”神话的误导下，我们对失业现象的研究，可以说是一片空白。但若对失业内涵和外延没有正确界定，不知道该用怎样一个指标体系去反映它，就根本无法认识和掌握失业的总体情况和人员的构成，及失业的规模和变动趋势。尤其是，要对症下药地找到治理失业的对策，先得承认我国社会主义初级阶段不可避免地存在失业，深入研究各类失业现象存在的成因。

认为资本主义市场经济失业是不可避免的，而社会主义计划经济可以消灭失业，是一种错误观念。不错，失业是一种历史现象，到了资本主义时期才大规模出现。但失业一方面是生产力发展对劳动力需求相对降低的结果，另一方面则是市场配置资源的要求。在传统的计划经济体制下，从生产要素合理配置的角度看，劳动力的相对过剩也是严重存在的，只不过由于国有企业不自负盈亏，不讲究经济效益，多余的劳动力才没有成为社会上公开的失业者，而是隐蔽在企业内，成为“隐性失业”。转到社会主义市场经济轨道以后，企业讲求效益，自负盈亏，追求利润最大化成了企业生产经营的目标。这时，如果最后增加一个劳动力的工资支出低于他的产出，不聘用这个工人就是符合客观规律的要求和经营者的理性行为了，因为聘用过剩人员，无法保证利润最大化。所以说，失业是发达市场经济下资源配置的必然结果，部分工人失业是优化全部劳动资源配置的必要条件，它与资本主义或是社会主义制度并无内在的本质联系。与计划经济联系的社会主义，失业采取“隐性”形式；与市场经济联系的社会主义，失业采取“显性”的社会公开失业的形式，失业的内容则是一致的。在这个问题上，资本主义和社会主义的区别，不在于存不存在失业，而在于社会主义应该而且能够更好依靠社会保障全体职工的利益，建立失业保障和再就业保障的社会制度，切实有效地治理失业。

进一步还要看到，市场配置劳动资源，建立供需双方自愿选择的劳动力市场，对劳动者来说，是摆脱了计划经济体制下行政隶属的一次解放，使劳动者能充分发挥自己的潜能和潜力，提高自己的价值，其经济和社会的巨大而深远意义是不可低估的。下岗和失业工人虽然承受了改革成本，遇到暂时困难，作出必要牺牲，但只要转变传统体制下的就业观念，勇于面向市场，在政府再就业工程的指导和帮助下，也一定会找到更能发挥自己才能和特长的工作。从这层意思看，“隐性失业”转为“公开失业”，不但是提高资源配置效益的必需，也是充分调动劳动者积极性、发挥劳动者聪明才智、符合包括部分失业工人在内劳动者根本利益和长远利益的历史性选择。

《失业经济学》是袁志刚同志继《非瓦尔拉均衡理论及其在中国经济中的应用》后的又一部力作。这本专著对宏观经济中的根本问题之一——失业问题，作了全面系统的研究和分析，在概述了失业涵义和计量以及全球失业概况后，着重对失业成因的理论作深入探讨；在此基础上，研究了失业治理的理论和对策。

理论密切联系实际，理论为实践服务，是贯串全书的一条基本原则。作者在导论中说：“得出我们关于当前中国失业问题的理解及其治理对策，这就是写作本书的动因和主要目的。”从中国失业状况的实际出发，对它“进行深入的理论思考”，求得对中国失业问题的理论解释，找到治理对策，这叫做“有的放矢”，是一种正确的学习和研究态度与方法。

从这种态度和方法出发，本书的一个重要特点是，“对经济学在失业问题上的最新理论成果进行分析比较”。这是深入思考中国失业问题所必不可少的。失业现象的存在已有几百年的历史，解释各类失业的理论在不断发展；各国经济发展水平不同，类型有别，成因各异，只有全面系统研究各种失业理论，特别是最新失业理论，并且进行比较分析，揭示其适用范围和条件，才能深入理解中国当前存在的复杂失业现象。在失业成因分析中，由表及里，由远及近，由浅入深地作了深入比较分析和评价。从劳动力供求方面的直观解释，进到失业理论演变中的两种最主要观点：古典失业和凯恩斯失业，再介绍近二三十年失业理论的新发展，这还是初步概念性的介绍；接着用一篇四章篇幅，从信息、功能受阻、宏观非均衡等多方面进一步展开介绍古典失业和凯恩斯失业及两者在现实中表现为混合失业的理论，并建立相应的模型。这样的理论阐述，清晰地揭示失业理论演进的轨迹，多侧面地体现出失业理论及各种观点的相互关系，为全面深入地思考我国现时带有特殊性的复杂失业现象，提供了有用的理论武器。

全面考察当今世界各类国家，包括经合组织国家，苏联、东欧等处于转轨时期国家的失业情况及治理对策，这也是本书的一个特点。只有作全面的横向比较，才既能了解失业的共同趋势和规模、成因及治理对策，又从中国实际出发，在比较中掌握其特殊性，从而能对症下药，找到治理我国失业的对策。书中特别对治理我国城市失业的再就业工程作深入的理论分析，指出它充分体现出社会主义在解决失业问题上的制度特征，在经济转型和经济高速发展时期，在失业治理中具有特别重要的意义。

1993 年在法国获得博士学位回国后，袁志刚同志即进入复旦大学经济学博士后流动站从事研究工作。他的专业是宏观经济领域研究。早在 20 世纪 80 年代中后期，当他还在攻读复旦大学经济系硕士学位期间，已有第一批有关非瓦尔拉均衡理论的研究成果在《经济研究》等杂志发表，1989 年又与别人合作翻译出版了法国著名经济学家让·巴斯卡尔·贝纳西的《市场非均衡经济学》一书，算得上我国最早把西方经济学这一理论分支介绍到中国来的青年经济学者之一。去法国读博士学位这几年，他也是师从这位国际大师级的著名学者。前述提到的《非瓦尔拉均衡理论及其在中国经济中的应用》一书，就是回国后在他的博士论文基础上修改而成的。进博士后流动站以后，正值通货膨胀成为我国宏观经济的突出焦点，他在运用非均衡理论研究这一问题的同时，也已预见到当通货膨胀缓解后即将出现严峻的失业问题，而且对中国这样一个大国，治理失业也许更是一个费时的跨世纪问题。因此，在站期间和出站以后，袁志刚教授逐步把主要精力放在失业问题的理论和对策研究上。1996 年，他有幸再度去法国从事几个月的合作研究，接触到大量有关失业的学术观点，观察到欧洲的失业现状，收集了最新的统计数据和各种治理对策，为他写作本书提供了充分的理论依据和资料基础，经过数年的准备和研究，今天终于写成了这本《失业经济学》。

我们正面临一个严峻的失业形势。再就业工程刚刚在全国各地开展起来，对失业的认识，无论在理论上、思想上还是治理对策上都是远远不足的。全面系统解释我国失业的理论和治理对策的需求迫在眉睫。《失业经济学》的出版，其重大的学术价值和现实意义将是有目共睹的。

曾经作为袁志刚教授博士后流动站联系导师的我，非常高兴为本书作序。相信学术界的朋友们和广大实际工作者，一定会从本书得到很大的启迪。

复旦大学经济学首席教授　伍柏麟

1997 年 6 月

前 言

在当今世界，失业问题已日益成为一个受各方面广泛关注的话题。在21世纪即将到来之际，无论对于政治家来说，还是对于经济学家来说，失业问题的研究及其对策思考都是一个跨世纪的挑战性问题。环顾全球，通货膨胀和失业曾经是世界各国，尤其是西方发达国家宏观经济运行中的一对主要矛盾，但相比之下，前者所经历的时间较短，如西方各国在20世纪80年代中期以来，这一问题基本上得到了控制，然而失业现象却久久挥之不去，西欧诸国近年来失业率都纷纷达到10%的高水平，有些国家如法国、西班牙等已突破10%的水平。美国的失业情况表面上看起来要好于西欧，近几年失业率在6%左右徘徊，但美国的贫困阶层人数却在不断地增长，其背后的深刻原因也是经济中的各部门对非熟练（或称非技能）劳动力的需求不断下降。由于美国的失业保障不如西欧，劳动力市场的竞争与调节力量比较显著，因此失业率并没有很快地上升，但是非技能劳动者的收入却不断下降。因此两种社会现象所透示出来的本质问题是一致的，即在市场机制配置劳动力资源的情况下，世界各国的劳动力供给尤其是非技能劳动力的供给已大大高于劳动力的需求。曾几何时，社会主义的计划经济体制被认为创造了消灭失业的奇迹，实行了充分就业。但是实践证明，计划经济体制下的劳动资源并没有达到实质上的充分就业，只不过是把社会上公开的失业转变为企业内部的隐性失业而已。经济体制转轨以来，几乎所有的前计划经济国家都面临着如何将企业内的隐性失业转化为公开失业的问题。苏联、东欧国家，由于采取激进的向市场经济过渡的措施，导致国内生产和外贸的大幅度下降，在原来隐性失业问题上更加雪上加霜，使失业率在近几年迅速上升。中国的经济改革由于采取渐进式的方式，在邓小平建设有中国特色的社会主义理论指导下，摸索自己的改革开放道路，经济快速增长，应该说这在就业方面能够带来正面的效应。改革开放以来中国的就业发展和增长以及大量民工进城就业就是一个有力的证据。但是由于中国特有的人口包袱以及改革以前国有企业所沉淀的大量隐性失业人员，加上经济快速增长过程中所出现的产业结构调整（产业升级换代）所带来的结构性失业，使失业问题一度变得十分严峻。这些都要求我们对失业问题进行深入的理论思考，对经济学在上述问题上的最新理论成果进行分析比较，在此基础上，对世界上的失业情况进行详尽的考察，并对迄今为止世界各国政府在治理失业方面所进行的努力进行认真的总结，然后得出我们关于当前中国失业问题的理解及其治理对策。这就是写作本书的动因和主要目的。

根据上述逻辑思路和写作动因，本书从三个方面来展开对失业问题的讨论。第一篇是“失业概论”，由 3 章构成。第 1 章“失业概念与计量”，对失业的历史起源进行了讨论，最后得出失业是市场经济配置劳动力资源的一种必然结果的结论，当然我们也区分了在不同政治制度的社会里，失业的本质是不同的。在此分析基础上，我们讨论了失业概念的界定和计量问题，其中我们也介绍了西方各国关于失业的统计指标设置和统计方法问题。第 2 章“20 世纪 80 年代以来全球失业概况”，通过对经合组织国家的失业情况，苏联、东欧国家等处于转轨时期经济中的失业情况以及中国当前失业情况的考察，给出当今世界失业的一个概况。其中我们既考察了失业的共同趋势性问题，也分析了不同经济制度（包括社会保障制度)下面不同的失业后果,使我们对失业的全貌有一个大概的了解。第3章"失业成因的初步探讨",先从比较直观的角度分析失业的成因问题,如从劳动力供给增长过快、劳动力供给结构与需求结构不相称以及技术进步导致劳动力需求下降等角度展开讨论,接着我们深入到理论层次,对失业的两种主要解释:古典失业理论和凯恩斯失业理论进行了论述,最后我们对西方最近二三十年以来的失业理论演变和发展作了一个概述。但是这些讨论和论述都还是停留在比较基本和初浅的程度上。第二篇是"失业理论的深化与建模",由4章构成。第4章"摩擦性失业与结构性失业",从劳动力市场信息非充分假定和劳动力市场的风险假定出发,讨论了西方最近几十年发展起来的"职业搜寻"理论模型和"隐含合同"理论模型。最后我们考察了结构性失业情况,并介绍了结构性失业的理论模型和简单的计量经济学模型。第5章"市场的分割与失业"主要是从劳动力市场发生功能性障碍角度分析失业的成因。在这一章我们主要考察了三种劳动力市场发生功能性障碍的情况:"内部人—外部人模型",从劳动力市场已经就业的内部人控制角度讨论了劳动力市场调节是如何发生问题的;"效率工资模型",从效率工资概念讨论了劳动力市场的主要调节变量——工资实际上是如何处于市场非出清的水平,从而影响劳动力市场的调节机制;"二元劳动力市场模型",从劳动力市场分割的角度讨论自愿失业和非自愿失业的存在。第6章是"非均衡理论与凯恩斯失业"。如果说前一章的失业分析主要是从劳动力市场发生功能性障碍导致市场调节劳动力供求的机制失效的角度讨论问题,这实际上还是以古典失业理论为基础讨论问题,那么这一章将从一个全新的角度,即从以非瓦尔拉均衡概念为基础的凯恩斯有效需求不足的角度讨论失业的成因,并把古典失业和凯恩斯失业放在一个统一的理论框架里进行考察,从而使我们对各种失业成因有了一个较为系统的和完整的认识。第7章"混合失业理论"从近年来的失业发展的实践考察中发现,尽管在理论上我们可以明确区分古典失业情况和凯恩斯失业情况,但是在现实中,古典失业和凯恩斯失业并不是泾渭分明的,而是两种相互联系和相互影响的失业,因而我们在这一章着重考察和分析这两种失业相互影响和转换的情况。第三篇是“失业治理及其政策”，由3章构成。第8章“主动的失业治理政策”以西方主要市场经济国家的经验为考察对象，结合前面关于失业成因的理论分析，分别从改变劳动力供给数量和质量、修复劳动力市场的调节机制和促进经济活动水平等三个角度讨论主动的失业治理政策的效果及其意义。第9章“被动的失业治理政策”，主要是从失业保障的角度讨论失业治理问题。在这一章我们先是在理论上讨论了失业保障中的保险逻辑和救济逻辑问题，然后在此基础上考察经合组织国家失业保障制度的具体操作情况，同时也考察了东欧国家在经济转轨时期的失业保障制度的建设和演变情况。第10章“中国的失业治理问题讨论”在前一章西方国家和东欧国家失业治理讨论的基础上，结合中国特有的国情，分别从农村地区失业和城市失业角度，讨论主动的失业治理政策问题，最后讨论了中国的失业保障制度的建设和完善问题。

ABSTRACT

Unemployment has become a topic, to which is paid wide and close attention, day by day in the world of today. At the time of the 21st century coming, both studies of unemployment and thinking of its countermeasures are a cross-century challenge topic for politicians and economists. From the perspective of the whole world, every country experienced inflation and unemployment. Inflation and unemployment have become a pair of main contradictions in the macroeconomic performance in western developed countries. Although inflation has been controlled to a certain extent in these countries, the unemployment phenomenon has not disappeared since the middle of the 1980s. In recent years, unemployment rate in all of western European countries reached a high level of 10 per cent, and some countries such as France, Spanish even topped the level of 10 per cent. The situation of unemployment in U. S. A. was outwardly better than that in the western European countries and its unemployment rate has fluctuated in about 6 per cent. However, the number of poorstratum is continuously increasing because the demand for non skilled laborers in all economic sectors is continuously decreasing. In contrast to the western European countries, unemployment insurances in U.S.A. is not better than that in these countries, competitions in labor market are keen, and labor market adjustment is strong. All of these do not result in a rapid rise of unemployment rate in U.S.A. but in a gradual reduction of incomes of non-skilled laborers. Therefore, the two types of unemployment phenomena in the western European countries and U.S.A. reflect a same essential problem. In the condition of market mechanism allocating labor resources, labor supply, in particular, non-skilled labor supply far exceeds demand for it in the world. Not long since, the socialist planned economy system was considered as a miracle of eliminating unemployment and implementing full employment. However, practice proved that in the planned economy system labor resources did not realize essential full employment, but open unemployment in society transformed to disguised unemployment in the interior of enterprises. Since the economic transition, almost the all late planned economies have been faced with a problem of how to transform disguised unemployment in the interior of enterprises to open unemployment. The radical measures of transiting to market economy carried out by the late Soviet Union and eastern European countries resulted in a drop of domestic productions and external trades by a big margin so as to aggravate the disease of disguised unemployment and to bring about a rapid rise of unemployment rate in recent years.

Owing to the implementation of the gradual economic reform in China, under the guide of a theory of the socialist market economy with Chinese characteristics proposed by Deng Xiaoping, China has explored a way of reform and opening-up and kept rapid economic growth so as to produce a positive effect on employment. The development and increase of employment in china since the reform and opening up and the employment of a large number of peasants in urban areas are a convincing evidence. However, a large population in China, a large number of disguised employment in state-owned enterprises and structural unemployment produced by industrial structure adjustment (industrial upgrading) in the process of rapid economic growth made the problem of unemployment become extremely sever for a time. All of these require us to make a deep theoretical thinking of the unemployment problem.

Based on the comparisons and analyses of the recent theoretical achievements in economic research on the above-mentioned problems, in this book we make a thorough investigation of unemployment in the world. We conscientiously sum up the efforts in unemployment treatment made by governments in all countries so far, then we propose the understanding on the current unemployment problems in China and its treatment countermeasures.

According to the above-mentioned logical train of thought and motivations, this book is organized into three parts.

Part One consists of three chapters. In chapter 1 first we discuss the historical origins of unemployment, then we draw a conclusion that unemployment is an inevitable outcome of market economy allocating labor resources. Of course, the nature of unemployment in societies with different political systems is not same. On the basis of these analyses, we discuss the definition of unemployment and its measurements, and introduce the set up of unemployment statistical indicators and statistical methods in western countries.

In chapter 2 we investigate the situations of unemployment in the of OECD countries, in the late Soviet Union and eastern European countries during the economic transition. We also give a survey of unemployment in the world of today. We not only study a problem of common tendency of unemployment, but also analyse different consequences of unemployment in different economic systems (including social insurance systems).

Chapter 3 makes a preliminary study of the causes of unemployment. First, we analyse the causes of unemployment from the perspective of intuition: too rapid labor supply, mismatch between labor supply structure and its demand structure and decrease of labor demand produced by technological progress. Then at the theoretical level we discuss the two main explanations of unemployment—classical unemployment theory and Keynesian unemployment theory. At last, we make a survey of the evolution and development of western unemployment theories in recent two and three decades.

Part Two is composed of four chapters. In Chapter 4, under the assumption of imperfect information and of risk in labor market, we study the theoretical models of job searching and of implicit contract. Then we analyse structural unemployment, and introduce the theoretical models of structural unemployment and its simple econometric models.

Chapter 5 focuses on functional flaws in labor market and analyses the causes of unemployment. In this chapter, we examine three functional flaws in labor market: The insideroutsider model analyses how insider control results in failure of labor market; the efficiency wage model discusses how wage as a main adjustment mechanism of labor market does not clear market according to a concept of efficiency wage so as to influence the adjustment mechanism of labor market; The dual labor market model concentrates on labor market separation and analyses voluntary unemployment and involuntary unemployment.

Based on the concept of non-walrasian equilibrium, in Chapter 6 we study an unemployment theory of Keynesian insufficient effective demand and analyse classical unemployment and Keynesian unemployment in an integrated theoretical framework so that we obtain a more systematic and complete understanding on various causes of unemployment.

Chapter 7 examines and analyses the interaction and transformation of the two types of unemployment—classical unemployment and Keynesian unemployment In real economies.

Part Three is divided into three chapters. In Chapter 8 we use the experience of unemployment treatment in western main market economies for reference, combine the above-discussed theoretical analyses of the causes of unemployment, and study the effects and significances of active policies of unemployment treament from the perspective of changing labor supply quantity and quality, repairing the adjustment mechanism of labor market and promoting the economic activity level.

Chapter 9 focuses on unemployment insurance and studies the problem of unemployment treatment. we first discuss insurance logic and relief logic in unemployment insurance, then on this basis we investigate concrete operations of the unemployment insurances in the countries of OECD. We also investigate the construction and evolution of the unemployment insurance systems in eastern European countries during the economic transition.

Based on the previous chapter, in Chapter 10 according to the specific national conditions we study active policies of unemployment treatment in rural and urban areas. At last, we discuss the construction and perfection of the unemployment insurance system in China.

目 录

第一篇 失 业 概 论

第二篇　失业理论的深化与建模

第三篇 失业治理及其政策

CONTENTS

Part One: An Outline of Unemployment

Part Two: Advances in Unemployment Theory and Unemployment Models

Part Three: Unemployment Treatment and its Policies

第一篇

失 业 概 论

作为本书的第一部分，失业概论是全书以后各章节逻辑推理的起点。因此，在这一篇我们力图要给出失业这一社会经济现象的内涵和外延，要明确界定失业概念并与之相关的就业、不在劳动力人口，以及介于这三个概念（或状态）之间的其他概念（或状态），同时我们还将讨论失业统计的指标体系。其次我们将给出失业这一“顽疾”在全球蔓延的情况及其发展趋势。最后我们将对各种直观的和理性的失业问题讨论给出一个简要的综述，在复杂的经济学逻辑推理和数字模型展开之前，让我们对失业问题先有一个较全面的认识。

1

失业概念与计量

19 世纪英国经济学家威廉·配第(W.Petty)说:劳动是财富之父,土地是财富之母。马克思进一步强调,劳动是创造价值的唯一源泉。但是,人类社会发展到一定程度却发现劳动资源供给过剩。随着技术进步、劳动生产率提高,人们创造财富将越来越省力,反过来说,创造同样的财富,所花的时间越来越少。但是,只要人类社会对财富积累的渴望没有停滞,劳动应该是不会过剩的。为什么在商品和财富还不十分丰富的年代,一个经济当中会出现失业(即劳动过剩)现象呢?其背后的形成机制是什么?在本书的第 1 章第 1 节,我们将讨论失业的起源问题。因为失业现象不是随人类社会的出现而出现的,而是人类社会发展到一定阶段以后的产物,因此是一个历史现象。在这一节我们将讨论失业形成的物质生产力条件和经济制度条件,同时将讨论不同经济体制下,失业所具有的不同性质。在这一章的第 2 节,我们将讨论失业的界定问题,即什么样的脱离劳动岗位的人口可以被称作失业者,就业、失业与其他劳动资源低利用情况的区别与联系;如何从动态的角度看就业、失业、不在劳动力人口等范畴之间的关系，等等。在第3节我们将讨论国际劳动组织所规范的、被世界大多数国家所普遍接受的失业的统计指标及其测算方法，同时也结合中国情况，讨论中国将如何尽快建立起与国际接轨的一套失业的统计指标和方法。在第4节我们将讨论从不同分类看的失业人口构成问题，如失业的年龄构成，失业的性别构成，失业的产业构成以及失业的教育程度（或技能足以胜任的程度）构成。通过对世界各国在不同历史时期这些失业构成的分析，我们可以大致了解就业与失业结构变动的一般趋势。

1.1 失业是一个历史现象

人与自然界其他动物不同的地方在于人类社会从其诞生的那天起，就依靠劳动谋得人类的生存，因此劳动是人类为了满足自身各方面需要所进行的有目的的活动，是人类创造财富首先必不可少的要素。当然除了劳动要素以外，人们还利用土地、资本等其他生产要素来进行财富的创造。随着人类社会的发展，技术的不断进步，生产过程中不断有创新的生产要素出现，如科学知识、技术、信息等等，而且随着新要素的增加，普通劳动在生产过程中的重要性日益下降，被各类机器、电脑所替代，这本来是人类进步的福音，劳动需求少，意味着每个劳动者可以从繁重的劳动中解放出来，每天从事劳动的时间可以不断减少，剩余的时间去从事其他有益于人类的活动，如学习、娱乐等等。但是遗憾的是，这样美好的图景迄今没有在世界上任何地方出现。在现阶段，劳动还是一种谋生的手段，而且在大多数国家所采用的市场经济配置生产要素的方式下，当生产过程中对劳动要素需求下降时，劳动资源配置的市场方法却采取让一部分人就业，另一部分人失业的形式。这种现象是怎样产生的呢？它难道是科学和技术进步的必然结果吗？

按照马克思主义的观点，在物质生产力低下的前资本主义社会形态里，是不存在大规模的失业现象的。在劳动生产力十分低下的年代，人们劳作终日才能维持十分简朴的生计，当时劳动是一种十分稀缺的生产资源，是不可能过剩的。因此，大规模的失业现象的出现，一是需要劳动生产率的大幅度提高，二是需要资本主义社会形态的确立，即资本与劳动的雇佣关系的确立。因此失业首先是一个历史现象。

在前资本主义社会形态下，对于那些与生产资料自然结合的小农或小生产者来说，失业问题是不存在的。掌握生产资料的小农或小生产者可以充分利用其所支配的生产资料来为自己生产财富，或者为了满足自己的需要，或者为了交换自己所需要的商品。对于那些被剥夺生产资料的劳动者（如农奴）来说，虽然他们与生产资料相分离，但是失业也不会光顾他们。这是因为：第一，从生产力发展角度来看，机器代替劳动的时代还没有到来，劳动人口相对于土地等其他生产要素来讲还是稀缺的；第二，从生产关系来看，失去生产资料的劳动者的人身依附于主人，不是一个独立可以支配其劳动力的劳动要素的所有者，因此也不存在工资概念。在奴隶制下，劳动者生活资料的消费水平只有非负界限，也就是说，主人可以任意地压低劳动者的生活资料消费，这种降低甚至可以影响到奴隶的生存条件。因此这部分劳动者创造的物质财富数量总是大于他的生活资料的消耗，由于后者可以任意压低，因此这个差额总是正数。只要这个差额是正数，就意味着劳动力永远不会过剩，因而也就没有失业的问题。因此，劳动者与生产资料相分离是失业存在的前提条件，但不是充分条件。

在马克思主义产生的时代，资本主义市场经济已经得到长足的发展，一方面生产力高度发展，大规模的生产使得资本有机构成提高，出现机器代替人、劳动力在生产过程中的使用比重下降的现象，同时也使劳动变得越来越专业化和单一化。劳动的单一化使得童工和妇女加入生产过程成为可能，而童工与妇女的加入，使劳动人口大量增加。另一方面从生产关系看，工人是被剥夺生产资料的劳动者，但是工人是其劳动力的所有者，其人身是完全独立的，劳动者与生产资料的结合需要通过劳动力市场上的买卖关系才能进入生产过程。因此,劳动者与生产资料的结合过程同时也是资本雇用劳动的过程。资本的本性是追逐最大利润,当雇用的劳动不能给它带来利润增加时,资本就会停止雇用劳动,未被雇用的劳动者,就成了失业人口。因此生产力发展到机器大规模替代劳动,生产关系发展到资本与劳动的雇用关系,资本追逐利润最大,劳动者作为一个独立的生产要素所有者要求一定的工资水平等构成了失业产生的历史条件。上述条件如果不是一起具备,普遍的失业就不可能出现。正是由于生产力的高度发展使得劳动的需求大幅度下降,资本雇用劳动的关系及资本的本质属性必将把不能给它带来利润增加的劳动者抛向失业队伍。因此,这部分失业人口只是一种相对的过剩人口,即相对于资本获取利润来说的过剩,而不是绝对过剩。

但是,在社会主义制度下,即全体劳动人民成为一个国家国有土地和国有资产的共同所有者的经济里,是否还存在失业问题呢?这是一个十分棘手的理论难题,需要我们作出回答。

先从社会主义的计划经济体制说起。虽然我国是世界上人口最多的国家,劳动力相对于其他生产资源来说,是个相对过剩的生产资源,但是我们在计划经济体制下还是基本上实现了充分就业的目标,只是这种充分就业目标是以牺牲经济资源的优化配置进而牺牲经济效率为代价的。首先我们是通过户籍制度隔离城乡劳动力的流动,把广大农村劳动力束缚在土地上。当时在农村,由于人口基数大,劳动力增长快,单位土地上的劳动力配置已经大量过剩,达到刘易斯所描述的劳动力边际生产率等于零的程度,即如果我们从土地上分离出一部分农村劳动力来,农产品数量将保持不变,这时这部分劳动力就是过剩人口,即相对于生产同样农产品数量角度来讲是过剩的,但也不是绝对过剩人口。在农村人民公社制度下,人人都有饭吃,都可分得一份平均产品,劳动力的增加会减少平均产品的数量,但平均产品不同于边际产品,永远不会等于零。因此,在土地公有、生产资料公有的情况下,没有哪部分人成为过剩的失业者。

在城市，劳动者不是某一企业生产资料的所有者，因此还不能像农村劳动力那样与生产资料直接结合，还需要通过就业安置来进行。由于大量的农村劳动力被限制进城以后，尽管城市人口增长也很快，就业压力较大，但那时各级政府还是基本上保持了充分就业水平，其中的手段就是计划配置劳动力。但是，即使在计划经济条件下，企业也还是一个追求某项经济目标的微观组织，如果我们把计划经济条件下的企业定义为追求产量指标（或者为了完成计划指标）的微观单位，那么企业对劳动力的需求应是产量变量和资本存量变量的函数，即根据固定资本装备计算出生产计划产量所需要的劳动力。但是上级计划部门可以要求企业超过这一客观需求量而雇用更多的工人，前提是企业的工资总额由计划者制定，企业不必为利润问题担忧。因此，在不讲究经济效率的情况下，企业雇用多余的工人是不违背理性原则的。在计划经济体制下，我们就是这样依靠计划手段，迫使企业多接受工人。这样操作的结果是，企业隐性失业情况严重，企业的经济效率低下。可见，在生产资料公有制的情况下，虽然可以消除失业现象，但是劳动要素和其他生产要素在一定生产条件下的一个合理比例关系还是存在的，劳动力优化配置的要求也是存在的。计划经济的做法只是把公开的失业转化为隐蔽的失业而已。

由计划经济体制转向市场经济体制以来，首先是农村劳动力开始流动，出现了大量过剩劳动力。其次是随着国有企业改革的深入，企业面临着一个隐性失业公开化的问题，再加上就业人口的增长，失业问题在我们这里也提出来了。我们的社会主义制度没有变化，土地国有和绝大部分生产资料国有的公有制的性质没有变化，为何会出现失业问题呢？在现代市场经济里，经济资源是市场配置的，因此从计划经济向市场经济的转轨必将带来两大变化：(1)微观生产单位追求经济效率，以经济效率最大为目标函数；(2)所有生产要素（包括劳动力）的价格是由市场供求决定的。这两大变化就改变了劳动力资源的配置方式。我们以农村土地承包制以后的农户家庭为例来说明问题。

1979 年实行家庭联产承包责任制以后，土地由国家占有没有变化，而且每个农户都拥有一块土地的使用权，劳动与生产资源（土地）可以直接结合，收入扣除上交的承包基数以后在每个家庭成员之间平均分配。在这样的劳动与生产资料相结合的方式下，按理是不存在失业问题的。

但是改革以后，首先农村微观生产组织发生了变化。农户不同于生产队和人民公社，其经济活动的首要目标是追求家庭经济效益最大。其次，在市场经济条件下，任何产品和要素的价格由市场供求决定，农产品如此，农村劳动力亦是如此。在这两个条件下，农户作为基本生产单位（微观组织）其经济理性就是优化配置其所掌握的生产要素，使其经济收入最大。因此，当家庭承包的土地上没有必要容纳那么多劳动力时，换句话说，当家庭成员中部分人的边际产出等于零时，即某几个成员离开土地并不影响家庭承包土地上的产出时，这部分人实际就处于隐性失业状态。当其他机会出现时，如可以进乡镇企业工作或进城市参加民工队伍时，这部分人就会离开土地。但当他们找不到工作时，滞留在城镇就成为实际上（公开）的失业人口。由此可见，即使是拥有生产资料（土地）的农户，只要这个农户是追求经济效益最大，整个经济的资源配置是由市场完成的，农户内部也存在失业人口，这部分失业人口当然也是相对的，即相对于按市场给定的产品价格和要素价格计算的经济收益极大化来说的相对过剩劳动力①。

农村家庭作为微观生产单位所存在的失业机理说清楚了以后，城市失业的机理也容易说清楚了。

从生产力发展及生产过程中各种生产要素合理配置的角度来讲，中

---

① 但接着而来的一个问题是，在一家有三四个兄弟的农户里，大家都平等地拥有土地使用权，谁应该留下，谁应该出去谋生？至于农户中谁先成为失业者，是一个复杂的问题。有些家庭是家长（父亲）配置劳动力，因此他决定谁留在家中，谁出去谋生，有些家庭则是愿冒风险（风险偏好）和素质较好的成员离开土地，出去谋生。当然，出去谋生者如果在外面遇到了问题，如生病、找不到工作等，他还是可以在家庭中得到帮助，这时家庭互助就相当于一份社会保障。

国劳动力是相对过剩的。前面已经提到，即使在传统的计划经济体制下，隐性失业问题也是严重的。这里的过剩主要是就企业的经济效益来讲。如果企业不追求经济效益，则不存在劳动力过剩的问题，企业中劳动力配置多了，工人的闲暇时间多了，工作量再少，大家轮着做。但是改革以后的情况是，所有企业包括国有企业都必须以利润最大作为企业生产经营活动的目标函数，唯其如此才能保证企业国有资产的保值增值。企业的目标函数一旦明确以后，企业经营者在配置劳动力时，就要按照增加劳动力能否增加企业利润这一标准来决策，因此当最后增加的劳动力的产出低于其工资时，不雇用这个工人就是经营者的一种经济理性行为。按照这一标准，现有企业中所有隐性失业都必须转化为公开失业。不然的话我们既要求企业追求利润最大，又要求企业继续为无效益的工人发放工资，侵蚀利润，这是两个完全矛盾的目标函数，混淆在一起的结果，是国有企业难以适应市场的激烈竞争。

这里碰到的一个理论问题是：工人阶级作为国家的主人，是生产资料的所有者，照理讲他们的劳动是能够与生产资料相结合的。但这里有必要区分几个概念。首先，工人阶级是作为一个整体占有生产资料，其目前的实现形式是国有制，即由国家代表全体人民行使对生产资料的所有权，而每一个具体的工人在市场经济条件下是作为生产要素进入一个具体的企业；其次，市场经济是经济资源配置的一种方式，这种配置方式一是要求企业只能以追求利润为唯一的目标函数，二是所有生产要素的供求由其市场价格决定，供给之间、需求之间存在完全的市场竞争。因此，市场经济是一种资源配置机制，机制是不能改变的。工人阶级总体作为生产资料的所有者可以体现在国有资产收益的分配上，即在国有资产收益的分配上，尽量保障工人的利益。从就业方面来讲，部分工人的失业是市场经济条件下经济资源优化配置的必然结果，因此对这部分工人国家应该给予充分的失业保障；其次，国家应该从国有资产收益中拿出一块来建立和完善失业工人的再就业机制，如提供就业信息，开辟新的就业渠道，给失业者以一定的职业培训，等等。总之，在社会主义制度下，失业保障和再就业保障应该是得到其根本的社会制度保障的。

综上所述，失业一方面是生产力发展的产物，随着生产力高度发展，生产过程中对劳动力的需求不断降低。但是生产力的发展并不必然带来失业，因为生产过程对劳动力需求的降低可以通过减少每一个劳动者的劳动时间来解决。因此，构成劳动力失业的另外一个条件是市场经济这一资源配置方式的要求。当微观经济单位追求经济效益时，它就要比较各种生产要素的成本和收益，当使用的要素的收益低于其使用成本时，该项要素将不被使用，这是资源优化配置的一条基本原则，其他生产要素的配置是如此，劳动力要素的配置也是如此。上述这两个条件是所有失业的共性。资本主义制度下的失业和社会主义制度下的失业的根本区别在于：前者是由资本追逐剩余价值的本能所造成的，后者是代表人民行使国有资产支配权的国家对经济资源配置方式的一种选择，这种选择得到全体人民的共识和共认，反过来，这种选择的后果之一——失业——一方面能够得到人们的普遍理解，另一方面对失业的保障和再就业保障应该得到根本制度的保证。

1.2 失业的界定

按照国际劳工局的定义，就业是一定年龄阶段内的人们所从事的为获取报酬或为赚取利润所进行的活动，失业是就业的对称，即指有劳动能力并愿意就业的劳动者找不到工作这一社会现象，其实质是劳动者不能与生产资料相结合进行社会财富的创造，是一种经济资源的浪费。根据这个失业定义，失业主体必须具备三个条件：(1)有劳动能力；(2)愿意就业；(3)没有工作。我们如何根据这三个条件来确定失业者呢？抽样的统计调查一般要求被调查者回答以下两个问题：(1)你是否拥有一份工作？如果答案是肯定的，被调查者是一个就业者；如果答案是否定的，我们还需要继续问：(2)你是否在寻找一份工作？如果答案是肯定的，我们就可以确定被调查者是一个失业者;如果答案是否定的,被调查者就是一个不愿参加工作的人,如自愿留在家里的家庭妇女等,被调查者就不能称作失业者,我们称其为不在劳动力(not in labour force)人口。根据世界上大多数国家的规定,我们可以把16—65周岁的人口称为劳动年龄人口,那么所有劳动年龄人口根据其对上述问题回答结果划分成三种类型:就业人口、失业人口和不在劳动力人口,我们用图1.1来表示这种关系。

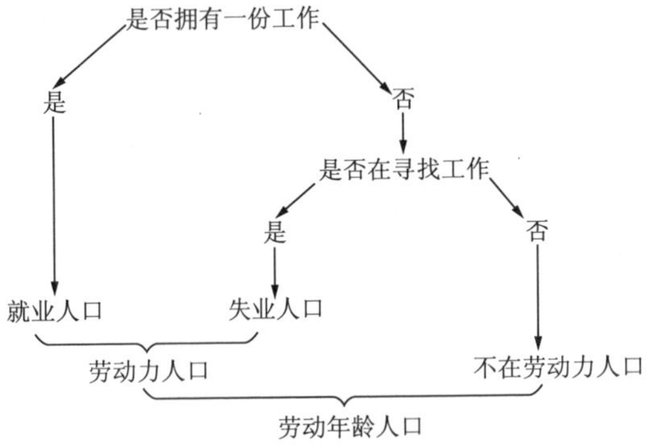

图1.1　劳动年龄人口的分布

由此可见,我们可以把劳动年龄人口等同于有劳动能力的人,从劳动年龄人口中减去不愿意工作的人就构成劳动力人口(labour force),进一步地我们可以把劳动力人口划分为就业人口和失业人口。最后,不愿意工作的那部分人就被称作不在劳动力人口。表面上看起来,上述划分是很清楚的,但是进一步探究,我们就会发现上述划分的边界并不是十分清楚,界定一个不工作的人是否真正的失业者是一件不那么容易的工作。首先,由于在大多数发达国家,失业保障体系是相当完备的,即失业者可以在失业保障机构领取一份失业救济金,因此就有许多不愿意工作的人也装扮成失业者在有关部门登记,这样的人就被称为伪装的失业者。这部分人实际是不愿意就业的,因此根据上面的定义他们是不在劳动力人口,不是失业者,而仅仅是为了领取失业救济金,他们才成为统计上的失业者。因此,只要我们不是把劳动年龄人口简单地划分成就业者和失业者两个范畴，在两个范畴之间再出现一个不在劳动力人口，就把问题大大复杂化了，给失业的界定和统计带来许多困难。其次，许多介于就业与失业、就业与不在劳动力人口、失业与不在劳动力人口之间的现象，我们很难明确地把它们简单地归于上述三种范畴中的任何一种。例如，对于那些自愿缩短劳动时间的人来说，把他们归入就业者呢，还是归入不在劳动力人口？同样，对于非自愿缩短劳动时间(即不得已只做部分时间工作)的人来说，把他们归入就业者还是归入失业者？再如，为了继续得到职业培训，有人主动停止工作，对于这些人来说，把他们归于不在劳动力人口还是归于失业人口呢？对于这一类边界不清的情况，我们也可以用图来表达，见图 1.2。

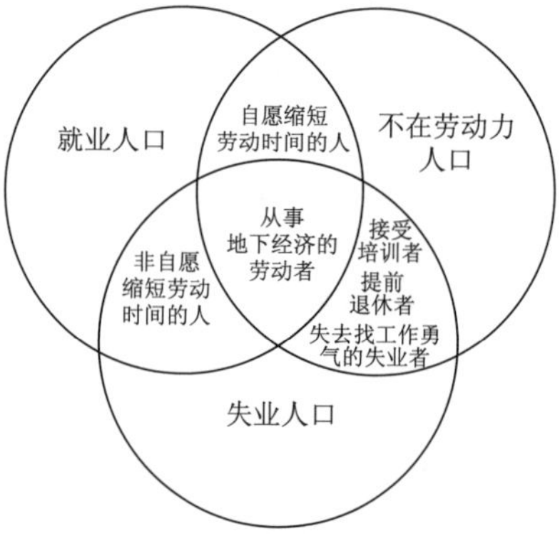

图 1.2 不同人口的划分

图 1.2 中三个圆圈中不与其他圆圈重合的部分是边界清晰的范畴：就业、失业、不在劳动力人口。两个圆圈重合的部分是既可以把他们归入两个圆圈的任何一个，但又不能完全归入任何一个的情况。举例来说，失去找工作勇气的失业者，就他们不去有关部门作为失业者登记的行为来看，他们实际上应被归入不在劳动力人口范畴，但是就他们实际上渴望工作的角度来看，他们实际上是失业者，因为只要有工作岗位向他们提供，他们是愿意工作的。再如对于自愿停止工作以进行职业培训的劳动者来说，他们是暂时主动退出劳动力市场，因此从这个角度看应

把他们归入不在劳动力人口，但是如果他们是由于不适应变化了的工作岗位的需要，被迫进行职业培训，他们实际上是失业者。但是，在统计资料上往往很难把上述两种情况区别清楚。图 1.2 中有一块三个圆圈都重叠的部分，那就是从事地下经济的劳动者，他们实质上是就业者，但由于地下经济（如走私、为避税开设的地下工厂、贩毒等等）是避开官方监督和统计的，从事地下经济的劳动者要么在劳动统计部门登记为失业者，再领取一笔失业救济金，要么不去这些部门登记，成为不在劳动力人口。随着经济的发展和失业的增加，就业形式在不断地创新，部分失业（partial unemployment）或者说缩减的就业（reduced employment）形式在不断地发展，如各种形式的提供社区服务的劳动者，在家里从事各类打字、翻译、手工艺品加工等活动的劳动者，等等。有些人（如家庭主妇）是出于本身自愿而减少劳动时间，目的是为了增加家务劳动或者增加学习、休闲时间，这部分人进一步发展可能成为不在劳动力人口。有些人则是被迫减少劳动时间，比如被原来雇用的单位辞退，只能从事一些零星的临时性工作，这些人实际上处于失业的边缘。从上述分析我们可以发现，在就业、失业和不在劳动力人口这三个范畴之外，我们还可以发展出许多交叉的概念，如部分就业、部分失业、隐性就业、隐性失业等等，而这些交叉的情况在我们现实生活当中是到处存在的。我们目前所说的下岗工人，就其形式来讲，他们是就业者，但就其实质来讲是失业者，而其中的有些下岗者实际上在其他地方已经找到了工作，但为了保持原单位的劳保福利和下岗补贴，这些人把就业的事实隐瞒起来，因此他们又是隐性就业者。

上面我们是在静态的角度下讨论就业、失业和不在劳动力人口概念以及处于这些概念交叉部位的其他各类概念。用经济学的术语来说，我们考察的是存量变量，即从某一个时点（如 1995 年 12 月 31 日零点）看一个经济中上述概念的存量为多大，如就业人口为多少，失业人口为多少，不在劳动力人口为多少，等等。而从动态的角度来看，这些存量变量之间又处于广泛的联系之中。例如，从某一时期（一年或一周）来看，就业人口中有相当一部分人成为失业者,失业者中也会有相当一部分人重新找到工作,成为就业者。同样地,就业队伍中会有一部分人不愿意工作,主动进入不在劳动力人口;不在劳动力人口也有一些人觉得在家待着无聊,想寻找工作。如果他们找到了工作,就进入就业人口;如果他们找不到工作,就进入失业者队伍。最后,失业者队伍中也会有一部分人由于长期找不到工作,对重新找到工作失去了信心,如果他们主动退出劳动力市场,他们实际上就成了不在劳动力人口。根据这些分析,我们就可以把上述三个范畴人口之间的动态联系和变动用图 1.3 表示。

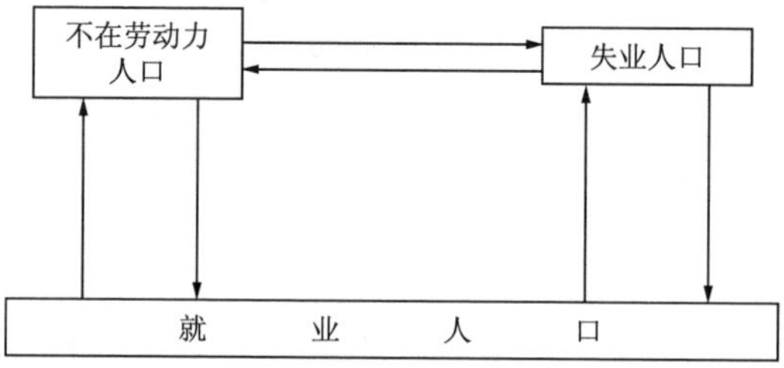

图 1.3　劳动年龄人口的动态分布

图 1.3 中的三个方框分别表示每一种人口的存量,是从某一时点上测算的变量;方框之间的箭头表示流量,是从某一时期内测算获得的存量之间的变动情况。从就业人口和不在劳动力人口之间的关系来看,就业人口在某一时期内会有一部分人流离出来,进入不在劳动力人口;不在劳动力人口中也会有一部分人进入就业人口。再从失业人口与就业人口的关系来看,也存在这样的对流关系,当就业人口流入失业人口的人数大于失业人口流入就业人口的人数时,就意味着在这一段时期内失业人口在增加。最后,失业人口与不在劳动力人口之间也存在这样的对流关系。在上面的分析中我们不考虑新增劳动年龄人口和劳动年龄人口退休的问题,事实上,上述图示中的三个方框除它们相互之间的流入和流出渠道之外,都应该还有其他的流入和流出缺口。所谓流入缺口表示的是每个时期新增加的劳动年龄人口分别流入上述三个方框,构成新

增就业人口、新增失业人口和新增不在劳动力人口。所谓流出缺口表示的是就业人口、失业人口和不在劳动力人口中有一部分人随着年龄的增长，或退休，或退出劳动力市场，或退出不在劳动力人口。总之根据不同国家规定，如满60周岁以后，便退出了劳动年龄人口。由此可见，上述方框图以及方框之间的流入流出关系很好地描述了劳动年龄人口在就业、失业和不在劳动力人口之间的动态变动关系。

1.3 失业的统计指标体系讨论

在上一节我们讨论了就业、失业和不在劳动力人口的界定问题，由于在这三个范畴之间还存在许多中间性的交叉情况，这就使得就业和失业的统计问题不可能十分精确。举例来说，失业率(即失业人口与劳动力人口之间的比率)是一个重要的统计指标，但是精确估计一个国家的失业率，首先要精确界定和测算作为这一比率分子的失业人口，其次还要精确界定和测算作为分母的劳动力人口(就业人口和失业人口之和)。不同国家对失业和就业人口的界定不同，测算所使用的方法不同，从而使获得的失业率与其包含的内容存在很大差异。一般说来，欧美的界定和测算较为严格和系统，日本等亚洲国家的界定和测算就要差一些，因此，前者统计的失业率水平较高，后者较低。但是在欧美，由于社会保障较为完备，那里就不免出现伪装的失业者，根据德国的有关统计数据分析，有3.5%—10%的失业者是不愿意找工作的，他们中有些在从事地下经济活动或部分就业活动，有些则根本不愿意工作，因此在欧美的高失业率中有存在“水分”的可能。在日本，由于没有把许多失去就业勇气而退出劳动力市场的人口统计进入失业人口，因此日本的低失业率也有“失真”的成分。下面我们给出几种就业与失业统计指标，从比较中来看中国目前就业与失业统计指标体系中存在的问题。

一般说来，根据我们上面的理论分析，就业与失业指标体系应该有三个层次的指标构成。

首先，我们要对一个国家总人口中适合劳动的人口作出界定。世界各国一般都根据年龄来作出界定，世界上许多国家把14—65周岁之间的人口定义为劳动年龄人口，而我国则规定男性16—60周岁，女性16—55周岁为劳动年龄人口。当然对于从事行政领导工作、科学技术和文化学术工作的人员，退休年龄另有规定。这是就业与失业统计方面的第一层次的指标。就业与失业统计的第二层次的指标是将劳动年龄人口进一步划分为劳动力人口和不在劳动力人口。不在劳动力人口包括：(1)在校学生；(2)家务劳动者；(3)因病退职人员以及丧失劳动能力、服刑犯人等不能工作的人员；(4)不愿工作的人员；(5)家庭农场或家庭工场中每周工作少于一定时间的人员。从劳动力人口中区分出就业人口和失业人口则是就业与失业统计指标中第三层次的问题。把上面三个层次的指标概括起来，它们之间有下述关系：

$$\text{劳动力人口} = \text{劳动年龄人口} - \text{不在劳动力人口}$$

$$\text{劳动参与率} = \frac{\text{劳动力人口}}{\text{劳动年龄人口}} \times 100\%$$

$$\text{就业人口} = \text{劳动力人口} - \text{失业人口}$$

$$\text{失业率} = \frac{\text{失业人口}}{\text{劳动力人口}} \times 100\%$$

上述指标中，最重要的是要统计出一个国家的失业人数和失业率，而这也是上述统计过程中较为复杂的事情。根据国际劳工局的标准，所谓失业者要符合三个条件：(1)有劳动能力；(2)有劳动愿望；(3)有寻找职业的活动。但即使这样规定，失业的具体测算还是一件复杂的事情，例如，符合上述条件，但失业多长时间才能被计入失业人口？再如，目前做些临时短工的劳动者计不计入？等等。所以美国的劳动统计局(BLS)根据具体情况使用宽严不等的7个失业统计标准：U_1 为长期失业率，由失业时间超过13星期以上的失业者除以劳动力人口构成，这是最为严格的失业率定义；U_2 被定义为失去工作的失业率，由所有失去工作的失业人口除以劳动力人口获得；U_3 被定义为成人失业率，由25周岁以上的失业人口除以劳动力人口获得；U_4 被定义为全日制劳动失业率，由寻找全日制劳动的失业人口除以劳动力人口获得；U_5 被定义为通常的失业率，由所有符合国际劳工局三个条件的失业人口（即没有工作但愿意并积极寻找工作的人）除以劳动力人口获得，一个附加条件是，如果失业者不是刚刚被解雇的，那么就要求这个失业者在过去4周内都在寻找工作；U_6 被定义为包含一半目前只从事部分工作的失业者的失业率，由寻找全日制工作的失业者人数加上寻找部分工作的失业人口和目前从事部分工作的劳动人口中的一半除以劳动力人口获得；U_6 这一指标实际上考虑到下述因素，即目前寻找部分工作的人中有相当一部分是不得已而为之，同时目前从事部分工作的人中也有相当一部分人是非自愿的，这两部分人应该被视作部分失业的人口；U_7 被定义为包含失去寻找工作勇气的失业人口的失业率，在失业率 U_6 的基础上，分子和分母各加上失去寻找工作勇气的失业者获得该失业率。很显然，在上述7个失业率中，U_1 为最低，U_7 为最高，在美国这两者之间的差额为10个百分点，如1993年按 U_1 标准测得失业率为3%左右，而按照 U_7 测得的失业率为11%左右，以通常失业率 U_5 测得的失业率为6%左右。不同的国家，这7个指标之间的相对数字及其差额是不等的，这反映了不同国家具有不同的劳动制度、失业保障制度。例如，在日本和意大利，U_1 和 U_7 的差额最大，这说明在这两个国家，失业人口中有许多退出了劳动力市场，不再继续寻找工作。同时，从许多国家的情况来看，U_6 自20世纪90年代以来上升速度较快，这说明从事部分工作的人口增长速度较快。

上面我们讨论了具体的失业统计指标设置问题。但是，人们如何根据上述制定的统计指标去获得统计数据呢？我们接下来讨论这一问题。

就目前世界上大多数国家（尤其是西方发达国家）来说，获得失业人数这一数据的办法有两个：第一种办法是集中失业者在劳动行政管理部门申报的数据，由于申报失业可以领取失业救济金，可以得到就业信息等好处，因此绝大多数失去职业的人是愿意到劳动行政管理部门去申报的。第二种办法是通过定期的抽样调查来估算失业人口。在法国第一种方法由国家就业署(Agence National Pour L'emplei,简称 L'ANPE)来执行,具体的操作程序是,该署在每个月底,把登记为失业的还没有找到工作的人数统计出来。这种办法的缺点是,一方面它可能把那些失去了工作但由于各种原因还不愿意到劳动行政管理部门去申报的人漏掉了,另一方面它可能把不愿意工作但为了获得失业救济的申报人统计进去了。第二种办法在法国是由法国统计局(L'INSEE)执行的,定期抽取一部分家庭作为样本,然后对这些家庭成员进行问卷调查。自 1968 年以来,法国都在每年的 3 月份(除人口普查年推迟两个月以外)进行。这一方法的缺陷是样本数可能太少,难以反映整个国民的情况。下面我们给出欧洲几个主要国家 1987 年通过这两种办法获得的失业率的差异。

表 1.1　1987 年欧洲几个主要国家根据两种方法获得的失业率(%)

	登记获得的失业率	调查获得的失业率
比利时	12.2	11.5
丹　麦	7.6	5.9
联邦德国	8.1	6.6
法　国	11.2	10.6
爱尔兰	19.2	19.2
意大利	14.2	11.0
荷　兰	11.9	10.0
英　国	10.8	10.4

资料来源:P.Auer, F.Maier 和 H.Mosley 1990。

从表 1.1 中我们可以看到,几乎所有的国家从失业登记处获得的失业率要高于抽样问卷调查获得的失业率,当然大多数国家这两个数据的差额不是很大的。

上面我们主要是根据西方发达国家的做法,对就业与失业的概念、统计指标体系及其统计方法作了系统的阐述。以此作为比较的参照系,我们不得不承认中国目前在就业与失业的统计方面的许多做法还是不规范的,需要与国际做法接轨。我们在就业与失业的统计方法上大约存在以下几方面的主要问题:

(1) 对就业人口、失业人口以及不在劳动力人口的定义的界定,是不明晰的。如我们日常使用失业、待业、无业以及下岗等概念,但没有明确这几个概念的内涵和外延,没有明确这几个概念之间的相互联系及其区别。另外,中国对暂时被解雇者和初次求职者是否称作失业也没有明确的规定。

(2) 没有一套系统的就业与失业统计指标体系,统计的口径与国际的习惯做法差距较大,因此目前统计年鉴中的有关失业数据,与国际可比较的程度较低,对判断我国当前实际的失业状况是不利的。如我国目前所施行的失业统计的内涵,男性指 16—50 岁之间的劳动人口,女性是指 16—45 岁之间的劳动人口,这一规定的上限与中国的退休年龄不符,因此往往低估了中国的失业率。再如从外延上讲,中国当前的失业统计只考虑城镇人口,而忽视农村人口。

(3) 中国缺乏科学的、定期的失业数据的统计方法,尤其是西方市场经济国家广泛使用的抽样问卷调查方法我们还没有采用,因此光凭劳动行政部门及统计部门获得的失业数据,未必可靠。如前所述,由于失业概念不包括不愿意就业的那部分人口,因此对于过去一段时间是否在寻找工作等问题,只有通过问卷调查才能获得答案。

1.4 失业人员的构成及其变动趋势

上一节我们在 1.2 节失业概念界定的基础上较为深入地讨论了就业与失业的统计指标体系,从中我们可以看到,一个国家如果建立了一套较为科学的失业统计指标体系以后,根据这些统计数据经济学家和经济政策制定者就能够较好地把握一个国家失业的总体情况及其趋势。但是这些还只是一些初步的数据,要想详细了解失业形成的内在机理,我们还需要做进一步的数据统计工作。循着这一思路,我们首先需要问的一个问题就是,哪些人最容易成为失业者?其次,我们需要问的问题是，哪些产业最容易产生失业现象？于是失业人员的成分构成问题就自然而然地提出来了。在任何一个经济中，任何一个发展阶段上，从来不是所有的就业者都面临着同样的失业危机及其概率，而是有些人失业概率较大，有些人几乎没有失业危机的威胁，或者失业概率很低。这就要求我们把失业者按照他们所面临的失业危机威胁的不同程度进行分类。根据不同分类标准，我们可以获得不同的失业分类情况。一般说来，第一个角度的分类是根据就业者本身的状况进行分类，如根据年龄状况来划分，我们可以把所有的就业者划分成不同的组，如16—24岁为一组，25—49岁为一组，50岁以上为一组等。如果按照性别来划分，我们可以把就业者划分为男性与女性两大类。再进一步地还可以根据就业者的文化程度进行分类，因为在经济不断发展、技术不断进步的当今世界，就业者的文化程度成了其是否容易成为一个失业者的一个重要因素。通过这样的分类，我们再进一步取得一些统计数据，我们就可以大致了解一个国家中哪些人是容易受到失业危机威胁的，从而为我们治理失业，改进失业者的状况提供了现实的依据。

表1.2　不同国家根据文化程度分类的失业率情况(%)

	年份	中等教育程度	高等教育程度	平均失业率
澳大利亚(25—54岁)				
男　性	1982	5.8	2.3	3.7
	1990	7.1	3.2	4.4
女　性	1982	6.7	5.8	6.3
	1990	6.9	5.5	6.1
加拿大(25岁以上)				
男　性	1979	6.8	3.8	4.5
	1990	11.0	6.3	6.8
女　性	1979	8.7	6.6	7.0
	1990	12.0	6.9	7.3
法　国(25—64岁)				
男　性	1979	3.7	2.6	3.2
	1990	8.3	4.1	5.8
女　性	1979	5.9	4.6	5.5
	1990	13.6	7.6	10.4

（续表）

	年份	中等教育程度	高等教育程度	平均失业率
德　国(25—54 岁)				
男　性	1978	4.1	1.8	2.3
	1987	14.6	5.0	6.4
女　性	1978	4.4	3.7	4.0
	1987	12.5	8.2	9.3
意大利(25—64 岁)				
男　性	1980	1.6	3.4	1.8
	1989	4.7	4.6	4.7
女　性	1980	7.0	8.2	6.9
	1989	13.0	12.2	12.7
日　本(25—64 岁)				
男　性	1979	2.7	1.5	1.9
	1992	3.0	1.6	1.9
女　性	1979	11.6	15.4	13.7
	1992	7.2	8.8	8.4
英　国(25—55 岁)				
男　性	1979	5.4	2.2	3.9
	1990	8.7	3.3	5.7
女　性	1979	5.8	4.1	5.5
	1990	6.8	4.2	5.9
美　国(25—64 岁)				
男　性	1970	4.0	2.1	2.9
	1979	6.6	3.2	4.0
	1989	9.7	3.9	4.7
女　性	1970	5.7	3.2	4.0
	1979	8.3	4.1	4.9
	1989	8.4	3.5	4.0

资料来源：*L'etude de l'OCDE Sur l'emploi*，OECD，1995 年，第 42 页。

表 1.2 给出西方几个主要国家根据性别与文化程度分类的失业率情况，从中可分析失业的一般特征及其趋势。

从表 1.2 中我们大致可以看出各国失业率分布的几个共同趋势性特征：第一，对大多数国家来讲，从 20 世纪 70 年代末到 80 年代末，都经历了失业率不断上升的情况；第二，在大多数国家，女性失业率都要大大高于男性失业率，这说明女性更容易受失业的威胁；第三，在大多数国家，受过高等教育的劳动者其失业率都要大大低于没有受过高等教育的劳动者，这说明非技能劳动者更容易被抛向失业队伍。除了性别与文化程度以外，年龄也是一个影响失业与否的重要因素，因为年龄体现了劳动者在岗位上所积累的专有知识与技能的程度，根据阿罗的“干中学”(learning by doing)原理，一个劳动者在专有岗位上时间越长，其积累的知识和技能就越高。下面我们通过法国统计局所作的关于年龄结构分类的失业率分布情况，来分析年龄对失业的影响。

表 1.3　1992 年 9 月法国统计局公布的失业率分布情况(%)

年　龄	男　性	女　性	总　体
15—24	16.1	23.8	
25—49	6.6	11.5	
50 岁以上	7.0	9.0	
总　体	7.8	12.5	9.9

资料来源：INSEE Premiere, n⁰224，1992 年 9 月巴黎。

从表 1.3 中我们发现，15—24 岁年龄段的劳动者失业率最高，男性为 16.1%，女性为 23.8%，大大高于总体水平的 9.9%。青年人的高失业率是能够得到满意解释的，因为 15—24 岁正好是接受中等及高等教育的年龄，这部分青年人如离开学校去就业，表明劳动素质是不符合现代经济生活日益复杂的岗位需求的。其次，当经济受周期性波动时，这些非技能劳动者(没有或者很少具有专门知识和技能积累)就容易被抛向失业队伍。最后，这个年龄段的劳动者往往是初次就业者，在宏观经济不景气时，初次寻找工作是相当困难的。正因为如此，青年人高失业现象不仅法国有，全世界都较为普遍，现在我们再来看经合组织国家的总体情况。

表 1.4　经合组织国家年轻人失业率分布情况

	1973 年	1979 年	1983 年	1987 年	1991 年
美　国	9.9	11.3	16.4	11.7	12.9
日　本	2.3	3.4	4.5	5.2	4.5
法　国	4.0	13.3	19.7	23.0	19.5
德　国	0.9	3.4	10.7	7.9	6.4
英　国	3.1	10.3	23.4	17.4	12.9
意大利	12.6	25.6	30.5	35.5	30.8
西班牙	4.8	21.1	38.7	38.9	31.1

资料来源：*Perspectives de l'emploi*, OECD, 1992 年 7 月巴黎。

由于失业率分布中年轻人的失业率高于成年人的失业率，因此如何使年轻人得到更多的教育、培训以及实习的机会，提高他们的知识和技能，使之符合现代经济发展的需要，就成了许多国家失业治理中的重要一环，关于这一点我们在以后的篇章中还要进行详细的论述。

失业人员构成的第二个角度的分类是从产业结构的角度进行分类，即在经济发展过程中，哪一些产业部门失业率趋于升高。我们知道，经济的增长和发展过程同时伴随着不同产业部门在整个经济中的相对比重不断进行变动的过程。因此，一般说来处于上升时期的产业（即朝阳产业），其就业人数增长较快，失业率较低；而处于下降时期的产业（即夕阳产业），其就业人数不仅不增长，反而可能下降，往往也是失业率较高的部门。因此，通过对产业部门分类从而获得不同失业率的统计数据，对于我们制定治理失业的对策措施，加快劳动力在不同产业部门间的流动，同样也是十分重要的。下面我们给出两张有关经合组织国家就业结构变动的表来对此作出进一步的证明。

表 1.5 从长期来看的就业的产业结构变动（占总就业的百分比）

	农 业	工 业	服务业		农 业	工 业	服务业
法 国				德 国			
1901	41.4	31.5	27.1	1907	33.9	39.9	26.2
1960	22.0	36.9	41.1	1960	13.8	47.7	38.5
1990	6.1	29.2	64.6	1990	3.5	39.1	57.4
意大利				日 本			
1901	61.7	22.3	16.0	1906	61.8	16.2	22.0
1960	32.2	36.2	26.7	1960	32.6	29.7	37.6
1990	8.7	31.6	59.7	1990	7.2	34.1	58.7
英 国				美 国			
1901	13.0	43.9	46.1	1900	40.4	28.2	31.4
1960	3.7	48.4	47.9	1960	8.6	30.6	55.7
1990	2.1	28.7	69.2	1990	2.8	25.7	71.5

资料来源：*L'etude de l'OCDE Sur l'emploi*，OECD，1995 年巴黎。

从表 1.5 中我们可以看到，20 世纪以来就业结构变动的一个总趋势是：第一产业（即农业）的就业人数比重不断下降；第二产业（工业）的就业人数比重经过一个开始上升最后又不断下降的过程；第三产业（服务业）的就业人数比重则经历了一个不断上升的过程。这是从长期历史演变过程中得出的结论，那么从更短的一个时期（如 10 年）来看，就业人数变动会有一个什么样的规律呢？我们再来看表 1.6：

表 1.6　1979—1990 年就业的部门变化情况（平均每年百分率变化）

	农　业	工业制造业	建筑业	服务业	公共行政部门
加拿大	－1.0	－0.3	1.7	3.0	1.4
美　国	－0.5	－0.5	1.6	2.7	1.1
日　本	－2.5	1.0	0.3	2.3	0.2
法　国	－3.7	－1.6	－1.2	1.7	1.5
德　国	－3.1	－0.1	－0.8	1.8	1.0
英　国	－1.6	－2.9	1.2	2.8	0.5
澳大利亚	0.6	－0.2	2.0	3.4	2.2

资料来源：同表 1.5。

从表 1.6 中我们可以看到，除澳大利亚以外，所有国家的农业就业人数都经历了一个不断下降的趋势，其中法国在 1979—1990 年间，每年平均下降 3.7％，工业制造业的就业人数除日本以外也都经历了不断下降的趋势，其中最为显著的是英国，在考察期内平均每年下降 2.9％。所有国家的服务部门的就业人数都经历了不断增长的趋势，其中加拿大最为明显，平均每年增长 3％。但这个就业的部门结构变动当中，那些被原来产业部门减少下来的劳动者，如果不能成功地转移就业人数到扩张的第三产业，他们就会成为失业者。这一类失业现象我们称其为结构性失业，对此我们在以下的篇章中还要作详细的理论分析。

失业人员构成的第三个角度的分类是根据职业进行分类，因为在经济发展过程中，随着以电脑为标志的智能化生产工具的广泛使用，许多进行简单重复性劳动操作的职业的人数在下降，而某些电脑不可替代的如管理等职业的人数则有所增加，失业光顾的频率对于不同职业也不是整齐划一的。因此这一角度的分类对于进一步了解失业的内在逻辑从而提出对症下药的治理对策也具有重要的意义。下面我们通过法国与美国两国的比较，来看不同职业的变动情况。

表 1.7 法国与美国 20 世纪 70 和 80 年代职业变化情况
（平均每年就业增长百分率变动）

	法国		美国	
	1975—1982 年	1982—1991 年	1972—1979 年	1979—1990 年
1. 科技工作者	2.5	2.2	4.0	3.0
2. 高级管理人员	1.7	2.8	4.4	3.8
3. 中级管理人员	2.3	0.3	3.1	1.3
4. 商业销售人员	0.9	0.9	3.2	2.6
5. 服务业中的专业技术人员	0.9	1.0	2.5	1.8
6. 务农人员	−2.3	−3.4	−0.7	−0.6
7. 技能劳动者	0.0	0.6	2.8	0.7
8. 非技能劳动者	−2.9	−2.7	1.1	−0.9

资料来源：同表 1.5。

从表 1.5 中我们发现，两个国家中科技工作者与高级管理人员的增长最快，前者在法国 70 年代和 80 年代平均每年增长百分之二点几，在美国增长 3%—4%，后者在法国 70 年代和 80 年代平均每年增长 2%左右，在美国增长 4%左右，其增长幅度都是相当高的。下降比较明显的是务农人员和非技能劳动者。尤其是法国，非技能劳动者平均每年下降 2.7%—2.9%之间。一般说来被原来产业部门辞退的非技能劳动力很难再重新就业。与前面根据文化程度分类的失业情况联系起来，非技能劳动者又是与低文化程度的劳动者相重合的。由于这一类失业者很难重新就业，这就造成长期失业人口的增加，并且使失业治理越来越困难。

本章我们首先讨论了失业产生的历史条件，我们从物质生产力发展的角度和劳动要素的市场经济配置方式角度论述了不同社会经济制度下失业产生的根源，从而解释了为什么作为资本主义雇用劳动关系必然产物的失业现象在目前社会主义市场经济条件下也仍然会产生的内在机理，从而为我们理解失业现象提供了经济学理论基础。其次我们在本章的第 2 节讨论了就业、失业和不在劳动力人口等三个重要概念的内涵与外延，同时也讨论了在这三个概念之间并不存在非常明晰的界线，而是存在着混合的、边界不清的中间性概念，如自愿的和非自愿的部分就业人口、从事地下经济的人口、伪装的失业者、失去继续寻找工作勇气的人口、自愿或非自愿进行职业培训的人口等等。另外我们还从动态的角度对这些概念所表达的变量（存量）之间的联系和变动（流量关系）作了分析，这样使我们对就业、失业和不在劳动力人口有了一个完整的认识。在概念界定讨论的基础上，本章的第3节我们讨论了就业与失业的统计指标体系，根据西方主要市场经济国家在实践中的做法，给出了一个较为完整的就业与失业的统计指标体系，同时还讨论了这些国家为了获得较准确的统计数据所采取的两种主要方法：利用劳动行政部门的失业申报情况进行统计和每年通过定期的家庭抽样问卷调查进行统计。与此相对比，提出中国目前在就业与失业统计指标体系及统计方法上存在的一些问题。最后第4节进一步讨论了失业人口成分构成问题。我们分别从失业人员的年龄构成、文化程度构成、性别构成、产业部门构成以及职业构成等角度对就业与失业人口的构成及其变动进行了讨论，并且给出西方一些主要国家就业与失业人口构成变动情况与数据，从中得到每个国家在经济发展过程中，就业与失业人口构成变动的一般趋势与国别特征。这对于我们进一步的失业形成内在机理讨论及其治理对策讨论，都具有重要的意义。

2

20 世纪 80 年代以来全球失业概况

在这一章我们将从全球的视野来观察进入 20 世纪 80 年代以来失业这一社会现象在世界各国的蔓延情况。限于手头的资料和本书的篇幅，我们不可能对世界上所有国家的失业情况进行普遍而深入的考察。因此在这里我们把全球大致分为以下三个区域或国家来进行失业情况的介绍和分析。第 1 节我们将讨论经合组织国家（OECD）的失业概况，因为这一区域代表西方发达的市场经济国家，它们的失业具有发达国家的共性，当然不同国家之间，尤其是美国与西欧国家之间在就业制度和失业保障制度上具有重要差异，这种差异导致了两大地区之间失业率的差异。第 2 节我们将讨论原苏联、东欧诸国的转轨经济中的失业情况，因为这一区域代表从前计划经济向市场经济转轨经济的情况，那里存在的失业及其发展趋势具有转轨经济的特征，尤其是对于分析我国当前的失业情况具有重要的借鉴意义。第 3 节我们将分析我国目前的失业情况，分别就失业的种类、形成机理及各种失业的数据展开讨论。

2.1 经合组织国家的失业发展

首先让我们通过一个图表来看一下 20 世纪 50—60 年代以来到 90 年代中期经合组织国家就业和失业发展的一般趋势。

从图 2.1(A)中我们发现,经合组织国家中,北美国家和大洋洲国家就业增长较快,如果以 1960 年的指数为 100,到 1995 年,就业指数已达到 190 多,在 35 年时间里几乎翻了一倍,但是欧共体国家的就业增长却十分缓慢,35 年时间里只增长 20%不到。另外,日本处于居中的情况,35 年时间里就业数量上升了 50%。从失业的发展情况来看[图 2.1(B)],整个经合组织国家在 20 世纪 50—60 年代里失业人数变化不大,除少数年份之外一直在 1 000 万以下徘徊,但是 70 年代第一次石油危机使这些国家的失业率迅速上升,到 80 年代初,整个经合组织的失业总人数达到 3 000 万人。随后在 80 年代末曾有所回落,失业总人数减少到 2 500 万以下,但是进入 90 年代以来,失业人数又迅速攀升,1994 年经合组织国家失业总人数达到近 3 500 万人,这是历史上的最高纪录。图 2.2 给出反映经合组织不同区域及国家失业率情况。

在 1994 年整个经合组织国家的平均失业率达到 8%。从总的情况来看,这些国家的失业情况具有以下几个特点(见表 2.1)。

表 2.1 1994 年经合组织国家和地区内的失业率分布调查(%)

国家和地区	总体失业率	妇女失业率	年轻人失业率	非技能劳动者失业率(1992 年)
北美	5.8	6.0	10.4	13.8
加拿大	10.3	9.9	16.5	15.2
美国	6.0	6.0	12.5	13.5
日本	2.9	3.0	5.1	—
欧共体	11.1	12.6	18.6	10.0
德国	6.9	6.7	5.2	8.9
比利时	10.3	14.4	20.0	13.0
法国	12.5	13.6	23.4	12.1
西班牙	23.8	30.9	38.3	16.0
荷兰	7.2	11.7	7.8	8.0
英国	9.5	7.4	14.9	12.6
澳大利亚	9.7	9.4	16.3	11.2
新西兰	8.1	7.8	17.4	11.2
丹麦	10.1	11.2	10.6	14.1

资料来源:*Perspectives de l'emploi*, OECD, 1994。

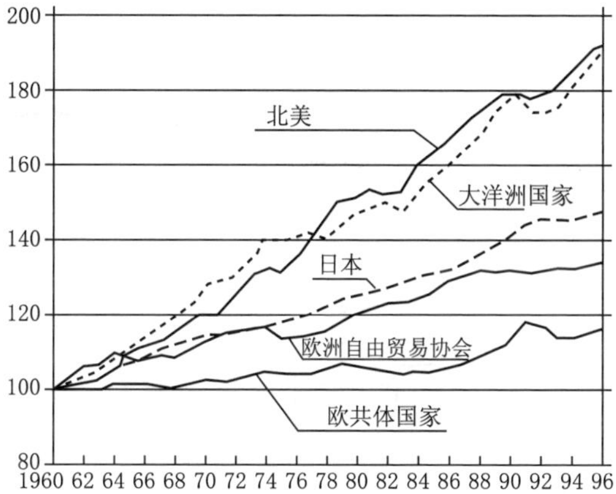

(A) 1960—1996年经合组织国家就业的增长(1960年=100)

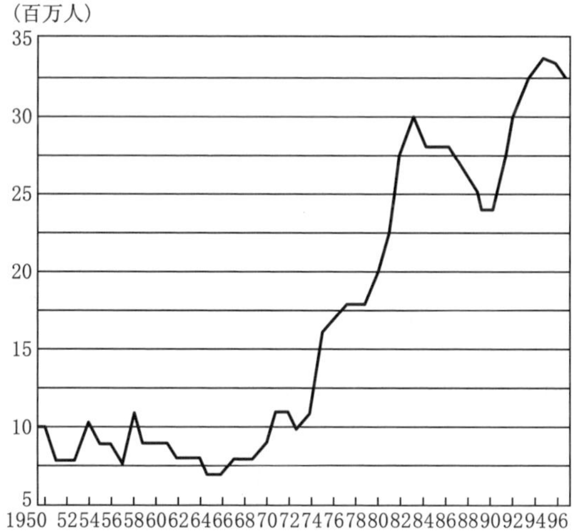

(B) 1950—1996年经合组织国家失业总人数的变动*

注:*1996年是预测的数据。

资料来源:*Emploi et chômage dans l'OECD: la persistance des problèmes*, Problèmes économiques n°2.436 1995。

图2.1　经合组织国家就业和失业发展的一般趋势

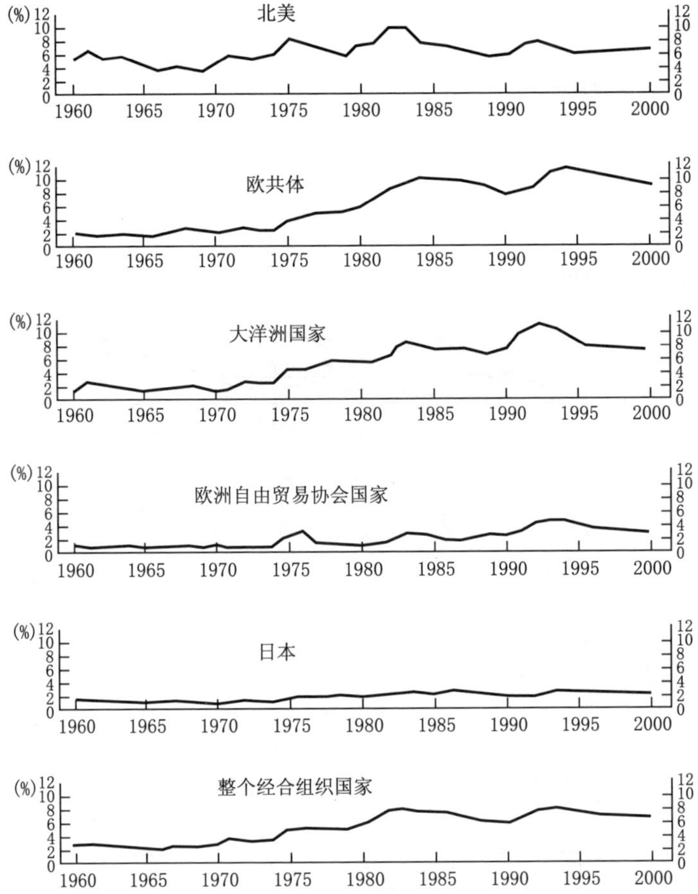

资料来源：同图 2.1。

图 2.2　1960—2000 年经合组织国家的失业率变动情况

第一，所有年龄段的劳动人口中，年轻人的失业率最高。20 世纪 90 年代初美国和加拿大年轻人的失业率要高于平均失业率的 6 个百分点。日本的情况要好一些，年轻人的失业率比一般失业率高出 2 个百分点。这一现象在欧洲最为明显，那里平均失业率为 11.1%，而年轻人的失业率高达 18.6%，高出 7 个多百分点，而法国高出 11 个百分点，西班牙高出 15 个百分点。年轻人的失业率较高说明现在就业岗位对知识和技能积累的要求很高，受教育程度不高的年轻人，初次就业越来越困难。

第二,非技能劳动者的失业率要大大高于平均失业率。在美国,1992年非技能劳动者的失业率比平均失业率高出7.5个百分点,德国高出2.3个百分点,加拿大高出5个百分点,比利时和丹麦都分别高出3—4个百分点。

第三,长期失业者人数增加。据统计资料显示,许多国家长期失业人口不断增长,1993年许多国家长期失业人口(失业6个月以上)占总失业人口的40%以上,其中德国占到60%以上,法国占到52%以上,亚洲国家中日本也占到34%。有些国家失业12个月以上的失业者也占有很大的比例,如德国占40%,法国占30%,爱尔兰和意大利占近60%,为欧洲之最。

上述三种失业类型发展的趋势,事实上是同一事物的三种不同表现。西方发达国家进入20世纪90年代以来,面临的全球性竞争越来越激烈。世界经济一体化发展的结果是认识和改造世界的技术、知识和能力正在广泛传播,西方发达国家在世界市场上所处的强大优势地位正在受到多方面的动摇,发展中国家利用劳动力便宜的优势与发达国家在市场上展开竞争,发达国家为了保持自己的竞争优势从而获取高收入,必须在生产技术和产品品种及质量上进行不断的创新,而这个创新只有高素质的技能劳动者才能承担。因此随着技术进步,产品结构从而产业结构不断地更新换代,对教育程度较低的初次就业者、非技能劳动者的需求就大大地降低。在这个技术创新和产业结构转移过程中,低技能劳动者一旦失去工作,他们就很难再重新就业,所以往往成为长期失业者。由此可见,年轻人的高失业率、非技能劳动者的高失业率以及长期失业人口的增加,主要是生产过程中的技术进步所引起的,其内在机理是一脉相承的。

上面我们就经合组织国家的总体失业情况作了考察,其实西欧与北美在失业现象上是有很大差异的。这个差异来自两地的就业制度和失业保障制度的不同。更进一步探究,就业制度和失业保障制度的差异可能还在于两地文化、历史的差异。因此在下面的分析中,我们将通过西欧和美国两地失业情况的比较，来观察这些国家失业演变的特殊性。

综观欧美20世纪50年代以来的失业情况（见图2.2），50—60年代曾经是欧美就业的黄金时代，尤其是欧洲，失业率曾大幅度下降，平均在3%的水平，美国的失业率也低于5%。随着70年代的两次石油危机冲击的到来，失业率都有不同程度的提高。因为石油危机的直接效果是通货膨胀率的上升，政府为了治理通货膨胀都实施紧缩性的宏观政策，结果是失业率的上升。但是80年代以来美国的失业率却呈现下降的趋势，保持在5.5%左右的水平。根据西方经济理论中自然失业率假定①，美国几乎到了充分就业的水平。但是欧洲共同体诸国的情况却相反，失业率除少数年份（80年代末90年代初）曾略有回落，在整个80年代一直居高不下，进入90年代以来，更是不断上升，1995年平均失业率达到11%多，其中意大利和法国达到12.5%左右。但是，美国也不是毫无问题的，最显著的是贫困阶层的人数不断增加，贫富差距拉大。因此有经济学家总结大西洋两岸的情况后提出这样的问题："Europe jobless, American penniless?"（"欧洲工作少，美国钱少？"）

但是，无论是美国，还是西欧诸国，自20世纪80年代以来，经济还是在不断地增长，技术进步从来没有停滞，通讯、电脑、信息产业快速地发展，劳动生产率还在稳步地上升。从1970年到1990年，人均实际收入在美国上升了38%，在法国上升了53%，既然如此，问题出在哪里呢？为什么经济增长给大西洋两岸的一部分人带来了好处，却给另一部分人带来了不幸：或者失业增加，或者贫困人数增加？

战后50—60年代西方经济的高速增长曾给所有的人都带来了繁荣景象：就业增加（几乎所有想寻找工作的人都能就业）和收入的持续、普遍的提高，但是进入70年代以来，问题就变得复杂了，经济增长带来的

① 自然失业率概念最先由弗里德曼提出，目前被大多数新古典主义的经济学家所接受，即认为一个社会由于结构性原因和信息传导障碍等原因，总是存在5%—6%左右的自然失业率，这部分失业人口是无法通过扩张性的宏观经济政策来消除的。

首要问题是要求人们作出这样的选择:增加就业还是提高工资?这个问题的实质是:由谁来享受经济增长的好处?美国和西欧诸国由于劳动就业制度的不同,社会保障制度的不同,对这个问题的回答也就不同。

在美国,劳动力市场的竞争十分激烈,也就是说劳动力市场的调节是较充分地发挥作用的,劳动工资的上下波动可以调节劳动力的供求。具体表现在,美国的工会力量并不强大,私人部门的劳动者中只有12%的人参加各类工会,在劳资双方就劳动工资水平的谈判上工人的力量往往比较薄弱,工资上涨受到种种压力的限制,有时还跟不上通货膨胀率的上升。另外,就失业保障体系来讲,美国的失业保障在享受的条件上比欧洲苛刻,在享受的数额上比欧洲要低,在享受的时间长度上比欧洲要短,因此对失业的保障是不充分的。1980—1992年里根和布什政府期间,工人提出许多请求都难以被满足。在这样的体制下面,虽然随着技术进步和经济增长,美国的就业并没有下降,但是美国有相当多的职工工资是下降的,工资档次拉开,贫富差距拉大。由此可见,美国的就业率保持在高水平是通过一部分工人的工资下降来实现的,如果这部分工人的工资是刚性的,那么雇主很可能会解雇他们,所以这部分工人的就业就是以牺牲收入为代价的。据有关统计数据显示,从1970年底到1990年,美国的平均收入水平每年增长在1%—6%之间,但是最低的实际工资(如看门人的收入)却下降了15%。相反,医生的收入、企业高级职员的收入同期却上涨了50%多。结果是美国的最低工资与平均工资的差距很大,而且最低工资不能随通货膨胀的上升而上升。如果这部分人不愿意在境况如此差的条件下就业,而去领取失业救济金的话,由于失业救济金数量有限,期限规定很短,他们同样会陷入贫困。因此,在美国贫困人数有上升的趋势,从1979—1990年,收入低于贫困线的全日制劳动者比例从12%上升到18%。在20世纪70年代,贫困者主要是失去劳动岗位的人(如单亲母亲、年长者等),但到了80年代,有工作也成为贫困者,而且从1979—1990年,贫困线标准没有多大变化,而同期美国平均生活水平却有了相当大程度的提高。因此,如果用公平与效率这一对标准来衡量美国的就业制度的话，美国是用竞争保证了效率，也保证了高水平的就业，但是在公平方面却做得非常不够。

西欧的情况与美国相反。在整个20世纪60年代，欧洲共同体的失业率要低于美国，但进入70年代以来，情况就发生了变化，欧洲的失业率开始上升，70年代中期起都越过5%的高度，开始上坡，到了80年代，失业率向10%的高度挺进，90年代不少国家就跨过了10%的界限。当一个国家的劳动力中，每10个人就有一个失业的话，失业给人们的经济生活所带来的负面影响就可想而知了。为什么在大西洋两岸同样实行市场经济制度，并且同样属于世界发达和富裕的两个地区，其失业率的差距是如此之大呢？人们把这种现象归咎于欧洲的国家主义的影响（"le produit fatal de l'Etat-providence"）在欧洲国家的作用要远远大于美国，其作用的结果是失业保障制度在欧洲许多国家得到很好建设。几乎在整个西欧，所有的失业者受到一个最低收入的保证，不管他们最后的工作岗位持续了多长的时间。而在美国，失业保障的限制较多，失业救济金领取的时间长度要大大低于欧洲。我们知道，一个好的失业保障体系是需要相当数量的资金投入来维持其运行的，但是这个资金最终总是要由就业者来承担的，结果是雇主雇用工人的成本不断上升。关于这一点我们可以通过几个指标来反映。首先从每小时劳动工资（平均）的水平来看，如果以法国的小时工资为100，德国的小时工资就是125，而美国只有85。其次，在欧洲劳动的总成本要大大高于毛工资和净工资，如果以法国的净工资指数为100，其毛工资为121，工资总成本为172，工资总成本与毛工资的差率为42%。从美国的情况看，净工资指数为100，毛工资为108，工资总成本为116，工资总成本与毛工资差率只有7.5%，这说明在欧洲工资总成本中的相当大部分是用来维持失业保障和社会福利的，这大大提高了欧洲的劳动成本。因此，西欧较好的失业保障体制带来两方面的结果：一是西欧企业中劳动力成本要高于美国，因此企业总是千方百计地少雇用工人，或者用电脑代替人工，或者把资金投到发展中国家，缩小本国的生产基地。二是失业者由于得到较好的保障，失业期间继续寻找工作的积极性并不高。这两方面的结果势必加重西欧的失业情况。

从上面的分析中我们已经发现，无论是欧洲，还是美国，经济增长和技术进步带来的一个共同结果是生产部门对非技能劳动者的需求不断下降。在欧洲，由于非技能劳动者的工资下降是受政府管制的（最低工资的界限定得较高），他们的工资不能随企业对他们的需求的下降而下降，结果只能是失业人数的增加。在美国，由于政府对工资的管制相对较松，因此，随着企业对非技能劳动者需求的下降，工资也随之下降。非技能劳动者工资的下降，虽然保证了就业人数不减少，但是贫困人数增加。总而言之，经济增长和技术进步并没有给全体劳动者带来好处，只有那部分经济发展中不可缺少的技能劳动者，如工程师、管理者、会计、医生等，其工资在近20年来有相当程度的提高，他们是经济增长和技术进步成果的享有者。

经济增长和技术进步在欧美为什么会表现出对非技能劳动者需求的减少呢？许多经济学家把美国的非技能劳动者的低工资现象和欧洲的非技能劳动者的高失业现象归咎于这些国家国际贸易的扩大。随着国际贸易的扩大，第三世界中新兴工业化国家和地区依靠劳动力便宜的优势，大量出口劳动密集型制造品到上述发达国家，使这些国家劳动密集型制造产业，或者是通过降低工资来迎接外来的挑战和竞争，结果是使这些部门的劳动者趋于贫困化，或者是关闭劳动密集型产业部门，使失业人数增加，把这部分产品的市场份额让与了新兴工业化国家和地区。总之，是经济的全球化进程或者世界经济一体化，使发达国家的非技能劳动者在竞争中处于不利的境地。

但是，很多经济学家，如克鲁格曼（Paul Krugman）等，认为外贸的扩大只能解释贫困化和失业的一部分原因，并且不是主要原因。因为西方许多计量经济分析报告指出，这种推理最多只能解释上述现象的一部分，而不是全部。例如，随着全球经济的一体化发展，美国应该把更多的生产要素（包括劳动力）投在像飞机制造业这样的产业部门中，因为美国是世界上主要的飞机出口国家，而减少服装等产业部门的生产要素投入，因此外贸的扩大一定会带来一种劳动力在这两个部门的结构性调整。但是事实上这种结构调整并没有发生。对非技能劳动者的需求下降的真正原因是所有的生产部门都出现了技术进步，用电脑技术代替人们简单和重复的劳动。因此是技术进步减少了对非技能劳动者的需求。因此，我们看到的现象是所有的产业部门的非技能劳动者的需求下降，不仅仅是受外贸进口竞争的产业部门中非技能劳动者需求下降，而且受外贸保护的部门，以及像飞机制造业那样的出口部门，非技能劳动者的需求也下降。历史学家曾经告诉我们，第一次发源于英国的工业革命也曾经使产业工人的实际工资下降，由于第一次工业革命使劳动变得更为简单(重复的操作)，使得妇女和童工都能加入劳工队伍，失业率一度上升。以电子计算机在生产、生活领域中的广泛应用为标志的信息革命使产业部门对劳动者的需求结构发生了很大变化。电脑再发达，也不能取消企业的管理者和工程师，但是它的确消灭了许多重复操作的岗位。为了更好地说明问题，我们不妨举一个艺术演出方面的例子。随着现代音响设备的高度发展，电视、电影事业的发展，人们越来越追求和崇拜第一流的艺术家。换句话说，在现代媒体技术下，第一流艺术家拥有广泛的需求者市场，但是与此同时，人们对于那些第二流、第三流艺术家的需求却大大下降。我们可以回顾一下，在媒体技术不怎么发达的情况下，并不是所有的观众、听众都有幸接触第一流艺术家的，场地的限制和价格的限制，使绝大多数的听众和观众只能享受到第二流、第三流乃至简单模仿者的演出。由此可见，是现代的通讯技术消灭了许多艺术家的生存空间。完全相类似地，在各个产业部门，企业需要雇用的是电脑不能替代的高级技能劳动者，因此他们的收入不断提高。而与此相反，大量非技能劳动者要么被迫接受低工资，要么接受失业。因此技术进步成果似乎并不能使全体劳动者的利益得到增长，而只是让一部分高级技能劳动者享有。这种现象的持续存在并且进一步发展，势必会引申出一些社会问题，经济理论对公平(正义)与经济增长之间从来不作出逻辑分析，收入分配差距的扩大并不必然是经济增长的结果。因此,经济学家提出这样的问题,有什么政策可以使经济增长带来的好处让所有的人共享?普林斯顿经济学教授蒂格克斯塔(Avinash Dixit)指出:技术进步把西方经济变为"Sierra Madre"型的经济。美国有部经典影片,片名叫"Sierra Madre的宝藏",影片描述了少数淘金者的富裕是建立在大多数无收获的淘金者的贫困之上的。现代社会把技术进步带来的财富越来越集中到少数人的手中,与影片描述的情况有点类似。因此有人主张社会应该把人们都培养成好的淘金者,但结果又会怎样呢?事实上,每个国家都在想办法,美国的办法是让所有的人都去淘金,运气如何,自己负责。西欧的办法是让一部分人去淘金,淘金者为了淘金权利需要向政府交税(社会保障分摊金),政府再把税收分配给在家里呆着没有去淘金的人。

2.2 苏联、东欧国家转轨中的失业情况

从20世纪80年代后期以来,苏联、东欧国家先后经历了由传统计划经济向市场经济的转轨过程,其转轨基本上遵循了所谓"休克疗法",只有部分国家在后来面对激烈的社会矛盾时作了一些调整。"休克疗法"的基本思路是以强烈的金融紧缩和大力压缩消费硬性弥合总供需间的缺口,这种金融政策在80年代后期给南美的玻利维亚带来了两年内将通货膨胀从五位数降至50%的成功,但苏、东国家的国情却与玻利维亚有着根本性的差别,其实行休克疗法的后果则是政治动荡、生产滑坡、财政状况恶化、外贸下降、恶性的通货膨胀和失业率的剧增。其中,失业率的增加,既造成了劳动力资源的闲置,又造成社会矛盾的激化,因而受到各国政府的重视并采取了相应的措施。

根据1991—1994年的数据(如图2.3),我们可以看到苏、东国家除了捷克共和国和俄罗斯之外在转轨过程中普遍经历了较高的失业率,基

本上保持在10%以上，并且失业率并没有明显的下降趋势。

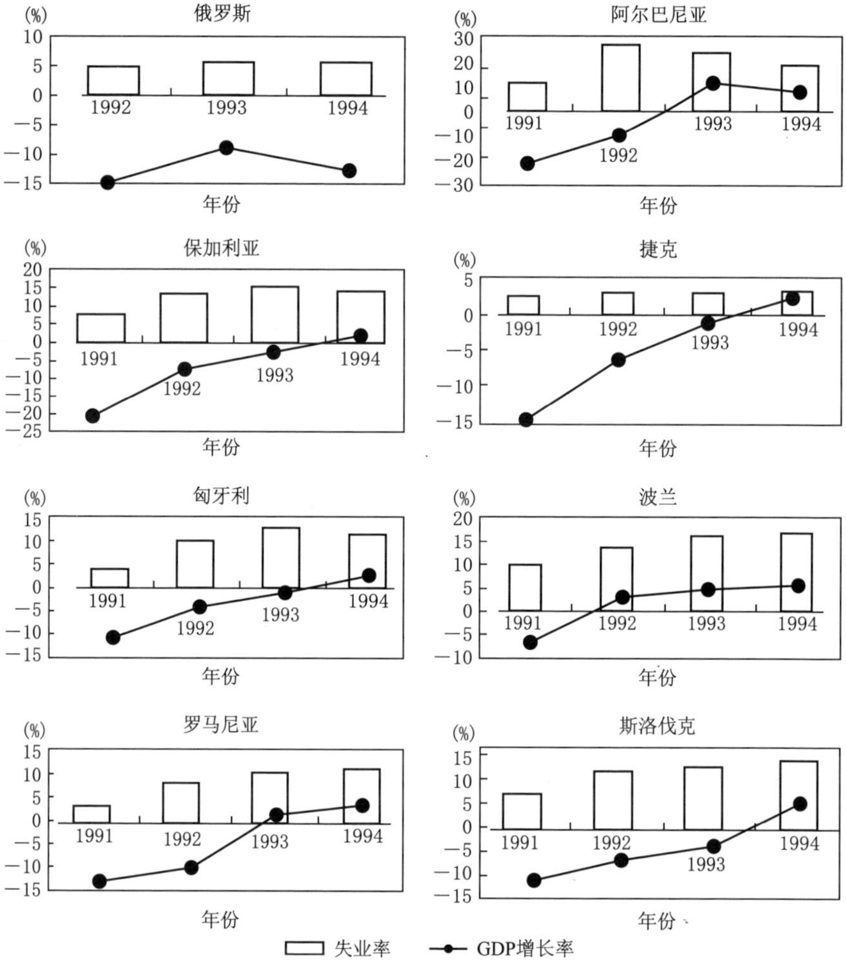

图2.3　苏联、东欧国家的GDP与失业率的变动

在失业率居高不下，部分国家失业率持续上升的同时，各国普遍经历了生产的滑坡，GDP增长率持续为负，虽然除了俄罗斯之外，各国的负增长状况有所好转，但多数国家直到1994年才转为正增长。总体来说，经济学家们认为苏、东各国要达到转轨前的生产水平仍需经历一段较长的时期。

由于苏、东国家转轨的方向是市场经济，而其转轨方式之一就是实行私有化，所以在各国私有经济普遍增长，国有部门则持续衰退，不同所有制的增长状况不同，伴随着就业的所有制结构的变动，其中，东欧国有部门就业减少非常迅速，在俄罗斯相对较慢。但从俄罗斯失业者构成来看，超过2/3的失业人员是来源于国有企业的。

在地区差异上，各国内部也显示出失业率的不均匀分布。以俄罗斯为例，不同地区间，由于产品结构不同，国家的财政政策倾斜不同，劳动力流动性情况不同和工资水平的差别，都相应地表现出了失业率的差别。

在行业结构方面，转轨以后使计划经济下就业过于集中在工农业的扭曲就业结构状况得到了改变，各国一致表现出服务业就业人口增长，而工农业就业人口下降。1994年服务业所占劳动力比例在捷克、匈牙利、斯洛伐克超过了50%，在波兰、保加利亚超过了40%。

苏、东国家经济转轨中，除了失业率居高不下外，还同时表现出如下的现象：(1)劳动力参与率下降。由于在计划经济体制下，劳动力参与率非常高，所以当传统的计划就业体制发生改变以后，苏、东各国的劳动力参与率普遍下降，尤其是在妇女中该比率下降更大。(2)长期失业人口(失业超过一年)增加，1993年底至1994年底，斯洛伐克长期失业人口的比例从32%上升到48%，匈牙利从34%上升到42%，其他东欧国家均上升了5%—6%，即使在失业人数很少的捷克，长期失业人口比例也从18%上升到24%。

在苏联、东欧国家的经济转轨过程中，普遍伴随着政治制度的变化，而政治制度也采取了较为激进的演进方式，其直接的后果是政治动荡，经济体制也同时陷于混乱无序的状态。在苏联，“8·19”事变以后各共和国纷纷独立，苏联的统一市场彻底瓦解，各共和国之间的经济合作在1991年一年内锐减30%，同时，苏联的中央宏观调控能力也每况愈下，生产、流通各环节出现紊乱，黑市经济膨胀。在东欧各国，政治纷争也相当猛烈，保、捷、罗、波、阿五国出现了党派纷争和左翼力量组织的罢工，各国政党面临国内矛盾都不能提出有效地推进改革的经济纲领。这种局面直接导致了各国综合国力急剧下降，生产滑坡。以1991年为例，当时的东欧各国和独联体国内生产总值均比1990年下降10%以上，仅波兰一国下降幅度低于10%，下降幅度最大的是阿尔巴尼亚和保加利亚，很多国家国民经济滑坡到这些国家1929—1933年大萧条时期的水平，国内经济滑坡是导致失业的首要原因。

引起失业的第二个原因是需求水平下降。从国内来看，一方面通货膨胀率急剧上升，以1991年为例，苏联日用消费品和劳务价格一年内增长了140%，同年阿尔巴尼亚通货膨胀率达600%，保加利亚为500%，罗马尼亚为280%左右，波兰为71%，捷克斯洛伐克为57.9%，匈牙利最低也达35%，东欧国家持续的高通货膨胀到1994年才得到缓解，而原苏联各共和国的多数国家，仍然处于恶性通货膨胀的局面之中。另一方面，职工名义工资增长远远低于通货膨胀率，在有些国家还采取了限制工资增长的收入政策，于是职工的实际工资购买力下降，在东欧国家只有匈牙利1994年度的平均实际工资高于1989年，其他国家实际工资下降得很剧烈，下降最小的是捷克，1994年度实际工资是1989年的85%。与此同时，各国贫富差距拉大，生活在贫困线下的人口增多，这些因素共同导致了国内需求水平的下降。从对外贸易来看，苏、东各国普遍经历了外贸的急剧下降，1991年6月，经互会宣告解散，在此前后，苏、东各国分别取消了记账易货贸易和卢布结算体系，从1991年全盘改行外贸现汇结算体制。但苏、东各国普遍存在的情况是现汇短缺、产品滞销、原材料不足或消费品匮乏，实行现汇结算后，使得苏、东各国间原本拥有的贸易关系无以维系，苏、东各国各自拥有的一批为经互会其他成员国生产专业化协作产品的厂家，出现产品销路不畅，有的则严重亏损甚至倒闭。原苏联各共和国在独立之后，相互之间也视为外国，要求对方以硬通货支付货款，中断交通运输，提高关税，废除合同，限制本共和国产品向其他共和国外流，人为地造成各共和国之间的贸易急剧下降。同时苏、东各国试图将自己的拳头产品卖往西欧，以求赚得硬通货和回归欧洲大家庭。但实际上，由于苏、东各国与西欧原本联系较少，短时期内很难弥补原经互会成员国之间的贸易下降。由于这几种因素的共同作用，苏、东各国贸易大幅度下降，加剧了失业的产生。

由于苏、东各国长期实行计划经济体制，在这样的体制下，劳动参与率极高，就业由计划安置，公开失业不存在，从而失业救济金也不存在。同时，这样的就业体制又造成了大量隐性失业的存在，据估计1979年捷克斯洛伐克的隐性失业占劳动力的15%，1987年，波兰的隐性失业率高于25%。在转轨时期，随着市场机制的建立和私有化的进展，企业必然开始使隐性失业公开化，同时，劳动力市场的发育又不健全，失业的流出率普遍不高(俄罗斯该比率较高)，这是造成失业上升的又一个原因。但实际上，由于观念上的原因和调整成本的存在，企业并不倾向于将多年的劳动力立即从企业分离出去。以俄罗斯为例，很多企业的做法是工时调整，也就是说并未将全部的隐性失业公开化，面临工时调整的工人数目在1993—1994年间有上升的趋势，而且很多处于非自愿“放假”的人找到了替代的工作。另一个值得注意的现象是，劳动参与率降低了，部分人在失业后转为非就业人口，缓解了失业率的上升，以俄罗斯为例，就业量减少2.5%，失业率仅上升1%，其间的差距便是由于非就业人口增多了。

苏、东各国的经济转轨的确在几年间给各国经济发展带来了很多的负面影响，但是近年来，已开始可以看出各国经济中有些使得就业增长的正面因素，尤其是在东欧各国。

首先，自1994年以来东欧各国的经济状况开始有所好转，这一年东欧各国GDP均有增长。除斯洛伐克外，其余几国在1994年末失业率均有所下降或无明显上升，这里需指出的是，其中只有阿尔巴尼亚、捷克与波兰三国就业率有所上升，其他几国失业率的下降(或无明显上升)更多地是因为劳动参与率在下降。除了经济总量开始扩张外，东欧各国的产业结构也有所优化，第三产业的产值在国民生产中所占比重上升，高新技术部门在制造业中的比重有所下降。由此带来的结果是，传统计划经济体制下就业过多地集中于工农业部门的状况得到改变，第三产业的就业人数稳步上升。

其次，外资进入对于东欧国家经济走出低谷的作用也是极其重要的，在1989—1994年间，东欧各国国民经济投资额持续下降，中小企业的投资也很有限，而在这几年间以欧洲联盟为主体的西方国家的直接投资却在增长，其中，德国对波兰、匈牙利、捷克、斯洛伐克四国的直接投资由不足0.5亿马克直线上升到100亿马克以上，法国、英国、奥地利、意大利、瑞典、瑞士、荷兰、比利时、西班牙等国的投资额也有相当的增长。到1994年为止，多数东欧国家已建成上千家合资、独资企业，其中匈牙利2 200多家，罗马尼亚3 000多家。外资进入使受益国投资大增，同时还推动了各国产业结构调整和企业现代化技术改造，提高了合资企业的产品质量和国际竞争力，最终扩大了出口创汇，增加了就业机会。相比之下，原苏联国家在引进外资方面并未获得与东欧国家相同的成功。1992年和1993年，西方大国分别许诺向俄罗斯提供240亿美元和430亿美元援助，而实际提供的款项仅为预计数的一半左右。在原苏联国家中俄罗斯涉外经济体制改革的反复最为明显。1992—1993年，俄政府颁布了一系列旨在鼓励外商投资的涉外投资法，但自1994年初起，民族主义势力抬头，贸易保护主义、对外孤立主义的经贸政策出台，又使这些法规沦为一纸空文。俄罗斯涉及外资企业、合资企业和外商的税种增加，税率不断上涨。此外，独资、合资企业出口自产产品所得外汇收入，也由全部留给本企业支配改变为必须拨出50%在国内外汇市场上按议价出售。经过如此反复，大多数外商认为在俄投资已无利可图，转而投资于东欧各国。所以，外援对于原苏联国家促进生产和增加就业作用甚微。

另一个增加就业的积极因素是对外经贸关系的调整，这一点在东欧诸国表现更为明显。首先，东欧国家对外经贸合作的重点由苏联转向了西欧，虽然在短期内没有弥合贸易下降的缺口，但从长期来看，这种调整显然是有利的。东欧各国对西欧国家贸易中，又尤以波、匈、捷发展较好，对西方市场准入有所改善。三国于1992年与欧共体签订了“欧洲联系协定”，7 月又与欧洲自由贸易联盟完成自由贸易协定。另外，经互会的解体以及国家分裂对各国外贸的影响使苏、东国家很快意识到相互合作的重要性，区域性经济合作的趋势逐渐增强。1991 年 12 月，原苏联各加盟共和国除波罗的海三国和格鲁吉亚之外建立了“独立国家联合体”，以期加强各共和国之间的经济合作，后来，格鲁吉亚加入其中，1994 年 10 月独联体国家又一致同意成立独联体跨国经济委员会，可惜的是各共和国间貌合神离，这些做法并未取得预期的效果。与此形成鲜明对比的是波兰、捷克、斯洛伐克、匈牙利四国于 1991 年 11 月建立的“维谢格拉德”自由贸易区，1994 年，该集团的经济一体化合作进入了第二阶段。根据协议，其成员国分别对其他三国的商品(不包括农产品和少数“敏感产品”)每年降低关税 1/3。此外，斯洛文尼亚、克罗地亚、罗马尼亚、波罗的海国家与该集团四国也加强了经贸技术合作。据估算，对外经贸合作关系的调整至少可以使相关国家的国内生产总值增长 0.5%—1.0%。

苏、东国家在转轨过程中私有部门的增长也成为就业增长的有利因素，但是这一点对就业的影响相对要小，因为私有部门仍然是小规模的，主要集中在贸易部门和服务部门，新建立的私有部门很难达到高效加工业所必需的最小规模。在苏、东转轨过程中，大部分私有部门的增长来自于中等规模企业的增长以及由中等规模和大的私人企业所建立起来的新企业。

2.3　中国当前的失业类型及其规模

从上面 2.1、2.2 节中关于经合组织成员国失业的发展和苏联、东欧国家转轨过程中的失业情况来看，失业是当今世界市场经济国家中普遍存在的一种经济现象，而且随着经济的发展、技术的进步，失业现象有加重的趋势(体现在长期失业人口的增加，低技能劳动者的失业比重上升，年轻人初次就业越来越困难等等)，因此如何将失业水平尽可能地控制在一定的范围内成了各国政治家、经济学家以及人民大众广泛关注的问题。中国是典型的二元经济结构的发展中国家，又是一个从传统的计划经济向市场经济过渡的经济。因此，一方面由于庞大的人口规模，使得劳动供给的增长一直快于经济增长所带来的对劳动力的需求，每年有大量无法安置的失业人口出现，同时二元经济结构的特征又使得农村每年有大量的剩余劳动力随着经济的发展、农村生产结构的变动需要转移出来，加大了城市就业供给的压力。另一方面，由于我们正处于经济体制的转轨时期，随着市场经济体制的深入，原来依靠牺牲效率而处于隐蔽状态的失业，在市场化过程中日益成为公开化的失业，使得中国的失业问题雪上加霜。下面我们将先给出中国劳动力供给及其增长的总体规模，然后再详细分析劳动力在各个产业部门的分布状况，在此基础上引入中国劳动力需求的增长的总体情况。在给出劳动力供求的总体情况以后，我们再来分析中国失业的总规模及其变化趋势，并且把中国的失业情况进行分类，从不同的角度讨论中国不同失业种类的不同形成机理。

根据 1995 年中国统计年鉴，1994 年全国拥有从业人员 61 470 万人，其中第一产业劳动力 33 386 万人，占总劳动力的 54.3%，第二产业劳动力 13 961 万，占总劳动力的 22.7%，第三产业从业人员 14 123 万人，占总劳动力的 23%。一、二、三产的就业结构比例分别为 54.3%、22.7% 和 23%。一般人们可以根据就业人口产业结构比例来判断一个国家的发展水平，国际上把就业人口的产业结构比例划分为传统型、发展型和现代型三种模式，见表 2.2：

表 2.2　产业结构的不同类型

	第一产业就业人口比重	第二产业就业人口比重	第三产业就业人口比重
传统型	50%以上	25%左右	25%以下
发展型	16%—49%左右	26%—40%左右	26%—49%左右
现代型	15%以下	35%左右	50%以上

根据表2.2标准，我国就业结构基本上处于从传统的二元结构型向发展型过渡。这是根据产业结构划分得出的情况。由于我国城乡就业制度上存在很大的差异，而且城乡劳动力之间的流动与竞争还有一些障碍，城乡一体的劳动力市场还没有建立起来，因此我们还有必要区分就业人口的城乡比例。根据1994年的统计，我国城镇劳动力总数为16 816万人，乡村劳动力44 654万人。由于20世纪70年代以来乡镇企业的蓬勃发展吸纳了许多农村劳动力，因此乡村劳动力已经不等同于第一产业的从业人员数目。就城镇劳动力来说，绝大多数是在国有经济部门就业，约为11 214万人，占城镇总就业人员的67%，城镇就业人员在其他各种非国有经济中的就业人数占到33%，其中集体经济中就业人数为3 285万人，约占城镇总就业人员的20%，余下的13%在三资企业及其他类型的企业中。如果说中国经济转轨过程中国有经济将有大量的隐性失业需要转移出来，其公开失业规模将是相当可观的。1994年城镇公开的失业人口为476万人，其中失业青年为301万，失业青年占城镇公开失业人数的63%，公开失业率为2.8%。前面我们已经提到，由于我们尚没有建立起一套完善的失业统计指标体系和统计方法，公开失业并不真正反映我国劳动力资源的过剩程度。对我国劳动力供求矛盾分析，一是要从动态的角度，即把劳动力的增长速度与规模和对劳动力的需求增长进行比较；二是要深入分析农村的隐性失业和城镇国有企业中的隐性失业，这样才能比较准确地刻画出中国当前失业的全貌。

根据有关部门的预测，整个“九五”期间城镇自然新增劳动力大约有1 800万人，从农村劳动力转移出来的“农转非”劳动力约为1 700万人①，“八五”末期待业的公开失业人员500万，由就业转失业的人员1 400万人②，

① “农转非”人员是指由城镇吸收并登记为城市常住户口的劳动力。

② 由就业转失业人员是指原在各类企事业单位和个体经济组织中，因各种原因失业的人员。其中，由于企业破产和经济性裁员导致失业的职工为400万人，国有集体企业富余职工流到社会的约为300万人，终止、解除劳动合同的为700万人。

上述几项构成“九五”期间劳动力供给的增长，总人数为5 400万人。但是劳动力需求的增长却跟不上这个速度，据预测，“九五”期间净增就业岗位大约在2 400万个(这一项指标是根据经济增长每年9%的速度和相应的就业弹性计算出来的)，自然减员补充岗位1 400万个，两者相加3 800万个岗位，与前面的劳动力供给增长5 400万人相比，供给大于需求的缺口为1 600万人。

上面是就我国劳动力供求的总体情况所作的分析，并对未来几年的发展作了初步的预测，从中我们已经可以大致了解到，由于我国特有的人口包袱、农村大量沉淀的劳动力随经济现代化需要大规模转移出来以及国有经济中的隐性失业需要转化为公开的失业，加上已有的480万失业者，失业问题在我国变得十分的严峻。如何降低失业率，提高劳动力资源的利用程度，是摆在我们面前的一个跨世纪的难题。为了更好地把握这个难题的实质，我们不仅需要了解我国就业矛盾的总体情况，更为重要的是还需要深入地对我国当前的失业状况进行详细分类，探寻各种失业类型的生成原因与现有的失业规模以及对我国失业问题的理解，从而才有可能为治理我国的失业问题开出对症下药的处方。

就当前我国的失业种类来说，大约有以下几种：

第一，类似于刘易斯所描述的二元结构中的失业。

刘易斯在1954年《劳动无限供给下的经济发展》一文中提出了一个二元经济模型，用来描述发展中国家现代工业部门和传统农业部门发展不对称问题。在市场经济发达的国家里，工资是由劳动的边际产品价值决定的，并且在一个要素得到有效配置的经济里，劳动在各个行业中的边际产品价值应该相等，否则就会引起劳动力在各部门之间的转移。但是，在一个二元经济结构的社会里，只有现代工业部门是按照资本主义方式经营的，即经营者的目的是为了获取最大利润，在这个目标函数下，其雇用工人的标准是看劳动的边际产品价值是否大于通行的工资水平。然而二元结构中的农业部门是按照传统的家庭农业方式经营的，农民的收入按平均产品原则进行分配，在一个劳动无限供给的社会里，按平均产品原则分配的农民的收入要低于现代工业部门的工资水平。因此，在一个二元结构经济中就会出现一种特有的失业现象：如果劳动力在两部门之间的流动是自由的，低收入的农民一定会向现代工业部门转移。但由于劳动力供给是无限的，从农业中转移出来的劳动力的边际生产率可能接近于零，因此在城市中会出现大量的失业人口；如果考虑大城市的失业风险，或其他制度性的限制，农民留在传统部门不进行流动，那么在农村实际存在大量隐蔽失业，因为在传统部门减少一部分劳动力，并不会使农业总产品减少，相反，每人的平均产品却可以增加。因此，要解决二元经济模型中的失业问题，关键是要加速现代部门的资本积累，从而提高该部门中劳动的边际生产率，使得现代部门可以不断吸收传统部门中流离出来的劳动力，最终消除二元结构现象。

我国是一个农业人口占70%以上的发展中国家，农业部门的劳动边际生产率不仅低于工业部门，而且接近于零，换句话说，如果在农业中转移出去一部分劳动力，农业产值将保持不变。因此，在这样一种二元结构的经济里，对工业部门来说，劳动供给是无限的，只要工业部门投资和生产扩大，农村就可以源源不断地输送劳动力。在传统的计划经济体制下，人民公社给予每个农村劳动力一个就业机会，并且每个劳动者都可以从集体劳动产品中分得一份几乎平均的收入。尽管存在工农收入上的差异，但是农村劳动力向城市转移由于户籍制度的限制，几乎是停滞的。因此，在这样的体制下，即使农村劳动边际生产率等于零，也不会有农民失业的问题，因为根本就没有劳动资源合理配置的要求。改革以后，随着家庭承包责任制的实施，虽然每个劳动者仍配有一份生产资料——土地，但是劳动资源的合理配置问题就提出来了。当从事农业的劳动并不需要那么多时，家庭作为一个追求经济效益最大的生产单位，就要把土地上多余的劳动力游离出来，从事其他可能获得收入的行业，如创办乡镇企业，进城当民工等。然后，一旦这些容纳能力竭尽时，进一步游离出来的农民便成了失业人口。这部分失业人口由于还保留着一块土地，因此有时处于隐蔽的状态，而有时则成为汹涌的民工潮。

截至 1997 年，在我国农村约有劳动人口 45 000 万人，根据当前农业劳动生产率水平和实际耕地面积，农业中能够吸收的劳动力约为 15 000 万人。从 20 世纪 80 年代以来，农村乡镇企业发展迅速，到 1993 年全国共有乡镇企业2 453万家，乡镇企业中的就业人口已达到 12 300 万人，目前流向城市的劳动力约为 5 000 万人，另外有 2 000 万人从事其他非农产业，因此尚余 11 000 万农村剩余劳动力，农村失业率大约为 24%。

第二，经济转轨过程中国有企业的隐性失业转化为公开的失业。

在市场经济体制下，以盈利为目标的企业，其对劳动的需求取决于劳动成本(工资)和劳动边际生产率之间的比较。如果劳动力市场处于供过于求的状态，那么，根据市场非均衡时处于市场短边的一方能实现他的意愿供求的原则(简称非均衡情况下的短边原则)，最后实现的就业量由需求一方决定。在我们原来传统的计划经济体制下，考核企业经营好坏的是一系列计划指标，除产量和利润等指标外，还有计划就业指标，即企业必须接受计划部门配给的就业人数。在企业自愿的劳动需求小于计划就业量时，企业必须按计划完成就业指标。这种就业配置的结果就是企业中隐性失业的出现，其实质是计划当局要求企业负担起本该由政府负担的社会目标:失业救济，其代价是企业效益的牺牲。在计划经济体制向市场经济体制转换的过程中，重要的一环就是改变微观经济组织的行为，把企业的经营转到追求盈利上来，企业承担的社会性目标交给政府去完成。随着国有企业改革的发展，企业中大量存在的失业就必须转化为公开的失业。但是，在隐性失业转化为公开性失业完成之前，我们如何来估计目前国有企业中隐性失业的规模有多大呢?

判别隐性失业的理论根据应该是:一个企业中那些劳动力的边际成本已经超过其边际生产率的在职职工应该被定义为隐性失业人口。但是，上述理论标准很难被方便地应用到实际的操作中，因此，隐性失业问题虽然被大家广泛地感觉到了，但要衡量确实是件不容易的事。

中国国家科委从 1985 年起对全国上千家国有企业的抽样调查显示，国有企业职工平均每周投入的实际工时为 40.64 小时，仅占旧制度工时(48小时)的84.7%,有效工时为19.2—28.8小时,仅占旧制度工时的40%—60%,按照新制度工时(40小时)计,有效工时占新制度工时的48%—72%。目前国有企业拥有职工11 200万,如果按其中的28%为富余劳动力来计算,隐性失业者约为3 000万人。因此,隐性失业占城市就业人口的18%。用其他方式测得的隐性失业率也在15%—20%之间。如果假定我们将用5年时间完成国有企业中隐性失业转化为显性失业的任务,那么每年就意味着要增加600万的失业人口。

第三,经济发展过程中结构性调整所带来的失业。

如果说,上面两种失业情况与我国的国情和体制有关,那么,现在我们要讨论这种失业与上述两因素无关,而是一种经济发展过程中的普遍现象,即当经济处于高速发展阶段时,一定伴随着产业结构的快速调整,新的支柱产业不断涌现,老的产业不断被淘汰。在这个产业结构重新组合的过程中,对就业来讲,我们就会发现一种特有的现象:一方面社会中新兴的产业由于其突然崛起,适合该产业的劳动短缺,另一方面,老产业由于资本存量的调整,劳动需求逐步下降,因此我们有岗位空缺和失业的并存。这种现象在上海特别突出,很多新兴产业,如金融业、服务业和电子产业,劳动需求不断增长,而上海还不可能在短期内培养出符合需要的劳动者,求大于供的现象还将持续下去。同时,像纺织工业,55万的纺织工人中有1/3需要转移到其他产业中去。

第四,城市中的自愿失业和农村劳动力的转移。

长期以来,尽管城乡收入差距很大,但由于户籍制度的存在,农村劳动力流向城市几乎被禁止。这种状况的实质是城市劳动者与农村劳动力之间的竞争被取消,城市劳动者在劳动供给上处于某种垄断地位,城市劳动者的收入成为一种垄断收入,它是对劳动力实行歧视价格的结果。劳动者的垄断地位是不利于激励劳动者提高效益的,而且,对于某些脏、累、苦的岗位,城市劳动者不愿意就业,在农村劳动者被禁止进城就业的年代,可以通过提高这些岗位的工资来吸引城市劳动者就业,但是,在改革以后的今天,民工可以进城就业的情况下,农村劳动者则自愿填补这些岗位,而不愿意在现有工资水平上在这些岗位上就业的城市工人则成了自愿失业者。

第五,在乡镇企业和三资企业等非国有企业进逼下所导致的城市工人失业。

上面我们看到,旧的计划体制把农民束缚在农村,可以促进劳动竞争从而提高劳动效益的合理流动被抑制了。城乡劳动力竞争的根源没有被消除,农村劳动力无时不在寻找突破口,以弥补城乡收入上的差距。20 世纪 70 年代后期在农村创办乡镇企业这种努力的结果,说明了一条简单的道理:劳动要素的合理流动,从而城乡劳动力在劳动力市场上的竞争虽然被限制了,但农村劳动力可以通过在农村办工业,最后以农村生产的工业品流动的形式与城市工业产品竞争,达到劳动要素的优化配置。因此,原来应该是城乡劳动力在劳动力市场上的平等竞争,现在变成了商品市场上的城乡物化劳动的竞争。由于农村劳动力成本较低,效率较高,乡镇企业产品得以大量进军城市,使得不少城市企业在竞争中趋于劣势,结果是产品滞销,开工不足,劳动力处于失业状态。

与乡镇企业对城市企业进逼相类似,在改革开放年代里,私人企业、三资企业的兴起,对国有企业失业有着同样的影响。由于私人企业和三资企业等非国有企业的经营机制比较灵活,劳动雇用都采取合同制的形式,对劳动者的压力较大,在这些企业中劳动效益比较容易提高,相反,国有企业的经营机制由于种种原因,转换得较慢,而企业的劳动就业制度改革又难以推进,国有企业与非国有企业的竞争处于一种不公平境地,结果往往是非国有企业的产品挤垮国有企业的产品,造成国有企业中失业的增加。

当然,这类失业的增加同时伴随着农村和城市其他几类失业的减少,因此,从整个国家角度看,失业人数并不会增加很多。

第六,宏观经济的周期性波动所带来的失业。

1979 年经济体制改革以来,我国的宏观经济已经经历了数次周期性的波动。在整个经济中,由于宏观经济资源构成中劳动力相对于固定资本比例太高，加之投资主体缺乏风险机制的约束，因此以投资膨胀为起点，结构性资源瓶颈为信号，国家采取主动的宏观紧缩政策为结局的宏观经济周期波动是这个经济的常态。在经济扩张阶段，中国的就业问题可以得到一定程度的缓解。其原因是由于投资的带动，市场需求旺盛，企业生产任务充足，不仅使企业隐蔽失业减少，而且往往还可以扩招一些正式和临时的工人。同时随着投资增长，建筑业需要从农村招收大量的建筑工人，从而形成农村劳动力向城市转移的高潮。但是，在经济紧缩阶段，由于控制银根，投资下降，市场需求疲软，导致企业产品积压，正式工人下岗，大量从农村招来的临时工和建筑工人又纷纷回到农村。此时，隐性和显性的失业都会增加。由于这类失业主要是由宏观经济的周期性波动所引起的。所以在经济资源许可的情况下，可以通过凯恩斯式的需求管理来减少这一类失业。

3

失业成因的初步探讨

前面一章我们在第 1 章失业概念及其统计讨论的基础上，对全球有代表性的国家的失业情况作了一个较为全面的扫描。这一章我们就要对失业的成因作一个初步探讨。本章第 1 节将讨论一些直观的对失业原因的解释，由于是直观的解释，因此也许是似是而非的，经不起严格的逻辑和实践的检验，但是它们最符合我们的直觉，因此在理论分析之前，把它们逐一地进行讨论，也是有意义的。本章的第 2 节我们将讨论失业理论演变中的两种最主要观点：古典失业理论和凯恩斯失业理论。第 3 节我们将讨论失业理论在凯恩斯理论以后的发展，尤其是要介绍西方 20 世纪 80 年代以来新发展起来的失业理论。当然在这里我们只能对这些理论作些简单的介绍，让读者先有个初步的概念。真正的理论展开和模型解剖将在本书的第二篇才进行。

3.1 对失业的一些直观解释

西方世界自从1973年石油危机打破了他们在20世纪50—60年代创造的充分就业的黄金梦之后，对失业现象的解释汗牛充栋，莫衷一是。但是如果把它们进行仔细归类的话，有相当一部分人把失业的生成原因归为一些非经济过程内产生的外生因素。第一种说法是把失业归为劳动供给的异常增长，如妇女大量加入劳动力队伍、大规模的移民的到来，使得劳动供给的增加大大超过了劳动需求的增加。第二种说法是从劳动力供给的结构上做文章，认为主要是劳动力的供给结构不符合经济发展过程中对劳动力的需求结构，导致岗位空缺和失业的并存，因此首要的问题是对劳动力进行培训，加速劳动力在不同产业部门的流动。第三种说法认为失业主要是由技术进步引起的，技术进步使生产过程中的劳动使用数量大大节约，消灭了许多传统的岗位，因此技术进步是失业的罪魁祸首。有些还把失业的增长归为第三世界国家经济的崛起，这些国家产品的增加，等等。

这些解释有其一定的道理，尤其是它们比较符合我们的直观，因此具有广泛的影响，而且还对各个国家的决策产生一定的影响。但是仔细推敲，这些论点都是有问题的，至少是片面的，它们的逻辑要成立，还必须配以许多严密的假定。下面我们来逐个分析这些问题。

当一个经济对劳动的需求增长相对缓慢时，劳动供给的快速增长肯定会成为劳动过剩进而出现大规模失业的一个可能条件，但是劳动力供给增长过快并不一定带来失业，也就是说劳动供给的过度增长不是失业的充分条件。许多国家在历史上都可以找到由于劳动供给过度增长从而失业人数上升的例子，但是没有劳动供给的增长，也可能出现大规模的失业，从这个角度讲，劳动力供给的过度增长甚至不是失业的必要条件。由此可见，失业现象是远比劳动力外生供给增长要复杂得多的一个社会现象。

从许多国家的统计数据来看，劳动力的增长大多是比较有规则的，即较少出现大起大落的情况，现在我们把 1974—1989 年划分为三个阶段，并给出西方主要国家的劳动力人口增长的情况。

表 3.1 告诉我们西方主要六个国家自 1973 年以来劳动力人口增长的情况，美国和日本的劳动力人口增长比欧洲四个国家的增长率来得高，在 1974—1980 年期间分别为 2.5%和 1%（意大利除外），1980—1984 年间为 1.5%和 1.2%，1984—1989 年间为 1.7%和 1.1%，总体上比其他国家高。然而，就是这两个劳动力人口增长最快的国家，1989 年的失业率最低（请看第 2 章的有关数据）。英国的例子很为典型，在 1980—1984 年间，英国的失业率高达 12%，但是其劳动力人口增长率仅为每年 0.2%，是所有国家中最低的，而当 1984—1989 年间英国的劳动力人口增长率上升到 0.9%时，英国的失业率却从顶峰位置开始下降。由此可见，光是劳动力人口的增加是不能说明问题的，问题的关键还是要看就业的增长情况如何。

表 3.1　劳动力人口的增长(每年增长的百分率)

	1974—1980 年	1980—1984 年	1984—1989 年
美　国	+2.5	+1.5	+1.7
日　本	+1.0	+1.2	+1.1
德　国	+0.0	+0.4	+0.7
法　国	+0.8	+0.5	+0.3
意大利	+1.2	+0.8	+0.6
英　国	+0.7	+0.2	+0.9

资料来源：J.Freyssinet，1994. p.60。

进一步从理论上进行分析，我们就会发现，失业并不是一种劳动供求缺口的结果，并且劳动力供给和需求本身并不是由孤立的相互分割的因素决定的，劳动力供给的增长并不简单是一个人口增长的过程或者文化变迁的过程（如妇女大规模就业），劳动力供给增长本身是劳动力市场发展的函数。外国劳动力纷纷移民到西方国家，其背后的根本原因是

20 世纪 60—70 年代西方国家经济高速增长，低技能劳动者短缺，尤其是追逐利润最大化的工商企业，急需引进这些廉价的劳动力。广大妇女纷纷加入到劳动力队伍当中也是因为第三产业在西方国家的高速发展需要她们加入。同样地，25 岁以下年轻人的失业率上升和 55 岁以上劳动力人口的失业率的上升都反映了劳动力市场的变化，前者是对劳动技能的要求的提高和年轻人受教育时间延长的必然的结果。后者是劳动力市场要求老年人提前退休的反映。因此，劳动力人口的增长实际上是受经济增长影响的。从本质上说劳动力人口是经济增长的重要要素，为什么这一要素的增长反而被用来说明失业的增长呢？失业的出现和增长需要从经济增长本身那里去寻找原因，劳动力供给的增长最多只能说是问题的一个方面，而不可能成为问题的全部。因此，当我们面对劳动力增长过快导致失业的增长这样一个命题时，我们需要使用经验数据和理论的内在逻辑对此进行仔细的分析。这一命题的成立，一定需要其他条件的配合，如经济增长受到各方面原因的影响而速度降下来，或者劳动力市场受到其他制度影响使其难以发挥正常的调节功能，等等。总而言之，我们要小心谨慎地对待那些来自直观的命题。

对失业的第二方面的解释是从劳动力供给的质量角度展开的，即从劳动力的供给结构不符合对劳动力的需求结构角度来进行分析。我们知道，在一个经济的发展过程中，随着人们需求结构的变动和技术的进步，产业结构处于不断的变动过程中，有些部门得到迅速的发展，有些部门则不断萎缩下去，这种变动的一个直接结果是就业结构的变动，要求劳动力从萎缩的产业中转移出去，加入到新兴的发展迅速的产业部门。但是在现代经济里，这种转移并不是轻而易举地就能完成的。因为新兴的产业部门一定伴随着新机器设备的使用，新劳动技能的传播，等等。因此，在这种情况下就出现了两种类型的失业：

第一，从旧的产业部门转移出来的劳动者在质量上并不能符合新兴的产业部门所要求的技能劳动者的标准，这样就表明在产业结构调整中有一部分劳动者是很难再就业的。但是即便出现这样的情况，我们也不能说是劳动供给的质量问题导致了失业，这里的关键问题还在于如何对转移出来的劳动者进行再培训的问题。劳动者的跨产业转移需要有一个时期的再培训，如果这种培训难以进行，问题只能来自两方面：一是劳动者的初始的技能教育有问题，即文化教育程度太低，无法再接受新技能和新知识的训练；二是市场的培训机制出了问题，如应该由谁来承担培训的费用，这种培训对再就业是非常有效的吗。如果这些问题都解决了，劳动力供求的结构性矛盾迟早总能得到解决。

第二，就业结构性矛盾所带来的失业，实质上也是一种摩擦性失业。只要有劳动力结构性转移的要求，这种转移就一定要花费时间，即劳动力寻找适合自己的岗位的时间，重新进行就业前培训的时间，这种时间的长短与需要转移的两个产业部门的“距离”有关，“距离”越长，这里所花费的时间就越长。但是，这种状况的存在也只能解释失业中的一种情况——摩擦性失业时间的长短，它不能解释大规模失业存在的原因，尤其是不能解释最终很难再就业的长期失业的存在。如果要把这种摩擦性失业推而广之，用来解释大规模失业存在的根本原因，则需要满足以下的两个假定前提：

(1) 从微观经济学的角度来讲，由于新兴的产业部门招收不到满足自己产业或行业需要的合格劳动者，岗位空缺与失业并存使新兴产业部门的生产受到影响，从而进一步影响对其他互补的劳动力的需求。比如说当一个车间招聘不到一个合格的工程师时，这个车间就必须停止生产，致使其他工人失业。换句话说，只有当这些特殊要求的劳动者成了新兴产业部门的“瓶颈”制约时，就业才会被大量地“消灭”。但是事实上，这种没有人填补的工作岗位的情况只是一个暂时的现象，当这个产业略为成熟一点以后，这个问题就不存在了。因此就业的结构性矛盾所带来的失业和岗位空缺对一个具体部门来讲，只是一个过渡性的暂时现象，当然对整个经济来讲，尤其是对处于高速发展的经济来讲，结构性调整是连续不断的，个别部门的问题解决了，新的部门的问题又出现了。但是不管怎么说，摩擦性失业只能解释失业中的一部分原因，不能解释全部失业的存在。

(2) 从宏观经济的角度来看,就业结构性矛盾所带来的失业成为大规模失业的初始原因,我们必须能够说明,由于这些特殊技能的劳动力的短缺,造成宏观经济活动水平的普遍下降,或者由于这些劳动力的短缺,导致了本国企业竞争力的降低,从而影响了这些企业的产品在国际市场上的市场份额,由于市场份额的下降,致使宏观总需求大幅度下降,最后导致对劳动力需求的下降。如果这种情况出现了,我们就可以说,就业结构性矛盾所带来的失业成了大规模失业存在的初始原因。然而世界上大多数国家还没有出现过这样的现象。

在解释现代失业现象时,还有一种以在劳动力市场信息不充分的情况下劳动者的自愿失业作为假定前提进行分析的理论,这就是"职业搜寻"(job search)理论。这种理论认为,每个劳动者来到劳动力市场时,他并不知道自己适合做什么工作,也不十分清楚到底有多少岗位空缺能够让他就业。因此为了找到适合于他的职业,他可能离开初始的工作岗位,不断地搜寻,搜寻时间越长,信息就越充分,找到满意工作的可能性就越大。因此对这样的劳动者来讲,延长失业时间可能就是一种理性的选择行为,进一步推论,社会上大量存在的失业可能就是这种个体理性行为的一种后果(我们将在第 2 篇再对这一理论作详细展开)。并且进一步分析我们将发现,这种搜寻职业时间的长短还取决于以下一些因素:

(1) 就业结构的差异越大,工资差别越大,搜寻适合自己的职业以及报酬更高的职业就更加有意义,因此搜寻时间就越有价值,这一类自愿失业就越多。

(2) 新进入劳动力市场的人口越多,这种搜寻时间就越长,因为对初次就业者来讲,有关职业岗位的信息越缺乏。

(3) 经济越景气,这种搜寻时间就越长。因为当就业者处于经济景气时间,各种岗位的报酬就可能提高,他们对收入的期望值就被提高,这样他们为了得到符合自己期望值水平的报酬的岗位,搜寻时间就势必增加。

(4) 失业保障越好,失业者能领取的失业救济金越高,这种搜寻满意职业的时间就越长，因为一个好的失业保障体系对就业者来讲，搜寻工作的成本就可以大大地降低。

与前面的一些失业解释理论一样，“职业搜寻”理论被用来解释大规模失业的存在，还需要许多假定条件的配合，但是当我们仔细分析这些条件时，却发现它们往往是不符合现实情况的。

第一，用“职业搜寻”理论来解释失业的增长，我们必须提供论据，说明现实中岗位的空缺与失业人数都在增长，如果前者低于后者，说明现实经济中的就业岗位是不充足的，许多搜寻者最终并不一定能够获得其所期望的职业。

第二，现实当中的数据能够有力地支持这一观点：搜寻时间越长，找到的工作就越满意，也就是说新找到的岗位的满意程度与其搜寻的时间成正比，但是现实中的情况却与此相反，现实情况告诉我们，一个劳动者失业的时间越长，其找到工作的可能性就越小。这就说明现实生活中自愿失业这种情况还不是很普遍的。

第三，上述理论推论能够成立的还有一个假定条件就是现实中失业必须是大量的辞职形式的失业，但是统计数据却显示，在总的失业人口中，主动辞职的失业者的比重是不断下降的。失业危机越深刻，这种主动辞职的现象就越少，两者是呈反方向发展的。

第四，进入 20 世纪 70—80 年代以来，西方各国失业现象不断加重，为了治理失业，各国都采取了许多措施，其中之一就是减少失业救济金的数额和缩短失业救济金领取的时间，按上述理论推理，自愿失业进行职业搜寻的时间应该缩短，即平均的失业时间应该缩短，但是现实的数据却显示，长期失业的人口在增加。

根据上面这些分析，我们可以看出，自愿失业和职业搜寻理论确实能够解释现实中的一部分失业现象，但是它不能解释一个经济中大规模失业存在的根本原因。

把失业大规模存在解释为技术进步所带来的必然结果历来是人们所关注的一种主要观点。但事实上，技术进步对就业所带来的影响是非常错综复杂的，简单地说有影响和没有影响，都是难以令人信服的，需要对此作全面的分析。

如果我们要全面分析技术进步对就业所带来的影响，首先我们必须把技术进步对就业的影响划分为短期（或称暂时）影响和长期影响。毫无疑问技术进步对劳动的质量的要求、劳动质量结构的要求具有重要的影响。因为技术进步或者伴随着新一代机器设备的产生，或者伴随着某种工艺技术的创新，这些都给产业结构或产业内的部门结构变动带来重要的影响：有些部门迅速扩展，有些部门不断衰落。这一方面要求劳动力的质量不断提高，另一方面要求劳动力在不同部门的重新组合，这些都可能使那些质量难以被提高，部门间转移难以完成的劳动力被劳动力市场所抛弃，成为失业者。从这个角度看，技术进步首先是社会上摩擦性失业出现的一个重要原因。当然对于这一类摩擦性失业，某些政策措施能使其尽量降低水平，如加强职业培训、帮助劳动力部门的转移，等等。

但是人们是否可以据此断言：技术进步给就业带来的效应是负面的，即技术进步使失业增加？我们说答案应该是否定的。

首先从现实情况来看，西方国家 1973 年以来的时期是劳动生产率提高相对缓慢的时期（相对于 20 世纪 50—60 年代的增长幅度而言），而实际劳动生产率增长的缓慢体现的是技术进步的缓慢。与此同时，由于技术进步相对缓慢，西方国家 1972 年以来的投资率也相对低迷。由此可见，技术进步不明显时，投资会下降，而当一个国家投资热情减退时，其总有效需求是不足的，总有效需求的下降将对就业带来相当大的负面影响。因此从这个角度推理，不是技术进步导致失业的增加，恰恰相反，是技术进步相对停滞不前导致了西方国家失业率的大幅度上升。

其次，从理论上推导，技术进步对就业具有直接效应和间接效应两种。就直接效应来说，技术进步确实有消灭传统岗位的效应，如使用机器来替代人力劳动，用电脑来替代劳动者的脑力和体力劳动，新技术的广泛应用，在生产过程节省大量的劳动力，等等。但是除此之外，技术进步能够给就业带来一种间接效应，这种间接效应我们也可以把它称作补偿效应。技术进步在直接消灭许多传统工作岗位的同时,开创了许多前所未有的工作岗位。首先,技术进步是物化在机器设备上的,由此就开创了生产这些作为技术进步载体(机器设备)的新产业领域,如电脑的广泛的应用使得生产电脑的产业日益成为一个兴旺发达的产业,其所吸纳的劳动力也不断增长。与此同时,由于电脑在日常生活中的广泛应用,人们的消费正在经历一场全面的革命,以信息产业为龙头的一个新的产业群正在兴起,许许多多新的就业岗位正在不断地涌现出来。另外,第三产业是劳动密集型的产业,其对劳动力的吸纳作用是十分显著的,但是第三产业的蓬勃发展需要有一个前提条件,那就是一、二产业的劳动生产率要大幅度地提高,只有当这些物质部门劳动生产率大幅度提高以后,这些部门才能做到总就业人数下降但总收入水平还在不断提高,从而使这些部门的劳动者有能力对第三产业提出巨大需求,促使第三产业的发展。而一、二产业劳动生产率提高的关键是技术进步。西方国家进入20世纪70年代以来的失业率的上升,从反面说明了,正是因为技术进步的不明显,目前已经不可能出现20世纪50—60年代那样新的产业、新的就业岗位不断被创造的局面,因此西方国家要根本解决失业问题,除了就业制度方面的问题以外,在物质生产领域还需要期待新的技术进步的到来。

经过上面这些对技术进步方方面面给就业带来的效应的分析以后,现在我们可以给出技术进步对就业影响的总体效应示意图如下:

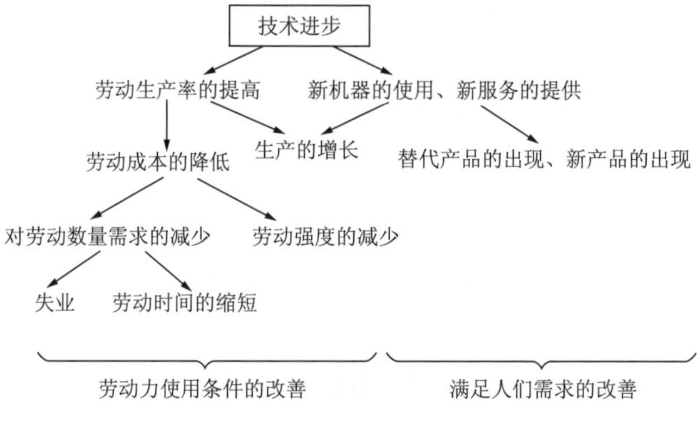

图 3.1　技术进步对劳动力使用的影响

从图 3.1 我们可以看出，技术进步带来的第一层面的影响是两方面的：一方面是劳动生产率的提高，另一方面是新机器的使用、新服务的提供。劳动生产率的提高也可以带来两方面的效应：一是劳动成本的降低，即单位产品中劳动成本降低；二是生产的增长，如果需求是充足的，如有外贸的增长的带动，技术进步就可以体现在生产的增长上。但是如果产品市场上的需求难以扩张，即需求对价格弹性比较小，那么技术进步带来的结果是通过降低劳动成本进而减少对劳动的需求，但在这个层面上也存在两方面的选择，当生产中并不需要那么多的劳动时，我们也可以采取降低劳动强度，或者缩短每人的劳动时间而保持就业水平不变这样一种选择。当然，在市场经济体制下企业的本能是追求利润最大，当生产过程并不需要那么多的劳动力时，其理性的选择就一定是减少生产中的劳动力使用数量，这样技术进步在这一方向上就导致了失业的产生，因此技术进步导致失业这一命题必须与劳动力资源的配置方式——市场经济的配置方式——结合起来考察才有意义。除此之外，技术进步还可能带来其他多方面的效应：生产过程中劳动条件的改善、生产的增长、新产品的出现、新产业和新就业岗位的涌现、推动第三产业的发展、推动一个经济投资的增长。这些效应加总可能大大超过上面推导的直接的对就业的负面效应。因此当一个国家在某一经济发展时期面临技术进步非常显著的时候，往往是失业率最低的时候；反之，失业率就会居高不下。

3.2　古典失业与凯恩斯失业

在这一节我们要进入失业理论中一个更为正规的逻辑框架来讨论失业问题。在西方的古典经济学理论里，失业实际上是劳动力市场上供求不相称的结果，那么供求为什么会不相称呢？关键在于劳动力市场上的工资率（或称实际工资水平）定在不恰当的位置上，当实际工资水平过高时，劳动力市场上的供给就会大于需求。如果劳动力市场上的工资水平可以充分调节的，尤其是当失业大量存在时，工资水平可以无限制地往下调整，那么随着工资水平的下降，劳动需求就会增加，失业就会慢慢地消除。如果工资水平是不能充分调整的，因为受到制度的限制（如西方的最低工资制度对工资的下降规定了一个最低的下限，工资无论如何都不能低于这个下限），工会力量的抗衡等等，那么失业就不可避免。因此，失业的存在如同其他商品市场上的供过于求的情况一样，是价格没有回落到使供求双方均衡的水平。因而治理失业的主要方法，是调整工资水平，包括体现总劳动成本中的社会保障基金的分摊。为了加深理解古典理论的实质，我们首先要弄清楚以下几个问题：劳动需求来自何方？劳动需求是由什么因素所决定的？

对劳动的需求来自于企业，企业为了生产产品首先需要在生产要素市场购买包括劳动要素在内的各种生产要素，然后在生产领域进行生产，为市场提供符合各类需求的投资产品和消费产品。企业进行这一系列活动的目标是为了盈利，即为了获取尽可能多的利润。因为劳动要素的需求是一种引致需求，最终依赖于产品市场上的需求，那么，对劳动要素的需求有什么规律可循呢？这就要求我们了解劳动要素在生产过程中所发挥作用的情况。为了推导宏观意义上对劳动的需求函数，我们先把所有企业加总，用一个代表性的企业代表企业的行为决策。我们假定企业进行生产需投入的两种最主要生产要素是资本和劳动。资本和劳动的不同组合可以生产出不同水平的产出，投入与产出之间的关系遵循以下的生产函数：

$$Y = AF(K, N)$$

其中，Y：给定时期内的实际产出；

A：描述生产技术水平的参数；

K：资本存量；

N：就业数量；

F：联系产出 Y 与资本和就业的函数。

我们知道资本存量在短期内是一个固定的常数,那么我们这里着重来考虑就业数量与产出之间的函数关系。当资本 K 不变时,就业量的增加可以带来产出的增加,但是这种产出增加的速度是随着就业人数的增加而递减的。在日常生活当中我们可以看到,当一个工厂的机器数量固定时,增加劳动力,可以增加产出;但是当劳动力的增加超过一定数量以后,其最后增加的劳动力所带来的产出增加将越来越小,这种现象就被称作劳动的边际生产率递减规律。劳动的边际生产率递减规律是到处存在的,如在一块既定面积的土地上不断增加劳动力投入,劳动力的边际产出是递减的。由于劳动的边际生产率是递减的,因此当企业在生产过程中投入劳动力时,随着劳动投入的增加,其边际产出递减,如果一个企业最后雇用的那个劳动力所花费的劳动成本高于其所带来的边际产出时,企业解雇那个劳动力就是理性的行为。如果要说服该企业继续雇用那个劳动力的话,那么劳动力的成本(即工资)必须下降。由此可见,企业进而全社会对劳动要素的需求与劳动要素的价格是成反比例关系的,即随着劳动工资的上升,企业对劳动要素的需求下降,当劳动工资水平下降时,企业对劳动要素的需求增加。这就是企业对劳动要素的需求函数,其背后的原因是劳动的边际生产率递减。

劳动的供给取决于多种因素,首先是一个经济中的人口总数以及人口总数中的劳动年龄人口比例决定了劳动供给的最大可能,其次劳动年龄人口中愿意供给劳动的劳动力人口数量以及他们在一定时期所能够和所愿意提供的劳动数量决定了劳动的供给。一般说来,劳动对劳动者是一种负效用,补偿这种负效用的就是收入报酬,通过收入报酬劳动者可以消费其他商品从而得到效用上的满足。因此劳动者愿意供给的劳动数量是实际工资水平的函数,在一定的范围内,实际工资水平越高,劳动者愿意提供的劳动就越多,反之就越少。

如果我们把上面分析获得的劳动需求曲线和劳动供给函数在一个由实际工资水平和劳动数量的二维空间画出,我们就得到下面的劳动供求图：

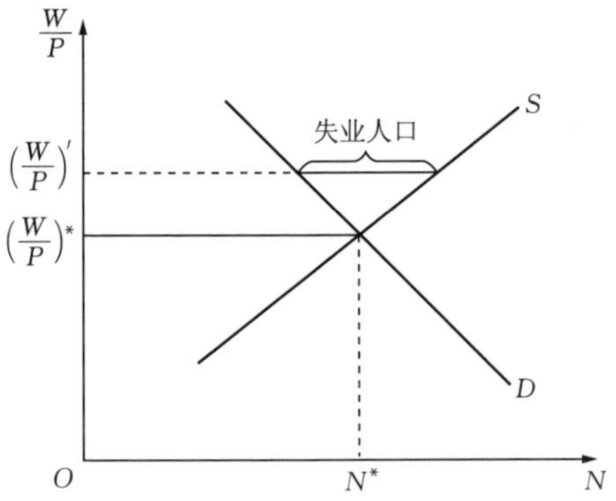

图 3.2　劳动力供求曲线与实际工资水平

从图 3.2 我们发现，如果劳动的实际工资处在$\left(\frac{W}{P}\right)^*$时，劳动力市场的供求正好相等，就业数量为 N^*，就不会有失业的存在。如果劳动工资处于$\left(\frac{W}{P}\right)'$的水平，就会有失业人口的存在。当失业人口出现时，只要劳动力市场是遵循一般市场机制的运行规则，即当市场供给大于需求时，价格(实际工资水平)就下降，回落到$\left(\frac{W}{P}\right)^*$水平，失业消失。因此失业的持续存在，一定是劳动工资的下降遇到了市场力量以外的其他力量障碍，如制度力量、工会力量，等等。在 1929 年西方世界大萧条出现以前，经济学就是用这一套理论说明和解释失业的存在。古典失业理论基本信念是，只要让劳动力市场充分发挥其作用，大规模的失业人口是不可能存在的。但是发达国家在 1929—1933 年都普遍经历了经济的全面萧条，社会总需求急剧下降，企业纷纷倒闭，失业队伍急剧膨胀，这时劳动的实际工资再下降对治理失业都无济于事。这时凯恩斯建立在有效需求概念基础上的宏观经济学就产生了。

凯恩斯的失业理论与古典失业理论的最大区别在于，凯恩斯明确认为劳动工资是呈向下刚性的，因此在凯恩斯失业模型里，价格变量(包括工资)被假定为固定不变的,当市场出现供求不均衡的情况时,需要作出调整的不是价格(工资)变量而是数量变量。因此凯恩斯理论的微观基础是一种非瓦尔拉均衡理论(或称非均衡理论)。非均衡理论的创始人之一帕廷金(D. Patinkin)在他的1956年第一版的《货币、利息和价格》一书中对凯恩斯失业理论作了精辟的分析。凯恩斯所研究的失业,就是非自愿失业(因为古典失业是工资水平居高不下情况下的失业,言下之意只要失业者愿意降低工资他们是能够就业的,因此这一类的失业带有自愿失业的性质),这一概念是凯恩斯在他1936年的《通论》中首次提出来的。帕廷金认为,给非自愿失业下定义时所使用的参考标准就是劳动的供给曲线,只要工人处于他们的劳动供给曲线上,即他们能够按照通行的工资成功地出售其想要出售的全部劳动,这时候只可能出现自愿失业,而不可能出现非自愿失业。所谓非自愿失业,就是工人被强制离开他们的供给曲线,不是因为在现有的工资水平使他们不愿意就业,相反,是因为商品市场萧条,企业通过解雇工人来对付产品的滞销。因此,凯恩斯失业是有效需求不足的失业。在凯恩斯失业状态,不是通过实际工资的变动就能使失业减少,要恢复到充分就业,必须提高总的有效需求,只有商品市场供大于求状态的消失,才有可能使劳动力市场重建充分就业。因此,凯恩斯的失业理论是建立在一种非均衡概念之上的,在一个信息不对称和未来不确定的社会里,价格向量(包括工资)是呈刚性的,得到调整的是就业与收入等数量变量。

帕廷金的理论解释了经济处于萧条时期的企业对劳动的有效需求函数,但是产品市场为什么会出现产品的普遍过剩呢?克洛尔(R.W. Clower)对此作出了解释。克洛尔认为,当家庭在劳动力市场不能根据愿望供给劳动(面临失业)时,家庭的收入就会减少,根据预算约束原则,这必然影响到家庭在商品市场的需求。劳动力市场的供过于求状况对商品市场有“溢出效应”(spillover effects),导致商品市场的供过于求。与此相对应,克洛尔称古典理论中家庭决策行为是一种单一决策假定,即家庭根据相对价格信号(商品价格和工资)同时决定劳动销售数量和商品购买数量。在市场出现普遍的供过于求的情况下,必须用他的双重决策假定代替单一决策假定,即先决定能够销售的数量,然后再决定能够购买的数量。克洛尔的这一分析为凯恩斯的消费函数提供了微观基础。

巴罗(R.J. Barro)和格罗斯曼(H.J. Grossman)1971年在《收入和就业的一般非均衡模型》一文中,综合了他们两人的研究成果,提出了一个一般非均衡的宏观经济模型。

宏观非均衡模型以一个高度综合的货币经济为研究对象,考察宏观经济的均衡与非均衡运行。假定一个经济由三个代表性经济行为人组成:家庭、企业和政府,家庭的目标函数是效用最大,企业的目标函数是利润最大。同时考察三种商品:消费品、劳动力和货币,由此引申出两个市场:消费品与货币相交换的商品市场和劳动与货币相交换的劳动力市场。根据凯恩斯宏观经济理论,假定两大市场的商品价格和劳动工资水平在短期内是固定的,如果市场上出现供求不平衡,一个市场最后的交易量等于供给和需求双方中较小的一方,即处于市场短边的经济行为人可以实现他们的愿望需求或供给,而处于市场长边的经济行为人不能完全实现他们的愿望需求或供给。在这样一个高度抽象的由两大市场组成的宏观经济里,除了一种相当特殊的情况(即价格和工资水平恰好处于瓦尔拉均衡水平上,从而使得两大市场的供给和需求相等)外可能出现以下三种非均衡情况:

(1) 凯恩斯失业均衡。商品市场上供给大于需求,企业在商品供给上受到需求约束,而家庭在商品需求上不受约束。劳动力市场上供给大于需求,家庭在劳动供给上受到数量约束,而企业在劳动需求上不受约束。

(2) 古典失业均衡。商品市场上需求大于供给,劳动力市场上供给大于需求。企业在两个市场的商品供给和劳动需求均不受约束,处于市场的短边;而家庭在两个市场的劳动供给和商品需求均受到数量约束,处于市场的长边。因此,商品和劳动的成交量由企业的供给和需求决定。

(3) 抑制性通货膨胀均衡。商品市场上的需求大于供给,劳动力市场上的需求也大于供给。这时商品市场上家庭的需求受到数量约束,而企业的商品供给不受到数量约束,因此交易量等于处于短边的企业供给一方。在劳动力市场家庭的供给不受数量约束,而企业的劳动需求受到数量约束,最后的成交量等于处于短边的家庭供给一方。

第四种可能出现的组合情况是商品市场上供给大于需求而劳动力市场上需求大于供给,除非我们假定企业为存货(即将来销售)而生产,否则当商品市场出现供大于求时,它不会继续在劳动力市场购买劳动要素。因此,在企业不为存货进行生产的非均衡宏观经济模型里这第四种情况就被排除了。

非均衡理论的本质意义在于,当价格根据供求变化而作出无限迅速的反应的假定不再成立时,市场的价格机制将无法修复宏观失衡。这时微观经济行为人根据市场上的价格信号和数量信号对需求和供给作出相应的调整,形成有效需求和有效供给,建立在这种有效供求基础上的经济处于一种配额均衡状态。

既然市场机制已无法使失衡的宏观经济恢复到瓦尔拉均衡状态,那么,通过什么方式或途径来减少宏观失衡呢?这就要依靠政府的宏观调控。因此,非均衡宏观模型引进的第三个经济行为人就是政府。政府一方面向企业和家庭征税来形成自己的收入,同时又在商品市场提出需求。另外政府可以通过货币政策一方面来改变自己的收入,另一方面对家庭的需求进行调节。但是政府采取怎样的宏观调控政策对经济进行调节从而减缓该经济的宏观失衡程度呢?首先我们要确定所考察的宏观经济处于哪一种非瓦尔拉均衡,然后根据不同的非均衡状态,施以不同的宏观经济政策。在上述三种宏观非均衡状态当中,除古典失业均衡外,凯恩斯失业均衡和抑制性通货膨胀均衡(或称短缺均衡)是两大市场的超额需求的符号都相同的状态。凯恩斯失业均衡是两大市场上超额需求均为负的情况,也就是说两大市场的供给大于需求,我们可以把它们表达为以下的超额供给“乘数链”：

家庭 { 在它的劳动供给方面受到约束；在它的商品需求方面没有受到约束 }

企业 { 在它的商品供给方面受到约束；在它的劳动需求方面没有受到约束 }

在这样一种宏观失衡的经济里，政府只要借助于某种外力对其中一个市场的需求扩大产生推动作用，就会使整个经济发挥出需求乘数效应。例如，商品市场上的需求扩大就会放松企业在商品市场供给的约束，从而增加它在劳动力市场的需求。反过来，家庭在劳动力市场的供给的约束的放松，又可以增加它在商品市场的需求，这种“溢出效应”一直持续下去，最后达到实现充分就业的均衡。政府的直接投资增加、减税和扩张性的金融政策都可以起到这种推动需求扩张的作用。

抑制性通货膨胀均衡是两大市场上超额需求都为正的情况，也就是说需求大于供给。我们可以把这种情况表述为以下的超额需求“乘数链”：

家庭 { 在它的劳动供给方面没有受到约束；在它的商品需求方面受到约束 }

企业 { 在它的商品供给方面没有受到约束；在它的劳动需求方面受到约束 }

假定家庭所支配的闲暇时间（总时间减去劳动时间）是消费品的替代物，因此家庭在商品市场的消费需求受到约束，就会影响它在劳动力市场的有效供给。在这样一种宏观失衡的经济里，政府如果通过压缩公共需求，使得商品市场对家庭的供给有所扩大，那么家庭的商品需求方面约束就可以放松，这可以促使家庭在劳动力市场增加有效供给；劳动力市场供给的增加又可使企业的劳动需求约束放松，从而提高他的商品供给能力……这类调整持续下去，一直到新的一轮的均衡的建立，这就是“供给乘数”发挥作用的机制。

宏观非均衡经济的第三种情况是古典失业均衡：商品市场由于价格

水平太低而出现超额需求，劳动力市场由于工资水平太高而出现失业。因此，两大市场的超额需求符号相反。在这种非瓦尔拉均衡状态里，商品交易和劳动交易由同时处于市场短边的企业来决定，而家庭的商品需求和劳动供给都受到数量约束。在这种状态下，上述的政府需求管理政策无助于宏观失衡程度的减缓，在这里，政府或者采取调整相对价格（工资和物价水平），或者采取改善生产条件的供给管理政策，才能提高宏观经济的活动水平。

3.3 西方失业理论的最新发展

在上一节我们对古典失业理论和凯恩斯失业理论进行了分析，我们发现，在凯恩斯 1936 年宏观经济理论出现之前，西方古典经济理论是否认大规模的失业存在的。因为根据古典微观经济学原理，劳动力市场上的供求曲线是随实际工资的变化而发生反方向变化的，因此，失业就意味着劳动供给大于劳动需求。同一般商品市场一样，劳动供给大于劳动需求就会迫使实际工资水平的下降，直到供求均衡时为止。所以，只要实际工资变化是无下界的，那么失业人口是可以通过工资向下的充分运动而得到消除的。因此除非工资调整遇到不可下降的下界时，才可能出现失业。20 世纪 30 年代的大危机彻底动摇了上述市场自动调节而达到均衡的信条，凯恩斯认为失业的增加是因为商品市场上的总需求的下降而引起的，商品市场的过度供给导致了劳动力市场的过度供给。这时，工资调整对于消除失业已无济于事。因此，在凯恩斯理论框架里，引起失业的根本原因是周期性的经济萧条，而不是因为劳动的实际工资高于劳动力市场出清的均衡水平。对这一类失业的治理就不是通过实际工资水平的调整所能解决的，而是要通过政府的反周期的扩张性宏观政策才能消除。

但是，失业现象的复杂性在于，经济周期过去之后，每个经济中总是存在一定比例的失业人口，近年来这一比例的失业人口有所增加，并且每个失业者所持续失业时间也拉长，即使在经济繁荣时期，这部分失业也难以消除。动态地看，尽管有部分失业人口经过一段时期以后能找到工作，但同时又会从就业人口中不断游离出新的失业人口。这一类失业往往是由经济发展过程中的产业结构变动所引起，产业结构的变动要求劳动力在不同部门之间的转移。但是在现代经济中，随着生产技术高度发展，劳动力的专业化程度提高，使这种转移不能一下子完成。因此，这种转移一方面需要信息的畅达，另一方面需要对转移出来的失业者进行培训，使之适应新的岗位。因此，在信息不十分完备、部门之间劳动力供求结构性较强、培训劳动力又需要较高成本的情况下任何经济都会存在一部分结构性的、摩擦性的失业。货币主义的代表人物弗里德曼把这一类失业称之为自然失业，其对总劳动力的比率被称之为自然失业率。弗里德曼在《货币政策的作用》(1968)一文中，把自然失业率描述为，在一个给定的一般均衡的经济结构中，经济动态系统不断重复呈现出具有收敛点的失业率，这种失业率的存在与劳动力市场和商品市场的实际结构性特征有关，也与市场信息不完全性、寻找工作的成本和劳动力的转移成本有关。自然失业是周期性失业的对称，是难以通过反周期的宏观政策而消除的。

1958年英国经济学家菲里浦斯考察了英国有关失业率和名义工资增长率的统计资料以后得出失业和通货膨胀之间存在此消彼长的交替关系，描述这种关系的曲线就是著名的菲里浦斯曲线。根据这一曲线，较高的通货膨胀率与较低的失业率相联系，而较低的通货膨胀率与较高的失业率相联系。这一理论似乎给宏观经济政策的制定者提供一种政策选择的可能性：一个国家是否可以用通货膨胀作为代价来降低失业率？或者，反过来以失业的增加为代价来抑制通货膨胀率。实践中，确实不乏这样的例子。但是，近年来西方经济学家，尤其是理性预期学派的经济学家，否认这种观点。他们认为，用凯恩斯式的政策治理失业，直接导致通胀结果，而用通胀来使实际失业率跌到自然失业率之下，只是在人们不能充分预期到通货膨胀率的情况下才能实现。因此，这只是一种短期内观察到的现象,从长期来讲,任何政府策动的扩张性政策以及由此导致的通货膨胀都是能够被人们正确预期到的,因而最终失业率会回到自然失业率的水平。

由此可见,在近年来西方失业理论文献中,自然失业率是一个更为重要的概念。正因为如此,近年来人们更多地探索这样的问题:自然失业率是由什么因素决定的?为什么自然失业率有上升的趋势?生产力的发展、技术进步以及劳动就业方面的制度性因素是决定自然失业率以及引起自然失业率提高的重要因素。例如,随着不同产业中的技术创新和技术进步,不同部门对劳动力技能和素质的要求差异很大,劳动力跨部门转移的成本不断上升,这些都可能使自然失业率上升。其次,工会力量的存在,各个国家法定最低工资规定的存在,都有可能使实际工资高于市场出清的水平。另外,失业保障的水平高低都可能影响失业者寻找工作的积极性,在失业救济金较高、失业保障时间较长的国家,甚至出现不愿就业的假失业者。相反,如果失业保障水平较低,寻找工作时间越长,失业者所受的损失就越多,他就会加快寻找工作的步伐。

上述推理都是循着劳动力市场以外的技术因素和制度因素考虑问题的。现实中还存在这样的现象:企业主本身并不想通过降低工资去用更多的工人。在劳动力市场中,一方面已经就业的工人工资居高不下,另一方面,失业者只要能就业愿意接受更低的工资,但劳动的需求者和供给者并不能达成一项劳动合同。这些矛盾现象说明,劳动力市场发挥作用的功能受到某种阻碍。近年来对这些现象进行探索并得到重要结论的理论模型是“效率工资模型”(G.Akerlof 和 J.Yellen, 1986)、“内部人和外部人模型”(A.Lindbeck 和 D.J.Snower, 1988)和“失业回滞”(hysteresis in unemployment)理论。

所谓效率工资模型主要解释当前西方某些企业主动(不是因为工会力量所迫或最低工资所限)把本企业职工工资定在高于劳动力市场出清的均衡水平的行为。根据该理论模型假定,每个已经就业的工人在生产中所发挥的效率是一条与工资有关的曲线。如果把工资定在市场出清的水平(较低的水平)上,企业内的工人可能不提供最佳效率。因此,企业为了提高工人的劳动效率,愿意把工资定在较高的水平。但是,在这一工资水平上,劳动力市场上愿意就业的人数大于需求,存在失业。

相类似地,“内部人与外部人”的理论模型也是解释当劳动力市场存在供过于求的失业,企业并不降低工资来雇用更多的工人。因为一方面工会是保护已经就业的内部人,并代表内部人与雇主签订合同,因此他们需要较高的工资,而不管失业的存在。另一方面,企业解雇内部人需要支付一定的成本(劳动合同的存在),而雇用外部人又需要花费一笔培训成本才能使得他们与内部人一样进入生产过程。因此,在这两方面因素的作用下,劳动工资就可能维持在高于劳动力市场出清的水平,内部人作为一种既得利益者,享受高工资的好处,而失业者继续失业。

“失业回滞”理论试图解释近年来自然失业率上升的现象。这一理论认为,在实际失业率很高的情况下,实际失业率(周期性失业加上自然失业)会使自然失业率上升。这是因为:第一,实际失业率很高,会使上述的外部人增加,内部人减少,工会只为内部人利益着想,使工资高于市场出清水平。第二,很多人一旦失业以后,并持续较长时期以后,失去工作的信心、能力以及再培训的可能性,将成为不能再就业的长期失业人口。因此,实际失业率的居高不下,有可能使自然失业率上升。

基于自然失业率难以降低以及“失业回滞”等理论观点,20 世纪 80 年代以来一批新古典学派否定凯恩斯政策的有效性:凯恩斯扩张性财政政策和货币政策短期有可能使失业率暂时降低到自然率以下,但很快会回到自然率水平,并且政府宏观扩张性政策的结果会带来持续的高通货膨胀,为了治理通货膨胀,又会使实际失业率上升,而实际失业率的上升,通过“回滞”机制,又使自然率提高。因此,在新古典学派看来,治理失业最重要的是要降低自然失业率。要降低自然失业率,一方面要保护好劳动力市场的调节功能,改革失业保障制度,取消最低工资并使工资更容易变动,等等;另一方面加强失业工人的培训机制,提供劳动力供求信息,加速劳动力流动,从而设法使一个经济的自然失业率得以下降。

第二篇

失业理论的深化与建模

在本书的第一篇我们努力给出所有失业问题的一个全貌：第1章讨论了失业的概念、界定及其统计指标体系；第2章讨论了全球不同类型的国家和地区所经历的失业情况及其一般趋势与特征；第3章我们给出失业理论发展的基本线索，从中我们已经触及到了理论问题的实质，并且我们对失业理论的最新发展也作了大概的论述。但是这些论述都是叙述性的，其框架是粗略的，对于具有一定经济学理论素养和数学素养的读者来讲，这些内容是不解渴的。因此，在这一篇我们将循着第3章给出的思路，对最新失业理论模型逐一进行评述，使我们对于失业问题的理解更加深入一步。

4

摩擦性失业与结构性失业

在本章我们将主要在新古典的理论框架里讨论问题。长期以来失业理论的争论主要体现在古典失业和凯恩斯失业之间，其本质的差异在于是否承认市场机制具有自发调节失业的功能。20世纪70年代以来，一批新古典经济学家从劳动力市场的信息非充分(imperfection of information)角度讨论摩擦性失业的存在，同时也从非充分信息情况下的风险问题角度讨论雇主与雇工长期雇用关系的存在(隐含合同理论)，最后我还将通过一个模型分析结构性失业存在的机理。

4.1 非充分信息与摩擦性失业

在所有西方经济理论的发展过程中，我们可以看到这样的现象，两种看起来哲学信念基础完全不同，政策建议完全对立的理论流派，在争论中都不断修正自己不合时宜的观点，吸收对方合理的成分，然后不断地发展、壮大自己。失业理论也不例外。尽管凯恩斯理论出现以后,许多在古典理论传统里思考问题的经济学家还是认为一个充分运行的市场机制能够调节劳动力市场,消除失业,因此市场的供求规律还是解释失业的最好的工具。例如,他们把凯恩斯所描述的萧条情况理解为劳动力市场上需求曲线的降低,降低了的需求曲线与原来供给曲线还是能够相交于某一个均衡点。同样地,经济的景气可以通过劳动的需求曲线向上移动来表示,这时均衡的实际工资水平和就业数量都增加了。因此市场的供求规律还是能够描述宏观经济的周期性波动。但是,仔细考察一下我们就会发现,劳动工资事实上完全不同于其他商品市场中商品的价格,其调节速度是相对缓慢的,而且是非常不容易的。我们且不说这里有许多制度性因素的制约和工会力量的制约,在劳动力市场上我们也很少看到雇主会一定雇用其工资要求比人家低的就业者,因为在一个信息不对称的劳动力市场上,雇主并不知道该人的实际工作能力,因此有时工资开价往往成为其能力的一种标志。另外,如果我们考虑到宏观经济的周期性问题,那么古典学派对失业治理的政策建议——降低工资,从宏观角度看起来,可能是家庭收入的下降,从而是商品市场有效需求的进一步的下降,然后反过来进一步减少对劳动的需求。对此,我们可以通过图 4.1 来表示:

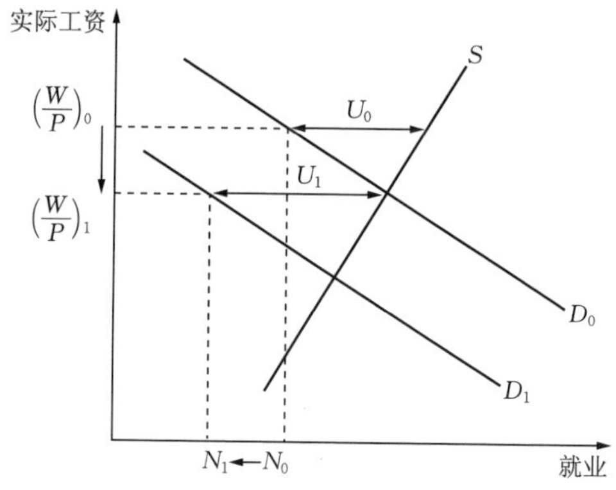

图 4.1　劳动的供求曲线移动

在图 4.1 中，原来的实际工资水平是$\left(\frac{W}{P}\right)_0$，由于该工资高于市场出清的均衡工资水平，失业人数为 U_0，按照古典失业理论的推理，清除古典失业的最好的办法就是通过市场机制的作用，使工资下降到均衡水平$\left(\frac{W}{P}\right)_1$，但是，如果工资下降到$\left(\frac{W}{P}\right)_1$水平就意味着所有工资收入者的收入会大幅度下降，这将导致居民消费收入的下降，在图 4.1 就表示为商品市场需求曲线的往下移动。根据凯恩斯理论，商品市场的需求曲线往下移动就会影响到劳动力市场的需求曲线，在我们图 4.1 中，就表现为需求曲线从 D_0 到 D_1。在新的劳动需求曲线下，$\left(\frac{W}{P}\right)_1$工资水平处，企业愿意雇用的劳动力数量为 N_1，这时的失业人数为 U_1。因此就业水平从 N_0 下降到 N_1，失业人数从 U_0 扩大到 U_1，古典失业理论治理失业的政策建议不仅没有奏效，反而使失业比前更严重了。由此可见，持有古典理论信念的经济学家必须面对这些现实情况，修正他们不合时宜的推论。在这个过程中有两个古典理论中的基本要素被抛弃：(1)劳动力市场上的完全信息假定及其瞬间的调整以保证劳动力市场上供求平衡的假定。这一修正导致了非充分信息假定下的职业搜寻模型，而这一模型一般被认为较好地解释了摩擦性失业存在的原因。(2)劳动力市场上的工资水平以供求力量对比为依据进行上下波动的假定。当经济行为人所拥有的信息并不充分，尤其是对未来的情况并不能百分之百地预期和把握的情况下，采取某种长期被固定的工资水平可能对劳动供求都是合理的行为，这一方面的理论探索产生了“隐含合同”(implicit contract)理论。隐含合同理论解释了工资为什么是刚性的问题。因此就业者在信息不充分的情况下宁愿接受一个较低但比较稳定(不受经济景气情况影响)的工资水平。相当于在雇用者和被雇用者之间有一种隐含的合同。

摩擦与结构性失业的理论探索一直可以追溯到本世纪初。1909 年英国经济学家贝弗里奇(W.H. Beveridge)就利用当时英国失业者为申请失业救济而填写的实例报告，通过统计归类，然后在其撰写的《失业：一个产业问题》一书中考察了妨碍形成完全劳动力市场的结构、地理和信息障碍与失业产生之间的关系，对传统的古典失业理论提出了来自实践的挑战，使人们对自然经济均衡的信念大为动摇。但是这一探索并没有形成一种理论流派，直到1970年菲尔普斯(E.S. Phelps)等经济学家提出了“职业搜寻”的理论模型，从劳动力市场信息不完全角度讨论了劳动者不断并持续寻找工作的必要性，失业对劳动者来讲就成为一种必要的“投资”，这种投资越多，就越能找到满意的工作。因此“职业搜寻”理论模型建立的基础由以下几方面假设条件构成：

(1) 劳动力市场上的信息是不充分的，劳动者为了获得报酬满意的工作，必须不断地在劳动力市场寻找，每个企业对劳动的报酬是不同的；

(2) 在劳动力市场上寻找工作所花费的时间越长，他越有可能获得一份报酬高的职业；

(3) 劳动者脱离原来工作岗位去寻找新的令人满意的工作比保留原来工作同时寻找另一份工作要来得有效率，因此失业是寻找高报酬工作的一种投资；

(4) 获取有关报酬的信息和工作岗位的信息是要花费成本的。

建立在上述假定基础上，职业搜寻理论的推理就是：劳动者为寻找工作而采取的失业时间越长，他所可能获得的工作的报酬就越高，但是随着他在劳动力市场寻找职业时间的延长，未来寻找到的工作岗位报酬的提高幅度递减。也就是说，虽然寻找中的工作的报酬与搜寻时间成正比，但是报酬提高的幅度是随搜寻时间的延长而降低的，这一假定是符合现实情况的。同时，搜寻职业是要花费成本的，这个成本包括失业时期劳动收入的损失，为获取有关信息所作的支付以及不断的应聘、会面所花费的时间，我们假定搜寻工作的成本随搜寻时间的延长而递增，即该成本是时间的函数，如果我们用 $W_M(T)$ 表示职业寻找者期待的最优工资水平，它也是搜寻时间 T 的递增函数，即 $\frac{\partial W_M(T)}{\partial T}>0$，但是其二阶导数小于零，即 $\frac{\partial^2 W_M(T)}{\partial T^2}<0$。用 $C_m(T)$ 表示搜寻成本，它是时间的

递增函数，并且其二阶导数大于零，即 $\frac{\partial C_m^2(T)}{\partial T^2}>0$。

根据这些假定，我们可以在工资水平 $W_m(T)$ 和成本水平 $C_m(T)$ 与时间 T（作为横坐标）构成的二维空间里画出工资曲线和成本曲线（见图 4.2）：

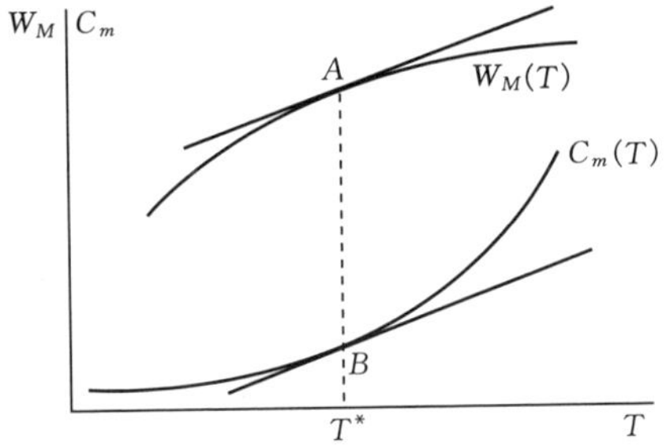

图 4.2　工资曲线和搜寻成本曲线

从图 4.2 中我们看到，W_M 和 C_m 都是时间的增函数，前者是凹函数，后者是凸函数，W_M 随着时间的延长，其上升的幅度越来越小，而 C_m 随着时间的延长，上升幅度越来越快。在时间 T^* 位置上作一条垂直的虚线，我们可以在 W_M 和 C_m 两条曲线上找到两个点 A 和 B，在 A 和 B 两点上所作切线正好是平行的，这说明在时间 T^* 上，工资随搜寻时间延长所上升的斜率恰好等于成本随时间延长而上升的斜率，我们就称这个时间为寻找工作所花费的最优的时间长度，因为超过 T^*，寻找工作的成本上升超过工资上升幅度，如果搜寻时间不到 T^*，工资上升的幅度要大于成本上升的幅度，继续寻找工作是合理的。刚才我们已经提到，职业搜寻理论对 W_M 曲线形状的假定是合理的。同时成本函数 $C_m(T)$ 如果不是递增的而是以不变的速率上升，我们都有可能找到和其相平行的与 W_M 相切的切线。因此，上述推理总是成立，这样决定的 T^* 还是最优的搜寻时间。就业者的最优搜寻时间确定以后，我们还并不能知道应该有多少比例的劳动者从其工作岗位上离开去寻找合意的工作，换句话说，摩擦性失业并不等于全部失业，一个经济学中的全部失业人数中，可能有一部分是自愿失业，其失业的主要目的是为了搜寻一个合意的工作，其搜寻的最佳时间长度(也就是失业时间长度)由上述最优决策行为决定,但是也有一部分不是自愿失业,而且由于其他原因(如经济不景气,或产业结构调整等)把工作岗位取消了。前者占总失业人数中的多少比例?一般说来,这个比例与经济中的空缺的工作岗位有关,空缺的工作岗位越多,自愿离职的人也就越多。影响最优的搜寻时间的因素有很多,但都可以把它们体现在 W_M 和 C_m 的移动上,经济的周期性波动,使得实际工资上下波动,从而使 W_M 上下移动或改变其斜率,失业救济金的增减,失业救济金享受时间的变化都可能改变 C_m 的位置和斜率。

上面所描述的搜寻合意职业的最优决策行为与现实当中我们观察到的情况不一定相符合。事实上,一个在劳动力市场寻找职业的人,他并不是期待着工资水平随他搜寻时间的延长而不断上升,更多的情况下是他搜寻职业一开始就对工资水平有一个起码的"心理价位",即他至少必须找到一个工资不能低于某个基数的工作,同样地,对于搜寻职业所花费的时间他也有一个心理上的准备。因此当他在劳动力市场寻找工作时,如果雇主开出的工资水平超过他预定的"价位",他就接受这个工作,否则他就拒绝接受。于是这个"心理价位"的工资水平就被称之为"保留工资"(reserved wage)。"保留工资"概念能使我们建立以下的均衡:在"保留工资"水平,就业者接受工作所得到的满足程度与其处于失业状况而得到满足程度是等价的。因此当劳动力市场上雇主向他建议的工资低于保留工资时,他宁愿失业,继续寻找工作;当雇主向他建议的工资高于保留工资时,他就愿意接受这个工作,退出失业队伍,成为就业者。那么这个保留工资本身是由什么东西决定的呢?我们说至少有以下三个基本要素决定或者影响保留工资水平:

第一,就业者所观察到的劳动力市场上工资的分布情况;

第二,寻找到超过"保留工资"水平的职业所需花费的时间;

第三,搜寻职业时所需花费的成本。

与职业搜寻理论一样,保留工资理论能帮助我们更好地理解摩擦性失业存在的原因以及摩擦性失业在总失业中的重要性。当一个经济中失业的社会保障体系建设得比较完善时，搜寻工作的成本就会降低，寻找职业中就可能提高“保留工资”的水平，从而使一个经济的摩擦性失业增加。

虽然职业搜寻理论和保留工资理论能使我们更好地理解摩擦性失业的成因，但是这一理论本身还有许多缺陷，在这里我们需要一一指出。如同我们在上一篇中已经提到的那样，职业搜寻只能解释失业人口的一部分——自愿失业，但不能解释全部失业，因为这种理论根本不考虑凯恩斯所描述的宏观经济总需求下降所带来的失业。其次，这种理论只能解释主动辞职的失业，而不能解释所有被迫离开劳动岗位的现象；这种理论不能解释，为什么在经济景气时期，主动辞职的人数增加，而在萧条时期，主动辞职者减少。最后，这一理论不能解释以下现象：失业越久，找到工作的可能性就越小。

4.2 隐含合同理论

隐含合同理论以现实经济中充满着不确定性为依据，从而证明类似于某种在雇主和雇员之间达成的隐含合同的刚性工资是经济行为人最优化选择的结果，并用工资刚性来解释劳动力市场上失业的存在。

隐含合同理论的逻辑起点是假定被雇用者是风险回避者，而雇主相对来说比工人更愿意承担风险，因此作为企业家的雇主担负着对职工的保险责任，使他的雇员免受劳动力市场过于波动所带来的损失。为什么本来应该由保险公司担当的功能被雇主所代替了呢？这是因为保险公司不能明确知道一个雇员失业的真正原因是什么。一个雇员被解雇的原因有很多，如周期性的经济波动，其本人的能力问题，其掌握的劳动技术与岗位不相称，以及其本身的劳动态度，等等。在这种情况下，雇员就有可能利用保险公司信息不充分的不利地位，采取机会主义的行为，侵害保险公司利益。而相对于保险公司来讲，雇主对其雇员的能力了解和劳动态度的了解比保险公司要多一点，因此剩下需要保险的成分就是劳动力市场的各种波动了。这就是为什么保险公司很少开设失业保险这样的险种的原因。在雇主为其雇员承担失业保险的情况下,雇用关系较为稳定,同时工资水平也应该是固定的,而后者就可能导致失业的存在。

为了更好地理解隐含合同理论,我们假定对雇员来讲有两种就业状态:一种是好的就业状态,其概率为 P;一种是差的就业状态,其概率为 $(1-P)$。并且我们再假定 W_1 为差的就业状态下的收入水平,W_2 为好的情况下的收入水平,$W_1 < W_2$。这时就业者的工资期望就由下式决定

$$\overline{W} = PW_2 + (1-P)W_1$$

假定 $U(W)$ 是雇员的效用函数,前面我们已经提到,该理论的一个假定前提之一是雇员回避风险,是风险厌恶者,他宁愿接受一个合同,在该合同中明确一个稳定不变的工资水平,而不希望由上式数学期望所决定的工资水平,即:

$$U(\overline{W}) \geqslant (1-P)U(W_1) + PU(W_2)$$

但是: $$U(\overline{W}) = U[(1-P)(W_1) + PW_2]$$

因此上述不等式就可以重新写成:

$$U[(1-P)W_1 + PW_2] \geqslant (1-P)U(W_1) + PU(W_2)$$

上式正好与数学中的凹函数相一致,因此上式中的效用函数 $U(W)$ 是一个凹函数,我们把它用图 4.3 表述出来:

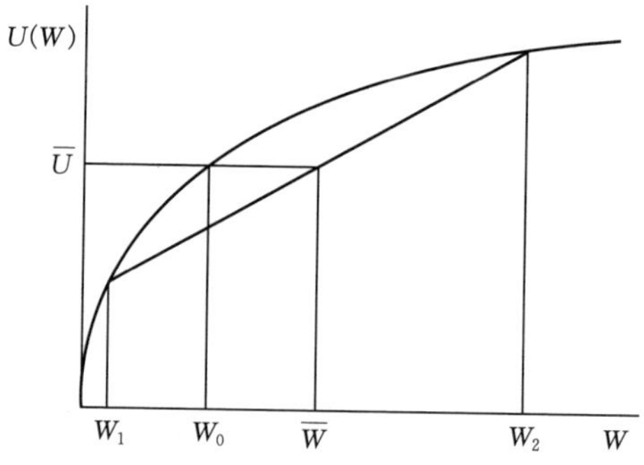

图 4.3 效用函数

从图 4.3 中我们可以看出，雇员偏好于拿一份固定的工资 $\overline{W}$，而不喜欢工资水平根据经济波动而波动的情况，因为这时的效用函数变成：$[(1-P)U(W_1)+PU(W_2)]$。根据这一推理，在图 4.3 同样的效用水平 $\overline{U}$ 上面，我们就可以找出能给雇员带来同样效用水平的两种工资，工资的数学期望 $\overline{W}$ 和固定工资 W_0。对雇员来说，不承担风险的 W_0 和承担风险的 $\overline{W}$ 所带来的效用都是一样的。但是对企业来说，自然希望把合同定在 W_0 工资水平上，虽然企业面临着经济不景气时劳动力市场工资可能只有 W_1，但是 W_0 毕竟比工资的数学期望值 $\overline{W}$ 要低，因此愿意承担风险的雇主也同意按固定工资 W_0 来同雇员签订劳动合同。对于雇主的这一行为我们也可以从其利润最大行为中推导出来，假定企业所使用的固定资本不变，产量是劳动投入量的函数：$F(L)$，并且 $F'(L)>0$，$F''(L)<0$，其中 L 为劳动数量，再假定 p 为产品价格，因此企业的利润函数为：

$$\pi(W_0) = pF(L) - W_0L > \pi(\overline{W}) = pF(L) - \overline{W}L$$

企业通过签订固定工资 W_0 的劳动合同，有可能使利润提高的幅度为 $(\overline{W}-W_0)L$。

上面我们给出了隐含合同存在的基本机理，那么接下去我们要分析这种以固定工资为特征的隐含合同与失业的存在的关系。这从古典失业理论的角度来看，推理是很简单的。因为隐含合同的存在使工资水平僵化，工资水平不能起到随劳动力市场供求情况的变动而发生上下波动的调节功能，那么供求不相等的情况就不可避免。因此隐含合同理论的基本观点也还是带有古典理论色彩的，即工资水平的固定导致市场机制调节的失灵，市场机制调节的失灵导致配额的不可避免：当劳动供给大于劳动需求时，总的就业数量由劳动需求数量决定。只不过在这里工资的固定不是出于制度的因素，也不是出于工会力量的影响，而是由于雇主与雇员对风险的态度不同，从而各自的最优行为决策自然导致一种以固定工资为特征的隐含合同。因此隐含合同的根本原因还在于劳动雇用双方对工资变动信息不完全掌握的缘故。但是,隐含合同理论在解释失业问题时也具有重大的缺陷,因为雇用双方确定的固定工资水平 W_0 未必是高于劳动力市场出清的工资水平。假定 W_0 低于劳动力市场出清的工资水平(这种可能性也是存在的),这时如果出现大规模的失业情况,这一理论显然难以独立地承担起解释失业存在的任务。当然,如果我们能够有效地假定,隐含合同的固定工资水平在失业大量存在时,总是高于劳动力市场出清的工资水平,那么这一理论至少可以解释为什么工资水平不能再进一步地下降,起到减少失业的调节功能。

进一步讨论隐含合同理论我们发现,这一理论的关键是要找到一对最优的工资 W 和就业数量的组合,所谓最优的工资水平和就业数量的组合是说,在这一组合水平,任何改变这一组合都不可能使雇员或雇主在无损于对方的情况下使任何一方处境再更好一些,因此隐含合同理论所决定的工资水平和就业数量的最优组合状态具有帕累托最优的性质。现在我们来推导,在(W, L)空间里我们是可以找到一系列无差异曲线。我们假定当一个劳动者就业时,他获取工资 W,其效用为 $U(W)$,当这个劳动者失业时,他可以获得失业救济 b,其效用为 $V(b)$,总劳动力数量为 N,就业量为 L,失业量为 $N-L$,这样每一条无差异曲线由下式给出:

$$U_0 = \frac{L}{N}U(W) + \frac{N-L}{N}V(b) \quad \text{并且}\, U(W) > V(b)$$

上述无差异曲线的斜率是负的,因为当 $dU_0 = 0$ 时,$\frac{dW}{dL} = -\frac{U(W) - V(b)}{U'(W)L} < 0$。

在同样的(W, L)空间里,我们可以推导企业的等利润曲线。它由下式给出:

$$\pi_0 = pF(L) - WL$$

因为当 $d\pi_0 = pF'(L)dL - LdL - WdL = 0$ 时:

$$\frac{\mathrm{d}W}{\mathrm{d}L}=\frac{[pF'(L)-W]}{L}$$

由于劳动的边际生产率是递减的，因此等利润曲线在工资水平低于劳动边际生产率时是递增的，在工资等于劳动边际生产率时达到最高点，当工资高于边际劳动生产率时递减，这些特点就决定了等利润线的形状。我们在下面的图 4.4 中根据推导的两个公式把上述就业者的效用无差异曲线和企业的等利润线画出。

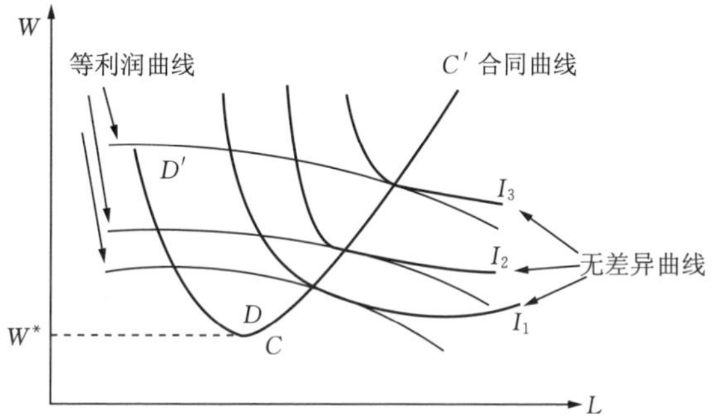

图 4.4　等利润曲线、无差异曲线和合同曲线

图 4.4 中 I_1、I_2 和 I_3 是就业者的无差异曲线，每条曲线表示工资与劳动的组合所带来效用是同等程度的，$I_3>I_2>I_1$ 表示更高工资水平和同等就业水平给就业者带来更高的效用。图中三条等利润线与 DD' 线相交的点分别表示完全竞争劳动力市场条件下的工资与就业的组合，这时 $W=pF'(L)$ 即工资等于劳动的边际生产率。CC' 表示等利润线与就业者的无差异曲线相切的点的轨迹，它们表示在隐含合同条件下工资和就业的组合，这时企业内实际上有过度就业的存在，因为 CC' 线在 DD' 的右面，这时劳动的边际生产率低于工资。如果劳动力市场是具有完全竞争和完全信息的，也就是说不存在隐含合同理论所说的情况，企业对劳动需求是根据 DD' 曲线进行的，即当工资下降时，就业量才能增加，但是工资不能下降到 W^* 程度，因为我们这里失业补助等于 W^*，如果降到 W^* 以下，就业者会选择失业。当劳动力市场出现信息不充分情

况时，劳动者采取一种稳定工资的策略，而企业采取一种承担风险的策略，其结果可能导致隐含合同所固定的工资水平和就业水平都高于完全竞争和完全信息条件下的工资和就业组合。但是，这一理论上实际还是无法解释什么东西使经济处于雇主所没有预期到的萧条情况，因为只有在经济萧条时，竞争性工资水平才有可能低于隐含合同所固定的工资。因此这一理论实际还是承担不了解释全面失业的任务。

4.3 结构性失业

前面两节我们都是从雇主和雇员在劳动力市场信息非充分条件下的最优行为着手，来分析这些最优行为可能妨碍劳动力市场上的市场调节机制的作用，从而使失业不可避免。但是进一步的分析我们也发现这些理论模型可能解释了现实生活中的一部分失业，但难以解释所有的失业现象，因而不能充当一种一般的失业理论的角色。这一节我们专门对失业当中的另一种情况——结构性失业作出理论分析。

结构性失业可能来自于两方面的原因：一是就业人口的构成不合理；二是劳动力的供给质量不符合劳动力需求所要求的质量。在第一篇我们已经提到劳动力人口是由不同的分类人口构成的，这些分类可以根据性别、年龄、劳动技能和教育程度等等来划分，而不同分类的劳动力人口所面临的失业危机是不同的。20 世纪以来劳动力构成中的一个主要变化是妇女劳动力人口的不断增长。如美国 1950 年妇女劳动力人口占妇女人口的 33%，而到 1973 年这一比例上升到 51.1%，1991 年这一比例又达到 68.1%。英国妇女参加工作的比例与美国相仿。欧洲国家中的法国和德国等国家的这一比例比英美要略低一点，1991 年为 57%左右。亚洲国家中的日本，二战以后妇女参加工作的比例也迅速上升，1991 年达到 61.5%。影响妇女参加工作的因素有很多，但归纳起来主要因素大致有以下一些：

(1) 与丈夫的收入水平有关。一般说来,丈夫的收入水平越高,妇女参加劳动的比例就越低;反之,则越高。作为一个例证,我们来看1973年石油危机以后的情况。1973年以来,西方国家失业率都大幅度上升,失业人口增加,很多家庭都面临家庭主要劳动力失业的危机,为了减少这种危机的打击,妇女就纷纷走出家庭,寻找一份职业,以防丈夫失业时,能对家庭生活有所支持。

(2) 妇女参加就业的比例高低与一个国家妇女受教育程度有关。受教育程度越高,妇女参加就业的愿望就越强烈。大多数国家20世纪以来都普遍经历了妇女受教育水平不断提高的纪录,因此妇女劳动参与率的提高与受教育程度的提高是同步的。

(3) 与文化和社会观念的转变有关。20世纪以来男女平等运动的倡导,使许多国家人民的传统观念有了很大的转变,男女平等的首要体现就是就业机会上的平等。

(4) 妇女就业与妇女一生中的周期性特征有关。一般认为妇女就业呈M形,即一生中有两个就业高峰期,第一次是学校毕业以后到第一次生育,第二次是孩子长大以后。但是在许多国家,如美国、北欧及法国等,自20世纪60—70年代以来妇女就业如同男子就业状况一样,变成倒U形。

妇女的大规模就业就可能给结构性失业埋下潜在的危机。当失业率上升时,许多国家往往呈现出妇女失业率大大高于平均失业率的现象。

结构性失业的第二方面的原因来自于劳动供给结构与需求结构的不相称。在一个经济中会出现一方面大量的劳动者找不到工作,另一方面有许多的岗位又出现人手短缺,尤其是在一个经济高速增长的时期,这一现象就特别明显。在许多国家包括中国在内的经济增长过程中,一方面非技能劳动者大量过剩,另一方面需要一定职业培训和一定文化水平的劳动者大量短缺。如上海目前需要大量的金融服务人员、商务人员、计算机技术人员以及新兴产业的高技能劳动者,同时又有大量沉淀在纺织行业、机电行业中的非技能劳动者面临失业。西方国家对这种结构性失业现象更有精确的数据记录，如法国在20世纪90年代初每年所需的工程师数量为28 000名，而各类学校只能培养14 000名。1989年法国的失业率为10%，但是却有12%的企业招聘不到所需要的管理人员和技术人员。

上面我们对结构性失业作了大概的文字描述，下面我们通过构造贝弗里奇曲线来精确界定和描述结构性失业问题，因为最先对劳动供给和劳动需求不相对称问题的考察来自于贝弗里奇(Beveridge, 1909)。我们假定一个经济中存在着一些不同微观层次的劳动力市场，我们把它们划分为两大类：一类是存在失业的劳动力市场；另一类是存在岗位空缺的劳动力市场。劳动者由于本身技能、教育程度或性别等关系在这两类市场中是难以转移的。因此这两类劳动力市场上的失业与岗位空缺将连续存在下去。但是，它们之间毕竟存在某种联系，如当失业率很高时，就很少有人辞职再去寻找更加满意的工作，这时岗位空缺率就可能下降，同样地，岗位空缺的大量存在，毕竟使失业者的再就业可以方便一些，再就业的概率高一些。因此它们两者之间存在着此消彼长的关系。

如果我们用 U_t 表示在时期 t 失业劳动力市场的失业率，用 V_t 表示另一类劳动力市场的岗位空缺数，我们假定有这样一种函数 F 将失业率与岗位空缺联系起来：

$$V_t = F(U_t,\ h_t);\ F'U < 0 \text{ 和 } F'h > 0$$

其中 h_t 表示在时期 t 的招聘率(或称雇用率)，$F'U < 0$ 表示失业率越小，空位率越高，失业率越高，空位率越低，两者之间存在负相关关系。$F'h > 0$ 表示某一时期中雇用率越高，空位率越高，两者之间存在正相关关系。许多经济学家通过对经验数据的计量分析，认为下述函数能较好地反映岗位空缺率与失业率之间的关系：

$$h_t = AV_t^{\alpha}U_t^{1-\alpha}$$

其中 A 为常数，α 为小于1的参数，通过上式我们可以看到，如果失业率上升 1%就可以使岗位空缺率下降百分之 $\left[\frac{1-\alpha}{\alpha}\right]$ 数值。岗位空缺与失业率之间存在某种程度的反比关系，见图 4.5：

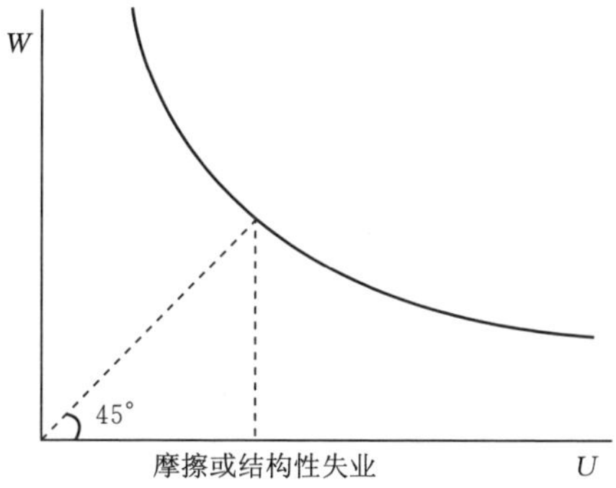

图 4.5　贝弗里奇曲线

如果我们进一步假定一个经济中存在 M 个微观层次上的劳动力市场(由技能、区域等来划分)，其劳动需求为 $I_i^d(i=1,\cdots,M)$，并且这些市场上劳动需求大于供给 I_i^s，于是我们有下列关系式：

$$V=\sum_{i=1}^{M}(I_i^d-I_i^s)=\sum_{i=1}^{M}V_i$$

根据供求不相等时的短边原则，M 劳动力市场的就业数量由供给方决定：

$$N^M=\sum_{i=1}^{M}I_i^s$$

同样地我们再假定该经济有 Q 个劳动力市场，那里的劳动供给大于劳动需求，失业人数 U 就由下式决定：

$$U=\sum_{j=1}^{Q}(I_j^s-I_j^d)=\sum_{j=1}^{Q}U_j$$

存在这两种劳动力市场的情况下，总的就业人数由下式决定：

$$N=N^M+N^Q=\sum_{i=1}^{M}I_i^d+\sum_{j=1}^{Q}I_i^s-(U+V)$$

下面我们通过图 4.6 把上面失业和岗位空缺并存情况下的就业人数变动情况揭示出来：

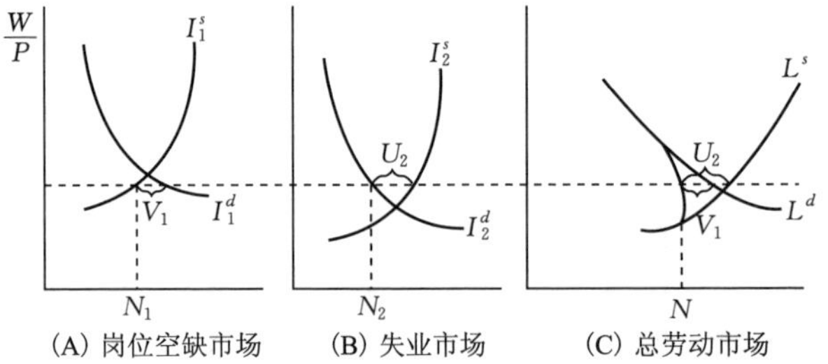

图 4.6　劳动力市场中的岗位空缺和失业

通过上述三个图，我们发现在同样的实际工资水平上，第一市场存在着没有被满足的劳动需求者，就业人数由供给函数决定在 N_1 水平上；第二市场存在着没有被满足的劳动供给者，就业数量由需求函数决定在 N_2 水平上；最后在反映总体劳动力供求情况的第三个图上，我们发现就业数量 N 低于供求曲线相交的交点，存在着劳动力没有被充分利用的情况。这种情况的出现是由于劳动力不是同质的，即存在着劳动技能上的差异、性别上的差异或教育程度上的差异。

在上述图 4.6 中，如果实际工资水平$\left(\frac{W}{P}\right)$上升，对于既存在岗位空缺又存在失业的经济来讲，会出现什么情况呢？很显然，实际工资水平的上升将会减少该经济中的岗位空缺数量，同时又会增加失业人数，我们可以再画出一图表示这种变化。

因此从图 4.7 我们看到岗位空缺通过实际工资变化与失业人数相联系，它们之间存在着反方向的关系。同样地，当经济经历了一次周期性萧条重新启动时，对劳动的总需求曲线就会向右上方移动，在实际工资水平不变的情况下，我们就能发现失业人数因此而下降，岗位空缺因此而增加。我们又一次看到失业与岗位空缺之间存在着反方向的关系。

我们可以用图 4.8 来表示这种关系。

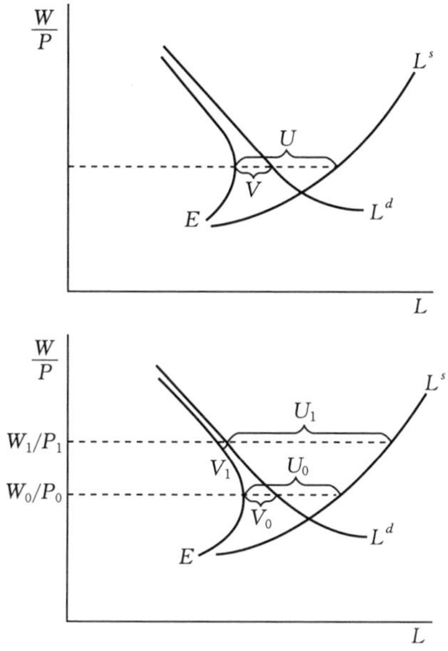

图 4.7　实际工资变化与岗位空缺和失业

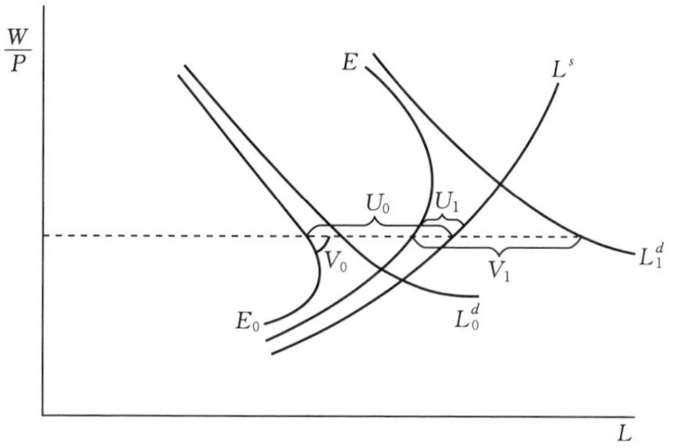

图 4.8　总需求变动与岗位空缺和失业

上面这些推理和分析的意义在于，如果我们确实能够确定由于摩擦性原因和结构性原因所导致的岗位空缺和失业是相等的，也就是说劳动力市场在均衡的时候，我们假定这些摩擦性和结构性失业者通过完备的劳动力市场的信息和充分培训都能够迅速地填补那些岗位空缺，那么余下的失业者一定是由其他原因引起的失业，如周期性波动引起的失业，劳动工资上升过快引起的失业等等。按照这一思路推理，我们可以假定在劳动力市场均衡（即在劳动力结构性转移不存在问题的意义上使用均衡一词）时，经济中的岗位空缺恰好等于摩擦性和结构性失业。因此，只要我们能够获得经济中有关岗位空缺的统计数据，我们也就同时获得结构性失业之外的其他失业的数据。当然上述的假定在现实的生活中是有问题的，即摩擦性和结构性失业者是不可能迅速填补岗位空缺的，也就是上述的均衡状态是不可能存在的。但如果我们忽视那些现实当中的情况，而只是把均衡作为一种理论参照系，那么，贝弗里奇曲线对于我们区分现实生活的失业哪些是摩擦性或结构性失业，哪些是非摩擦性和结构性失业就具有重要的意义。有许多计量经济学家（如 E.Malinvaud，P.Y.Henin 和 T.Laurent）曾经做过这方面的工作。他们把贝弗里奇曲线具体写成下述的 log 函数形式：

$$\log U_t = a - b\log V_t + ct, \quad a, b, c > 0$$

其中 t 表示时间。

如果我们用 $\overline{U}$ 表示刚才描述劳动力市场均衡情况下，即当 $\log U = \log V$ 情况下的失业，那么 $\overline{U}$ 就由下式决定：

$$\log \overline{U} = \frac{a + ct}{1 + b}$$

当参数 c 可以忽略不计时，贝弗里奇曲线是比较水平的，也就是说这时经济中的失业主要是由经济周期性波动所引起的。相反，如果参数 c 是不等于零的显著数值，贝弗里奇曲线就是倾斜的，这时经济中出现的失业不仅由经济周期波动所引起，而且也由结构性问题所引起，而且随着时间的推移，贝弗里奇曲线有可能向右上方移动。根据海宁（P.Y.Henin）和陆航（T.Laurent）的计量经济论文（1987）估计，法国 20 世纪 60 年代末的 $\overline{U}$ 为 0.6%，1973 年为 1.6%，1983 年 $\overline{U}$ 达到 3.6%，在英国 1961 年 $\overline{U}$ 为 1.22%，1983 年为 2.95%。

5

市场的分割与失业

上一章我们分析了摩擦性失业和结构性失业的形成机理。摩擦性失业是从劳动力市场的非充分信息角度讨论了就业者如何把失业看成是一种为获得合意职业的一种“投资”，因此摩擦性失业实际上是信息非充分条件下求职者的一种最优决策的必然结果。接着我们又从劳动力市场的不肯定性导出雇主与雇员之间的隐含合同理论，该理论把某种水平的固定工资看成是雇员为了逃避风险而雇主主动承担风险的结果，而固定工资水平一旦高出完全竞争条件下劳动力市场出清的工资水平，就必然产生失业的后果。结构性失业是从劳动力市场供求双方结构不相称的角度出发推导出岗位空缺和失业并存的现象，通过适当的假定我们可以求得反映岗位空缺和失业之间关系的贝弗里奇曲线。通过贝弗里奇曲线我们可以确定与岗位空缺相对应的结构性失业，从而把剩余的失业人口看作非结构性失业，如经济周期性波动所带来的失业，等等。这些分析实际上都是循着劳动力市场的市场调节机制发生功能性障碍这一角度出发去寻找失业存在的原因，而事实上，在现实经济中，使劳动力市场的调节机制发生功能性障碍远远不止这些因素。比如,现实经济到处存在就业者利用自己就业的优势(已掌握某种技能,受到工会的保护等等),实施某种内部人(insider)控制,使失业者无法在公平竞争的基础上与他们开展竞争,这时劳动力市场试图通过劳动工资调节来影响劳动供求的作用不得不打折扣。再比如现实生活中,劳动者并不是平等地可以进入任意的劳动力市场,劳动力市场是被划分成不同种类的,在中国民工是难以进入城市居民的劳动力市场的,这时劳动力市场的调节作用也难以贯彻到底。因此 20 世纪 70—80 年代以来,西方经济学家继续在劳动力市场的功能性障碍方面探索,寻求解释失业现象的理论,其中比较著名的理论有"内部人—外部人"模型(insider-outsider model),该理论的代表人物有林德贝克(A.Lindbeck)和斯诺尔(J.Snower)等人。其次有效率工资模型(efficiency wage model),其代表人物有夏彼罗(C. Shapiro)、斯蒂格里茨(J. Stiglitz)、阿克洛夫(G.Akerlof)以及耶伦(J. Yellen)等人。最后比较著名的理论模型还有二元劳动力市场模型(也称分隔的劳动力市场模型: segmented labor market),其代表人物有庇奥尔(M.J.Pirore)、庇罗特(A.Perrot)和兹尔贝贝格(A.Zylberberg)等人。下面我们将分别对这些模型进行介绍和分析。

5.1 内部人—外部人模型

"内部人—外部人"模型最先由林德贝克和斯诺尔两位经济学家在 20 世纪 80 年代提出,试图解释以下的矛盾现象:一方面企业内部就业是不足的,尤其随着实际劳动工资的下降,企业就业可以进一步扩大;另一方面在劳动力市场上存在大量的失业者,他们愿意在现行实际工资水平之下就业。在一个劳动力市场功能健全的经济里,也就是说在实际工资可以变动的情况下①,企业愿意进一步雇用工人,劳动力市场上的这

① 这里不考虑制度性因素所造成的工资向下刚性,如国家政策对最低工资水平的限制等等,只从经济行为人理性角度推出劳动力市场价格不能调整的情况。

部分失业是可以消除的。但是，现实的情况是，劳动力市场的工资没有下降，企业也没有进一步扩大它的就业，劳动力市场上的这部分失业带有明显的非自愿失业性质。

“内部人—外部人”模型从下述两个基本前提开始进行它的推理：

(1) 该模型把已经就业的工人称为“内部人”，把劳动力市场上的失业者称为“外部人”，内部人在工资决定上有着重要的讨价还价能力，因为对企业来讲，调换已经就业的内部人和雇用外部人就业是要花费成本的：雇主解除合同需要支付给内部人补偿工资，在外部人当中寻找合适的替代者需要支付寻找成本、会面和考核成本、选择成本和培训成本，等等。

(2) 工会代表已经就业的内部人与雇主就工资水平进行谈判时，是不考虑外部人（失业者）利益的，工会只代表内部人利益。

进一步的分析，对该模型的创始人林德贝克和斯诺威尔来说，企业要雇用外部人来替代内部人，起码存在以下三方面的成本：

第一，解雇内部人根据原先的合同条款需要作出某些补偿，如一次性支付几个月的工资等等，另外如上面所提到的，雇用外部人需要不断的寻找，不断的会面、考核与选择等成本，最后还有培训成本，内部人通过在岗位上的“干中学”(learning by doing)已经积累一定的职业技能和知识，要想使外部人与内部人一样有效率必须投入大量的成本。

其次，从内部人的态度来讲，企业作出的解雇内部人和外部人的进入决策会引起内部人的强烈不满，内部人之间会团结起来，采取一些联合行动，降低外部人的劳动效率，最后迫使雇主对外部人支付的工资远远低于他们的工资水平等等，这种排斥行为使外部人的利益受到损害，导致两种人群的不同的劳动生产率。

最后，由于企业雇主会形成对上述内部人可能产生的敌视态度及其后果的预期，因此他们如果要雇用外部人，事先就要对外部人提出不同于内部人的低工资。总之，一个外部人的工资取决于上述“调换”成本，它是上述“调换”成本的减函数，即“调换”成本越高，外部人所能获得的工资水平就越低。总而言之,因为内部人利用已经就业的优势,与外部人不是处在同等的竞争地位上,因此他们可以与雇主展开讨价还价的攻势,然后使那些愿意接受比内部人更低的工资水平的外部人不能被企业所雇佣。古典失业理论所假设的完全竞争的劳动力市场在这里就不可能有效运行了。

下面我们来展开对内部人—外部人模型的讨论。

我们假定,在上述的基本前提下,企业的生产函数具有如下的形式:

$$Q = F(L_I,\ L_E)$$

上式表明,企业的固定资本在短期内不发生变化,因而产量由投入的劳动力所决定,L_I 表示已经就业的内部人,L_E 表示企业继续雇佣的那部分外部人,假定生产函数是凹函数,即劳动投入的一阶导数大于零,二阶导数小于零。我们假定企业根据 $P(Q)$ 销售其产品,并且 $P'(Q) < 0$,即随着该企业产品销售的增加,产品价格下跌(该市场是非完全竞争市场)。我们称 N 为该企业雇用的最大内部人数目,$(N - L_I)$ 就等于企业想解雇的内部人数目,$C_I(N - L_I)$ 就是解雇内部人的成本(如前面提到的雇主解除劳动合同时的赔偿)①。雇用外部人除支付工资以外,对企业来讲还需要支付雇佣成本,我们称 $C_E(L_E)$ 为外部人的雇用成本,如上面提到的选择、培训等成本②。

另外,我们用 W_I 表示内部人工资,W_E 表示雇用外部人的工资。现在我们就可以把企业的雇用劳动力决策用下述最优规划表示:

$$\max[P(Q)Q - W_I L_I - C_I(N - L_I) - W_E L_E - C_E(L_E)]$$

$$\text{s.t.} \quad N - L_I \geqslant 0,\ L_E \geqslant 0$$

如果我们用 α 表示与上述第一个约束条件相联系的拉格朗日乘数,

---

① C_I 具有如下的性质:$C_I(0) = 0$,$C'_{L_I} > 0$,$C''_{L_I} > 0$,解雇内部人的边际成本大于零,并随解雇人数增加而递增。

② C_E 数学上具有 C_I 同样的性质。

β表示与上述第二个约束条件相联系的拉格朗日乘数，并用e表示该企业产品的市场需求的价格弹性，企业达到最大利润时的一阶条件为：

$$P\left(1-\frac{1}{e}\right)F'_{L_I}-W_I+C'_{L_I}-\alpha=0$$

$$P\left(1-\frac{1}{e}\right)F'_{L_E}-W_E-C'_{L_E}+\beta=0$$

其中：$\alpha(N-L_I)=0$；$\alpha\geqslant 0$；$\beta L_E=0$；$\beta\geqslant 0$。

上述第一个等式意味着，当企业达到利润最大的均衡时，内部人的工资W_I不应该超过其边际产品价值和解雇成本：

$$\underset{\text{内部人工资}}{W_I}\leqslant\underset{\text{边际产品价值}}{P\left(1-\frac{1}{e}\right)F'_{L_I}}+\underset{\text{解雇成本}}{C'_{L_I}}\tag{5.1}$$

如果$N>L_I$，上述不等式就变成等式（因为一旦企业解雇内部人，就意味上述最优规划中的第一个约束无效，因此$\alpha=0$）：这时内部人的工资大于其边际产品的价值，大于的部分正好等于内部人的解雇成本。如果内部人要求的工资大于其边际产品价值和解雇成本之和，企业就会解雇内部人，随着内部人的解雇，其边际产品价值上升，最后使等式成立。因此，上述等式成立时，企业不再变动内部人的雇用数量，达到一种均衡。从这里我们已经可以发现，已经就业的内部人可能凭借与雇主所签订的劳动合同，部分地左右雇主的雇用政策，因此他们的工资要求可以略高于他们的边际产品价值，内部人工资与边际产品价值的差额则取决于雇主解除劳动合同的赔偿的高低。

上述均衡条件的第二个等式意味着新雇用的外部人的工资应低于他们的边际产品价值，当$L_E>0$，即企业雇用外部人时，上述式中的$\beta=0$，因此我们有：

$$\underset{\text{新雇用的外部人工资}}{W_E}=\underset{\text{边际产品价值}}{P\left(1-\frac{1}{e}\right)F'_{L_E}}-\underset{\text{雇用外部人的成本}}{C'_{L_E}}\tag{5.2}$$

从上述等式我们可以推出：

$$W_E < P\left(1-\frac{1}{e}\right)F'_{L_E}$$

把上面的式(5.1)减去式(5.2),我们得到:

$$W_I - W_E \leqslant C'_{L_I} + C'_{L_E}$$

由于内部人解雇成本和外部人的雇用成本的存在,内部人的工资要比外部人的工资高,两者的差额应小于或等于这两种成本之和。在一个技术不断进步、劳动的专用化程度不断提高的当今世界,外部人的雇用成本(如培训成本等)不断提高,内部人就可以更加凭借已经就业的优势,使得其边际劳动生产率高于外部人,另外再加上解雇成本的存在,实施相当程度的"内部人控制",即提出一个高于市场出清的工资水平要求。

企业处于利润最大的均衡状况可以通过图 5.1 表示:

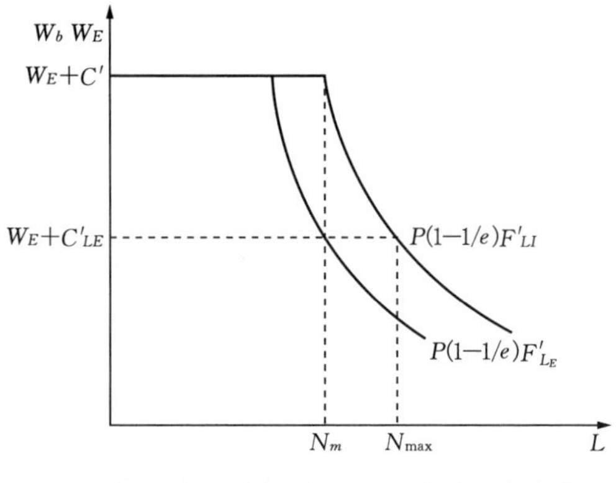

图 5.1　内部人和外部人的边际劳动生产率曲线

在图 5.1 中右上方的曲线代表内部人的边际劳动生产率曲线,较低的那条曲线表示外部人的边际劳动生产率曲线。内部人的工资不能超越 W_E+C' 的水平,这里 $C' = C'_{LI}+C'_{LE}$,如果内部人工资超过 W_E+C' 的水平,企业雇用外部人(用外部人替代内部人)就是理性的行为。从图 5.1 中我们还可推导出,如果内部人的人数要少于 N_m,这说明企业内的就业人数是不足的，这时如果增加雇用外部人（不存在用外部人替换内部人的问题）是合理的，因为这时内部人的工资将处于 W_E+C' 的水平，而新雇用的外部人的边际劳动生产率将超过其工资 W_E 加上雇用成本 C'_{LE}，也就是说：$P\left(1-\frac{1}{e}\right)F'_{LE}>W_E+C'_{LE}$。但是，如果内部人的数量介于 N_m 和 $N_{\max}$之间，企业内已经就业的人数已相当充足，如果进一步雇用外部人，后者的边际劳动生产率就要低于 $W_E+C'_{LE}$，即 $P\left(1-\frac{1}{e}\right)F'_{LE}<W_E+C'_{LE}$。至于内部人的工资水平则等于他们的边际劳动生产率：$W_I=P\left(1-\frac{1}{e}\right)F'_{LI}$。

这时一种非自愿的失业现象就出现了，尽管劳动力市场上有许多外部人愿意接受比 W_I 低许多的工资 W_E 去就业，但是企业并不愿意雇用他们，原来可以通过劳动工资下降而清除的那部分失业人员现在继续成为失业者。

前面我们分析了内部人实施控制的可能性以及内部人控制产生的后果，那么内部人究竟如何实施控制？其实施控制的行为决策的依据又是什么呢？下面我们来着重分析内部人的行为决策问题。

有关内部人行为决策的分析在麦卡唐纳（I. McDonald）和索洛（R.M. Solow）1981 年的论文中得到了很好的阐述。他们认为，劳动者可以进一步按是否已经就业划分成两部分人，已经就业者（内部人）加入一个工会。工资与雇用谈判就在工会与企业之间进行，然后由工会代表他们单方面地选择一个工资水平，另一方面企业再根据工会提出的工资水平来决定雇用多少人数。假定企业的收入函数为：$R(N)=PF(N)$，其中 $F(N)$是企业的生产函数，并且 $F'(N)>0$，$F''(N)<0$，P 为企业生产的产品的价格。企业的利润函数为：$\pi(N)=R(N)-WN$，从这个利润函数我们可以推导出企业的等利润曲线：$\pi=$ 常数 $=R(N)-WN$，这就意味着：$R'(N)\mathrm{d}N-W\mathrm{d}N-N\mathrm{d}W=0$，然后我们就可以知道等利

润曲线的斜率为：$\frac{\mathrm{d}W}{\mathrm{d}N}=\frac{R'(N)-W}{N}$，当 $R'(N)-W>0$(即当劳动的边际生产率大于其工资)时，等利润曲线在(W, N)空间里是递增的，当 $R'(N)-W<0$(即当劳动的边际生产率小于其工资)时，等利润曲线在(W, N)空间里是递减的，而当 $R'(N)=W$ 时，等利润曲线达到最高点[等利润曲线是凹状的，因为当 $R''(N)=PF''(N)<0$ 时，$\frac{\mathrm{d}^2W}{\mathrm{d}N^2}=\frac{R''(N)N-R'(N)}{N^2}<0$]。

企业的最优行为决策总是根据工资水平，选择其劳动需求 N^*，从而使其利润达到最大，这时 $R'(N^*)=W$，因此劳动的需求曲线实际上就是把各条等利润曲线上的最高点连接起来，见图 5.2：

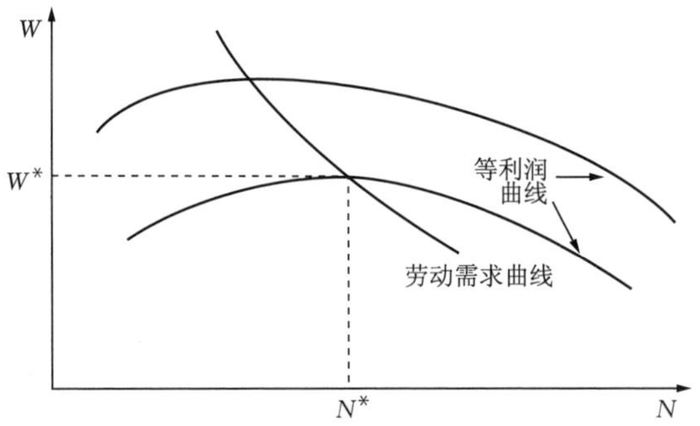

图 5.2　等利润曲线和劳动需求曲线

如果工会拥有的成员数为 S，假定他们具有同样的效用函数：$U(W)-D$，这里 D 代表劳动带来的负效用，U 是凹函数，即 $U'(W)>0$，$U''(W)<0$，那么工会每个成员的满足函数就由下式决定：

$$\frac{N}{S}[U(W)-D]+\frac{S-N}{S}U(W_n)$$

上式中 N 为就业人数，$S-N$ 为失业人数，W_n 代表失业救济金。根据上式工会成员中失业的概率为 $\left(1-\frac{N}{S}\right)$，就业的概率为$\frac{N}{S}$。如果我们假定失业救济金的数额是个常数，并假定$\overline{U}=D+U(W_n)$表示失业时的效用，那么工会的目标函数是在企业决策$R'(N)=W$的约束下努力使其成员的效用函数$N[U(W)-\overline{U}]$为最大。这一最优规划等价于使$N[U(R'(N))-\overline{U}]$为最大，其最优解为：

$$U(R'(N))-\overline{U}+NU'(R'(N))R''(N)=0$$

因为$R'(N)=W$，所以我们有：

$$-\frac{NR''(N)}{R'(N)}=\frac{U(W)-\overline{U}}{U'(W)W}$$

其中$R''(N)=\frac{\mathrm{d}W}{\mathrm{d}N}$，因此我们有：

$$-\frac{N\mathrm{d}W}{W\mathrm{d}N}=\frac{U(W)-\overline{U}}{U'(W)W}$$

上式中$U(W)-\overline{U}$实际上就是工会成员就业时所希望得到的收益。工会如何选择一个工资水平从而使其成员的收益为最大呢？事实上从上述式子我们可以推导出工会的无差异曲线的斜率为：$\frac{U(W)-\overline{U}}{U'(W)N}$，因为$U_0=N[U(W)-\overline{U}]$表示同等的效用，因此我们有：$[U(W)-\overline{U}]\mathrm{d}N+N[U'(W)\mathrm{d}W]=0$，进一步我们导出：$\frac{\mathrm{d}W}{\mathrm{d}N}=-\frac{[U(W)-\overline{U}]}{NU'(W)}$，工会选择这样一个水平的工资$\hat{W}$，使得劳动对工资的弹性(绝对值)等于就业的边际收益弹性。在图5.3中就表现为工会的无差异曲线与劳动的需求曲线相切的切点，这时就业数量为$\hat{N}$，工资水平为$\hat{W}$。由于总劳动力数量为S，因此这时有失业人数$S-\hat{N}$。一旦这个工资水平$\hat{W}$被确定下来，已经就业的内部人就不管是否存在失业，就要捍卫这个工资水平。而事实上这一对$(\hat{W},\hat{N})$从全体劳动者S的角度看起来并不是最优的，对于全体劳动者而言，处于帕累托最优的点应该是工会无差异曲线与企业等利润曲线相切的切点(见图5.4)，这时的最优工资水平和就业量应该是(W^*,N^*)。因为从纳什均衡的角度来看，事实上是使企业和工会两者的收益为最大，因此我们有：

$$\max_{W,N}[R(N)-WN][U(W)-\overline{U}]N$$

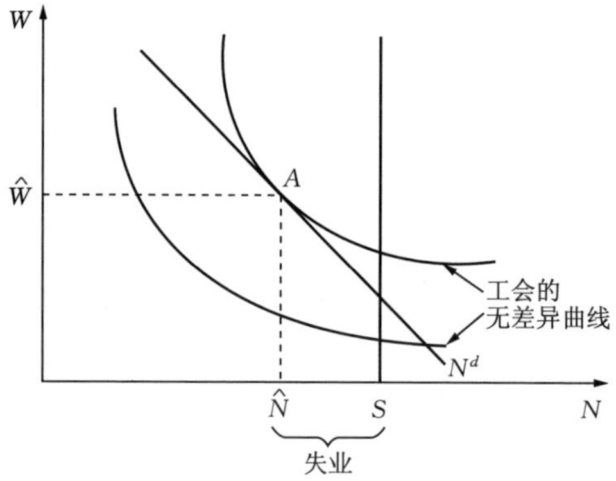

图 5.3　工会的无差异曲线与劳动需求曲线

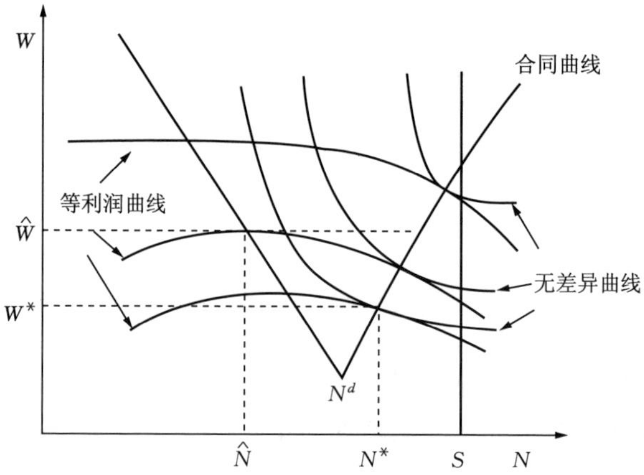

图 5.4　等利润曲线、无差异曲线和合同曲线

先对 N 求偏导，我们得到：

$$W=\frac{1}{2}\left[R'(N)+\frac{R(N)}{N}\right]$$

再对 W 求偏导，我们得到：

$$NR(N)U'(W)-N^2[U(W)-\overline{U}]-WN^2U'(W)=0$$

进一步推导：

$$\left[\frac{R(N)}{N}-W\right]U'(W)=U(W)-\overline{U}$$

然后根据上面对 N 求偏导并使其等于零的式子，我们有：

$$\frac{R(N)}{N}=2W-R'(N)$$

再根据上面两式，我们得到：

$$W-R'(N)=\frac{[U(W)-\overline{U}]}{U'(W)}$$

进一步：

$$\frac{W-R'(N)}{N}=\frac{[U(W)-\overline{U}]}{NU'(W)}$$

而这个等式就意味工会的无差异曲线与企业的等利润曲线相切，也就是图 5.4 所表达的情况。很显然，这时的就业量是 N^*，要比 $\hat{N}$ 大，工资水平是 W^*，要比 $\hat{W}$ 低，这对于全体工会成员来讲是最优的，对企业来讲，也是最优的，因此（N^*, W^*）组合具有帕累托最优性质，但是由于内部人控制的存在，一旦（$\hat{N}$, $\hat{W}$）确定以后，将不存在有效的机制可以从（$\hat{N}$, $\hat{W}$）过渡到（N^*, W^*）。

5.2 效率工资模型

在“内部人—外部人”模型里，内部人由于凭借自己已经就业的优势和在岗位上通过“干中学”而积累的技能和知识从而对工资水平可以实施一定程度的控制，使得劳动力市场上的工资调节难以进行。因此，工资在高于市场出清水平上的刚性是由内部人控制所引起的。现在我们要讨论的效率工资模型，是雇主自己主动把工资维持在一个高于劳动力市场出清的水平上，那么，雇主为什么要这样做呢？在传统的经济学理论里,雇主总是千方百计地压低工人的工资,现在为什么会出现相反的现象呢?为了说明问题,在讨论效率工资之前,我们先来看一下工资的性质。

对许多经济学家来讲,工资不仅仅是劳动的一种市场价值,或者一种均衡劳动力供求的变量。在普通商品市场里,在瓦尔拉意义上的供求均衡时,商品的供求双方都处于满意状态,这里价格起着一种使供求双方都满意的作用,因此市场出清与"满意"是等价的,是帕累托最优的。但是,在劳动力市场上,由于交换的商品的特殊性,情况就比较复杂了。当工资调整到劳动力市场出清水平时,劳资双方往往并不满意。对劳动者来讲,他对自己所拥有的劳动力质量有较好认识以及对工资水平有一种期望值,但是在一段时期的失业以后,他可能在低工资水平上就业,但是他并不满意。对雇主来说,他往往把就业者的工资开价看作是表示劳动力"档次"的信号,因此雇用低工资的就业者,他不一定满意。更为重要的,也就是我们下面着重要分析的是,许多实证研究①都显示了,工资水平与工人在工作中的努力在一定的定义域内是成正比的,当劳动供求在低工资水平出清时,工人在生产过程中并不作出他们的努力,显然在这种情况下,雇主是不满意的。由此可见,在劳动力市场上,市场出清与"满意"是不等价的,因此劳资双方尤其是雇主就有可能把工资定在劳动力市场非出清的水平,换言之,当雇主处于满意状态时,劳动力市场可能就是非出清的。

效率工资理论的基本原则是20世纪70年代末提出来的(R.Solow, 1979),80年代发展起来的(C.Shapiro and J.Stiglitz, 1984),曾被西方经济学家认为是90年代宏观经济学最有发展前途的宏观经济分支理论(O.J.Blanchand and S.Fisher, 1989)。该理论的前提假设为:在劳动力市

① 一项是李(Lee)对福特汽车公司职工所作的研究,证明在支付比以前更高的工资后,职工对公司的忠诚度和个人效率都有相应提高(Pindyck and Rubinfeld, 1992)。另一项是荷马斯(Homans)所做的研究,也证明了类似的结论(Homans, 1953, 1954)。

场成交的劳动力与生产过程中的劳动发挥不是一回事，工人在生产过程中总是尽可能地少出力，因此劳动效率的发挥需要有人监督，但是监督是需要成本的，而且在信息不完全的情况下，对劳动的外在监督不是一件容易的事情。上面已经提到，要使工人主动地提供生产过程中的劳动努力，有两种激励机制可以发挥作用：一是把工资定在较高的水平，在一定的定义域内，工资越高，劳动效率越高，正是在这个意义上，我们把高于劳动力市场出清水平的工资称为“效率工资”；二是失去工作的威胁也可以促使工人提供努力。如果一旦失去工作，领取的失业救济金要大大低于其目前领取的效率工资，那么这种激励机制将会十分明显。

综上所述，效率工资的最基本假设是：工人在生产过程中所作出的努力(effort)是实际工资的函数，并且在我们的定义域内其一阶导数大于零：

$$e = e(W);\ e'(W) > 0$$

其中：e 代表努力，W 代表实际工资。

在上述假设之下，企业的生产函数就是(假定资本要素不变)：

$$Q = F[e(W) \cdot N]$$

其中 Q 是产出水平，N 是投入的劳动要素，上式表示在资本要素不变的情况下企业的产出取决于生产过程中投入的劳动要素数量和他们所作出的努力 $e(W)$。企业的理性行为是追逐他们的利润最大，根据上述的生产函数，其利润函数可被写成：

$$\pi(W, N) = F[e(W) \cdot N] - WN$$

企业可控制的变量为支付给工人的实际工资 W 和投入的劳动数量 N，当企业达到利润最大时，应该满足下列一阶条件：

$$\pi'_N = 0 \Rightarrow e(W) F'_{[e(W) \cdot N]} = W$$

$$\pi'_W = 0 \Rightarrow F'_{[e(W) \cdot N]} \cdot N e'_W - N = 0$$

上述第一个等式无非是表示：考虑了努力程度的劳动的边际生产率等于实际工资；第二个等式可以重新写成：

$$F'_{[e(W)\cdot N]}\cdot e'_W=1$$

把第一个等式中：$F'_{[e(W)\cdot N]}=\dfrac{W}{e(W)}$ 代入上式，我们得到：

$$\frac{e'_W\cdot W}{e(W)}=1 \text{ 和 } e'_W=\frac{e(W)}{W}$$

上述等式一般人们称它为索洛(R.Solow)条件，它可以用图 5.5 来表示：

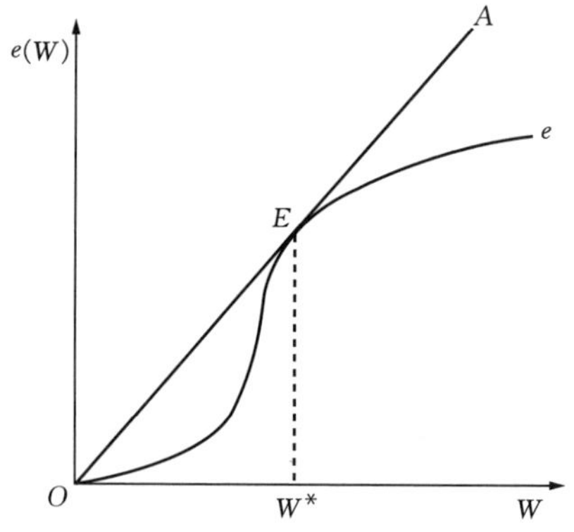

图 5.5　效率曲线

图 5.5 中 OA 是一条从原点 O 出发的射线，Oe 代表工人的努力函数 $e(W)$，当实际工资处于 W^* 时，OA 的斜率 $\dfrac{e(W)}{W^*}$ 最大，它等于努力函数在 E 时的斜率 $e'(W)$。OA 沿顺时针方向旋转可以与努力函数 $e(W)$ 相交，但是 OA 的斜率将减小，意味着任何离开 E 点的工资和劳动投入组合都会降低工人的努力程度，因此 E 点水平上的工资是企业满意的均衡工资，如果在这一工资水平上，劳动力市场处于供过于求的失业情况，并且失业者愿意在较低工资水平上就业，但是企业不愿通过降低工资来多雇用职工。因为工资的降低使生产过程中的工人努力程度普遍下降，企

业将处于更加不利的状态。这就从企业的角度解释了工资为什么不能随劳动力市场供求的变动而变动。由于效率工资的这种刚性，并且由于众多企业的纷纷效法，劳动力市场上的失业就不可避免了。图 5.6 描述了这样一种失业情况，企业经营者把工资定在效率工资(W^*)水平上，该水平高于市场出清的瓦尔拉均衡工资(W_e)水平，因此就出现了图中箭头所示的失业人数。

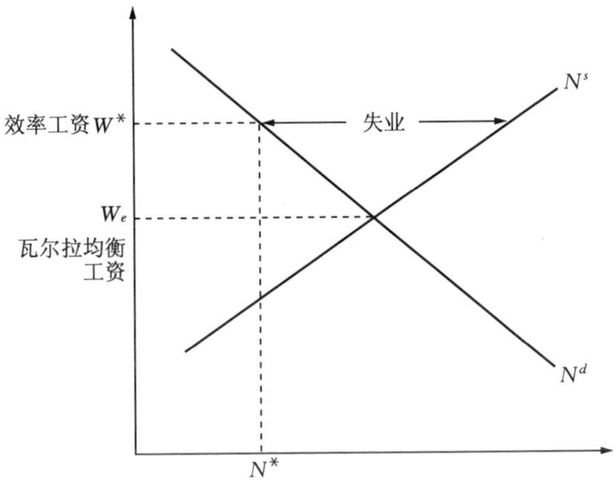

图 5.6　效率工资与失业

有些经济学家认为，刚性的效率工资还可以避免社会冲突以及有可能损害企业形象的危机，而且最终避免了企业职工队伍的不稳定和频繁轮换给企业所带来的成本。与非瓦尔拉均衡理论(袁志刚，1994a)比较起来，那里描述的工资刚性是因为市场一下子无法找到瓦尔拉均衡水平，因此在凯恩斯失业均衡里，经济处于非帕累托最优状态，而在我们现在分析的效率工资模型里，虽然劳动力市场处于非均衡状态，但是企业主和被雇用者都是满意的，都不愿意改变他们的行为，因此是一种具有帕累托最优性质的均衡(J.Stiglitz，1987)。

上面我们分析了效率工资为什么在高于劳动力市场出清水平之上具有粘性，但没有进一步说明什么水平的工资对职工具有激励性的问题。夏皮罗和斯蒂格利茨在 1984 年建立了一个偷懒模型(shirking model)(Shapiro and Stiglitz, 1984),分析了效率工资水平与工人付出的努力水平、偷懒被发现的频率、失业的可能性以及失业期间所获得的失业救济水平等变量之间的关系,下面我们通过介绍他们的模型来更好地说明这些关系。

首先,我们要讨论职工努力水平的决策问题。

假定有数量为 N 的同质职工,个人的效用函数可以写作 $U(W, e)$,其中,W 为职工所得工资,e 为工作的努力水平,劳动及其付出的努力给职工带来负效用,而劳动获得的工资意味着可以购买消费品,从而带来正效用。为简便起见,假定效用函数是可分的,且职工是风险中性的,则效用函数可以重新写作 $U = W - e$。我们进一步地简化,假定职工或者提供最小努力 ($e = 0$),或者提供一个正值的努力水平 ($e > 0$)。另外当一个职工被解雇时,他将获得数量为 $\overline{W}$ 的失业救济金,这时 $e = 0$。

每一个职工在任一个时点存在两种可能性,或者被雇用或者失业,假定每单位时间内都有比率为 b 的职工因为偷懒之外的原因离开企业,b 作为外生变量,被定义为离职人数与企业雇用人数之比。

由于已经假定了努力水平是不连续的,所以职工面临的选择就是两种。如果他以当前的努力水平工作且不偷懒的话,他将保持工作,直到由于外生因素导致他离职。如果他偷懒,我们假定他被发现的概率为 q,他一旦被发现偷懒,将被解雇,并能获得失业救济 $\overline{W}$。职工在一定考察期内在偷懒和不偷懒的效用期望中作出比较,追求较大的效用期望。再假定折现率 $r > 0$。现在我们定义 V_E^S 为雇用期间偷懒者的效用期望,V_E^N 为不偷懒者的效用期望,V_U 为相同期间失业者的效用期望,则有:

$$rV_E^S = W + (b + q)(V_U - V_E^S)$$

对一个不偷懒者,类似的方程为:

$$rV_E^N = W - e + b(V_U - V_E^N)$$

我们知道，用利率乘以资产价值等于收益流量（红利）加上预期的资产所得（或所失），上述两个方程采取的形式与此类似。在上述第一个方程中，V_E^S 相当于某职工当前所持有的一笔资产，r 相当于利率，等号右边的 $(b+q)(V_U-V_E^S)$ 可理解为他可预期的资产所得（或所失），W 相当于他的收益流量。上面第二个方程的意义与此类似。由上述两个方程可以解得：

$$V_E^S=\frac{W+(b+q)V_U}{r+b+q}$$

$$V_E^N=\frac{(W-e)+bV_U}{r+b}$$

只有当 $V_E^N \geqslant V_E^S$ 时，职工才会选择不偷懒，该条件被定义为无偷懒条件（NSC, no-shirking condition）。将上述两个方程代入这一条件，则可得：

$$W \geqslant rV_U+(r+b+q)e/q \equiv \hat{W}$$

通过变换，无偷懒条件也可写作 $q(V_E^N-V_U)\geqslant e$，该条件表明，如果被解雇不会有任何的处罚，每个人都会偷懒，也就是说当失业不存在，被解雇者可以立即找到新工作时，$V_U=V_E^N$，则 NSC 永远得不到满足。

由上述条件方程可知，如果企业支付足够高的工资时，工人们将不会偷懒。NSC 条件隐含着这样几组关系：要求的努力水平(e)越高，临界工资 $\hat{W}$ 越高；失业的效用期望越高，临界工资 $\hat{W}$ 越高；偷懒发现概率 q 越低，临界工资 $\hat{W}$ 越高；折现率 r 越高，临界工资 $\hat{W}$ 越高；外生的离职率 b 越高，临界工资 $\hat{W}$ 越高。

其次，我们再来看雇主的决策问题。

假定有 M 个企业，$i=1, 2, \cdots, M$。每个企业的生产函数为 $Q_i=f(L_i)$，全社会总生产函数为 $Q=F(L)$。其中，L_i 是企业 i 的有效率劳动量（假设每个不偷懒的职工提供一单位的有效劳动，否则，为简便起见，假设他不作任何贡献）。

监督管理方面的技术(在 q 值上得以反映)是外生的,假定其他的因素(例如外部的“噪音”、所雇职工的个别产量无法计量)的存在使得企业不可能以产出来衡量努力程度。

企业的支付包括工资(W)和失业救济金($\overline{W}$)。每个企业在发现偷懒者时,最优的选择是解雇他。因为如果采取降低工资的惩罚方法,将会使那些守纪律的职工也寻求偷懒。

显然,企业将尽可能地压低失业救济的水平,因为只要法律允许,企业没有支付更高失业救济的激励。$\overline{W}$ 的上升会增加 V_U,于是便需要有一个更高的 W 来满足 NSC 条件。由于在均衡水平上企业对劳动力的需求没有数量约束,因而所有企业都会一致地把 $\overline{W}$ 置于尽可能低的水平。

在仅提供法律允许的最低的失业救济情况下,企业支付水平为 $\hat{W}$ 的工资来满足 NSC 条件,企业的劳动力需求在新雇劳动力的边际生产力和边际成本相等时被决定。其成本包括工资和未来的失业救济。当 $\overline{W}=0$ 时,$f(L_i)=\hat{W}$, $F'(L)=\hat{W}$。

现在,我们来考察市场均衡情况。

这里要考察的是均衡工资和均衡失业水平的决定,首先要考察决定均衡工资的诸因素。

当工资很高时,工人将从两个因素评价他们的工作:(1)高工资;(2)相应的低就业水平(由高工资引起低水平的劳动力需求),这意味着工人当失去工作时,将经历很长的失业期。在这种情况下,雇主将发现,他们即使降低工资也不会引起职工偷懒。

相反,当工资很低时,将会引起偷懒,因为:(1)低工资意味着工作与失业之间并无太大区别;(2)高就业水平(由低工资引起高水平的劳动力需求)意味着即使被解雇,失业期间也不会长。这种情况下,企业会提高工资水平以满足 NSC 条件。

当每个企业都采取与其他企业相同的工资和就业水平时,便达到了均衡。决定企业行为的关键变量是 V_U,即职工失业时效用期望。首先,

我们来计算均衡的 V_U。

设重新就业率为 a（为失业流出量与失业总人数之比），V_E 为受雇职工效用期望，在均衡时等于 V_E^N。我们有如下方程：

$$rV_U = \overline{W} + a(V_E - V_U)$$

将上式与 $V_E^N = \dfrac{(W-e)+bV_U}{r+b}$ 联立，可解得：

$$rV_E = \frac{(W-e)(a+r)+\overline{W}b}{a+b+r}$$

$$rV_U = \frac{(W-e)a+\overline{W}(b+r)}{a+b+r}$$

将上式代入前面的 NSC 条件方程可得：

$$W \geqslant \overline{W} + e + e(a+b+r)/q \equiv \hat{W}$$

上式又给出了几组关系：偷懒被发现的可能性 q 越低，临界工资 $\hat{W}$ 越高；努力水平 e 越高，临界工资 $\hat{W}$ 越高；离职率 b 越高，临界工资 $\hat{W}$ 越高；折现率 r 越高，临界工资 $\hat{W}$ 越高；失业救济水平越高，临界工资 $\hat{W}$ 越高；重新就业率 a 越高，临界工资 $\hat{W}$ 越高。

在稳定的状态下，社会经济中失业的流入量和流出量应相等，即：

$$bL = a(N-L) \text{ 或 } a = bL/(N-L)$$

将上式代入上面新的条件方程，得：

$$W \geqslant e + \overline{W} + \frac{e}{q}\left(\frac{bN}{(N-L)} + r\right)$$

$$= e + \overline{W} + (e/q)(b/u + r) \equiv \hat{W}$$

其中，$u = (N-L)/N$，即为失业率，由上式表示的总的 NSC 条件可由图 5.7 表示，当 $L = 0$ 时，$\hat{W} = \overline{W} + e + \dfrac{e}{q}(b+r)$，同时我们可以看到，当社会充分就业，即 $L = N$ 时，$a = +\infty$，即每一个偷懒职工随时

可以立即找到新工作，这时，每个职工都将会寻求偷懒。

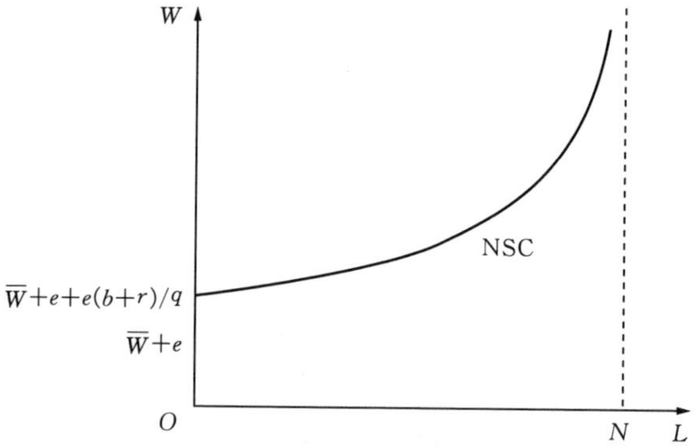

图 5.7　总的无偷懒条件

均衡就业水平由劳动力总需求曲线和总的 NSC 曲线交点决定，出于简便，我们假定 $\overline{W}=0$，此时 $F'(L)=\hat{W}$，所以：

$$F'(L)=e+(e/q)[bN/(N-L)+r]$$

该均衡由图 5.8 给出。从企业一方来说，企业在 W^* 下可以得到所需劳动力，无需提高工资，而降低工资则会引起职工偷懒。从职工一方来说，失业是非自愿的，那些失业的人愿意在 W^* 或更低的工资水平上工作，但却无法使人确信他在这样的工资水平下不会偷懒。

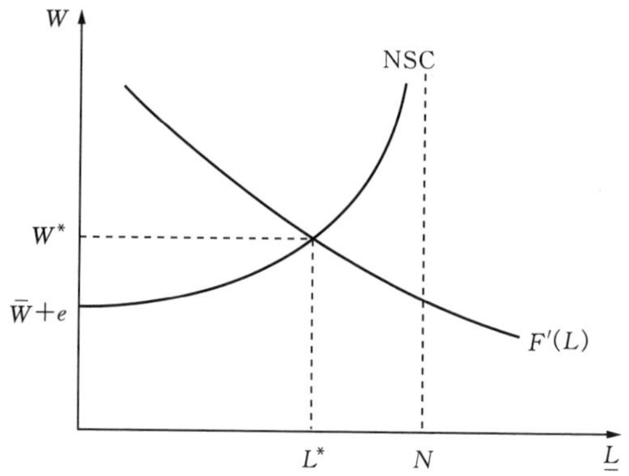

图 5.8　均衡失业

现在考察夏皮罗—斯蒂格利茨模型中一些变量改变后会产生的结果。当离职率 b 提高，或降低监督力度 q 时（因被发现偷懒而被解雇的概率也将降低），职工付出努力的激励也相应下降。因此，这些变化需要在任一就业水平上增加工资，这样就引起了 NSC 曲线上移。另一方面，劳动力的需求曲线保持不变，于是均衡的失业水平和均衡的工资都增加了（见图 5.9）。失业救济金的增加，也会使 NSC 曲线上移，但也会因为劳动力变得更贵，而使得劳动力的需求下降。所以，失业在这两个因素的作用下上升。

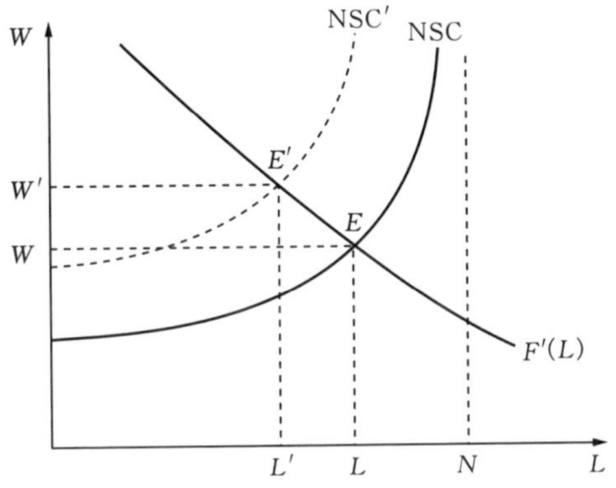

图 5.9　比较静态分析

至此，我们已基本了解了夏皮罗—斯蒂格利茨模型的内容及其可以给出的结论。在诸种效率工资模型中，该模型可以归为偷懒模型。我们已经看到，效率工资模型较好地解释了工资的粘性（stickiness）和非自愿的自然失业率的形成。而不同的经济学家在得出共同的结论时，却将其模型建立在了不同的理论背景和方法基础之上。限于篇幅，我们在此仅对另外三个较有代表性的模型作简单的评介。

现在我们考察另一个偷懒模型：鲍尔斯模型。

鲍尔斯模型（Bowles，1985）和夏皮罗—斯蒂格利茨模型同属偷懒模型，后者正如我们已指出的那样，可将其思想作为对合约理论和传统的个人主义方法论的一个继承和发展，而前者则吸取了激进经济学的理论和方法，而且并没有采取严格的个人主义的方法论，事实上，该模型更加强调了效用函数的社会基础(Costabile, 1995)。

在该模型中，企业的决策行为在传统的瓦尔拉体系(即在成本约束下达到利润最大化)之外，又要加上一个约束条件，即劳动付出函数(labour extraction function)。这个函数将职工投入的工作(work)或努力(effort)与这样一些因素相联系，如在企业中采取不工作行为的预期成本(取决于失业救济、失业率和工资差别)、监督力度和监督技术。在成本约束和劳动付出函数双重约束下的企业利润最大化决策导致了劳动力市场上非瓦尔拉均衡的出现。企业为使职工付出足够的努力，而支出了高于市场出清水平的工资，而职工在该工资水平下之所以付出这样的努力是因为存在失业所带来的潜在成本的威胁，在这一机制下，失业便产生了。值得一提的是，鲍尔斯并不认为偷懒是人类的天性，其劳动付出函数是与生产要素所有权有关的社会制度安排造成的，由于受资本所有者雇用的工人并不是在为自己劳动，所以工人才会在监督不充分的情况下，采取偷懒行为。所以他也不认为失业是由于处于监督下的人的天性不令人满意而造成的，更主要的原因是由资本主义的产权关系和经济制度引起的市场失灵。

现在我们再来看两个基于公平的社会准则的模型：阿克洛夫模型和索洛模型。

与前述两个偷懒模型不同，这里的两个模型认为造成不能出清劳动力市场的粘性工资的主要原因是社会习惯、行为准则和公平观念等因素，而这些通常并不为经济学家们所关注。

阿克洛夫(Akerlof, 1982, 1984)提出了这样一些基于经验知识的疑问：既然在企业要求的努力水平区间内对职工来说，其努力的边际效用是负的，为什么职工却还常常要作出超过企业要求的努力水平呢？相反，如果努力的边际效用为零，而收入的边际效用为正，那么企业可以通过提高努力水平和工作标准同时达到企业利润和职工效用水平的提高。为什么企业却没有这样做呢？对于这些问题，阿克洛夫在他的模型中用所谓“礼物交换”(gift-exchange)的概念作出了解释。

阿克洛夫的解释是,职工是根据努力准则(effort norm)工作的,超过企业工作标准的部分好比无偿地赠给企业的一份礼物。这种努力准则并不是个人的,而是集体共同的,它并不是出于个人的理性,而是出于职工之间的情感(例如团结),以及职工与企业之间的情感。职工希望企业会给予回报,支付公平的工资。职工的精神面貌和他们付出的努力取决于他们认为公平的工资,这个“公平”是相对于其他的职工和失业者而言的。这样,企业出于鼓舞士气的目的,会支付较高的工资,结果使得该工资水平高于劳动力市场出清时的工资水平,于是非自愿的失业也随之出现。虽然失业者情愿在市场出清的工资下工作,但这种要求却不会被企业接受,因为这会给企业成员的士气带来影响,进而影响企业的产出水平,对企业并不有利。

在阿克洛夫的模型中,企业里的行为准则包含了企业与职工之间的礼物交换行为。他提出,该准则并非来自于个人,而是一种社会准则(social norm),企业仍然是个在工作纪律和雇用劳动力成本下寻求利润最大的行为人,在努力准则的作用下,企业若试图支付尽量少的工资,其结果并不是最优的。

与阿克洛夫稍有不同的是,索洛(Solow, 1990)关注的不是企业为什么不愿接受那些愿以更低工资水平就业的人,而是那些处于非自愿失业的人,为什么不以更低的工资提供工作。索洛认为他从另一个被忽略的角度解释了工资粘性,而这正是他对效率工资理论的贡献。

在索洛的模型中,从就业者与失业者之间的角度考察了公平观念的影响,他不仅仅满足于将社会准则用来解释所考察的问题,他认为准则的来源本身必须被解释。索洛的回答是,社会准则的产生是无数次重复博弈(infinitely repeated game)的过程。我们知道,在一次性博弈中,非合作行为是博弈双方的理性选择,从而导致所谓“囚犯困境”(Prisoner's Dilemma)的出现。而在无数次的重复博弈中,每方都考虑到对方过去的行为,就可能使得合作成为最终的解。索洛基于这样的理论,认为在就业者和失业者间的无数次重复博弈中,不再降低工资是一个均衡解。假设企业愿意接受那些愿以更低工资(比如由失业保障金决定的最低工资)工作的人,而一旦接受了,企业将在之后的每一时期都支付这个低工资。每个职工的均衡策略是,如果别人都不降低工资,他也不降低;如果别人都降低工资,他也将降低工资,并在之后各期也得到这一低工资。这样,职工将在降低工资与否之间作出选择,结果取决于对职工而言两种策略中哪一种能带来更高的效用期望,进一步地说,取决于对失业率和贴现率的评价。失业率越低(从而在将来被雇用的可能性越大),贴现率越高(从而企业会更加关注未来),工人就更加不倾向于降低工资。这样的话,职工都不降低当前的工资(同时失业随之存在)就可能成为博弈的解。索洛自己也承认,这仅是许多可能出现的解中的一个,而且即使不降低工资的均衡存在也不一定会达到。在生活中我们确实可以观察到在失业存在的情况下,职工却不通过降低工资来获得就业岗位的现象,对此索洛的模型提供了很好的理论说明。

索洛模型与阿克洛夫模型的主要差异在于:阿克洛夫认为社会准则的源泉与维持下去的力量都是非个人主义的(non-individualistic),而索洛则试图将社会准则的形成追溯到社会博弈参加者的个人自利动机上去。从这一点来看,索洛实际上继承了个人主义的方法论。他还被认为继承了所谓"相互作用的传统"(interactive tradition),这在索洛模型中有这几方面的表现:(1)个人理性与集体理性之间的冲突;(2)由自利的个人之间反复的相互影响而产生的合作结果;(3)合作策略作为内在化了的行为准则的建立。(Costabile, 1995)

5.3 二元劳动力市场模型

二元劳动力市场(dual labour marker)的概念,就是把劳动力市场划分为两种:一种是贫穷的、非技能劳动者光顾的市场;另一种是技能劳动者市场。前者几乎永远不可能进入后一种劳动力市场。这种理论从渊源上讲一直可以追溯到19世纪经济学家穆勒(J.S.Mill)那里(R.McNabb and P.Ryan，1990)，但是完整的二元劳动力市场理论最先则是由庇奥里(M.J.Piore)在1970年提出来的(Piore，1970)。

二元劳动力市场的基本假设为:整个社会的劳动力市场可以进一步划分为第一劳动力市场和第二劳动力市场。第一市场的工资较高，劳动条件较好，工作岗位较有保障和职业前景较美好；第二市场的工资较低，工作条件差，工作具有不稳定和暂时性。在第一劳动力市场求职的往往是出身于富裕家庭、受过良好教育的劳动者；在第二劳动力市场求职的往往是移民、年轻人、妇女劳动者等。在西方国家(如美国)这两个劳动力市场的就职者相互流动是比较困难的。一般说来，第一劳动力市场的求职者不愿光顾第二劳动力市场，而第二劳动力市场的求职者根本无法进入第一劳动力市场。如果第一市场的求职者愿意进入第二市场，一般说他们是能够比较容易地在那里找到工作的，因此如果出现周期性失业(这时劳动力市场的价格调节对出清市场已无能为力)时，第一市场的失业率要低于第二市场。第一劳动力市场的运行更多地受到制度因素的影响，如工会力量、劳动保障制度、最低工资法等等。相反，第二劳动力市场的劳动者几乎不受制度性保护，更多地遵循市场的竞争法则，这一市场可以通过工资的较大幅度的变动来调节劳动力市场的供求。因此，我们在下面即将展开的模型中假定:任何人在第一市场就业失败以后，在第二市场的就业是不成问题的。但是，对于第二市场的人来说，他们是不可能直接过渡到第一市场的。由此我们可以通过二元劳动力市场理论解释一种失业现象:自愿失业，即在第一市场失业，但不愿到第二市场就业。

下面我们根据法国经济学家庇罗特(A.Perrot)和兹尔贝贝格(Zylberberg)的论文(1989)，通过一个比较简化的模型来展示二元劳动力市场特征与失业之间的关系。

我们假定一个经济中有 N 个劳动者，每个劳动者有如下的效用函数：

$$u(W,\ e)=W-e$$

其中W为劳动者获得的实际工资，e为劳动者在生产中作出的努力，因此是一种负效用。在第一市场就职的劳动者需要有一段重要的培训阶段(人力资本投资)，并具有一定的责任心，因此被支付高于市场出清的效率工资，但是就业是受配额限制的(being rationed)。为了简化模型，我们假定工人所要求的工资水平是由工会拟定的。第二市场是完全竞争的市场，工资水平则由劳动力市场的供求力量来决定，因此工资被定在市场出清的水平上。根据上面分析，进一步假定第一市场的失业者可以在第二市场找到工作，每个劳动者在第二市场面临两种选择：要么就业，要么失业。如果他在第二市场就业，其效用期望为V_2，如果他是选择失业，其效用期望为V_u，在均衡状态，这两种选择的效用期望应该相等：

$$V_u=V_2$$

就第一市场而言，假定q为从就业队伍流出(失业)的比率，a是第一市场从失业队伍中重新雇佣劳动者的比率，再假定N_1为第一市场已经就业的人数，U为失业人数，第一市场的均衡状态(即就业队伍的流入和流出相等，失业人数保持均衡)被描述为：

$$qN_1=aU$$

因此两个市场的共同均衡为：

$$\boxed{N_1}\underset{aU\ \leftarrow}{\overset{\rightarrow\ qN_1}{}}\boxed{U}\rightarrow V_U=V_2\leftarrow\boxed{N_2}$$

假定第一市场的生产部门的生产函数为：$Q_1=\dfrac{N_1^{\alpha}}{\alpha}$，根据劳动的边际生产率等于其成本(工资)的原则来决定对劳动力的需求，即：

$$N_1^{\alpha-1}=W_1$$

因此劳动的需求函数就是：

$$N_1 = W_1^{1/\alpha-1}$$

就劳动的供给方来讲，工会通过对 W_1 的控制使其所有成员的效用最大：

$$\max \frac{N_1}{S}V_1 + \frac{S-N_1}{S}V_u, \quad \text{s.t.} \quad N_1 = W_1^{1/\alpha-1}, \ S \geqslant N_1$$

其中 S 为工会成员总数，在一个很短的时间跨度[0，t]内，q 为单位时间内就业的流出率，因此第一部门劳动者的效用期望为：

$$V_1 = (W_1 - e)t + e^{-rt}[(1-qt)V_1 + qtV_u]$$

其中 r 为单位时间内的折现率，如果我们使 $t \to 0$，我们将得到：

$$V_1 = \frac{W_1 - e}{r+q} + \frac{q}{r+q}V_u$$

我们把获得的这一式子代入上述工会的最优规划，并用劳动需求函数代替 N_1，得到：

$$\max_{W_1} \frac{W_1^{1/\alpha-1}}{S}\left[\frac{W_1 - e}{r+q} + \frac{q}{r+q}V_u\right] + \left[1 - \frac{W_1^{1/\alpha-1}}{S}V_u\right]$$

当达到效用期望最大的均衡时，其一阶条件为：

$$\frac{\alpha}{\alpha-1}\ \frac{W_1^{1/\alpha-1}}{(r+q)S} + \frac{qW_1^{(2-\alpha)/(\alpha-1)}V_u}{(\alpha-1)(r+q)S} - \frac{(r+q)W^{(2-\alpha)/(\alpha-1)}V_U}{(\alpha-1)(r+q)S} - \frac{eW_1^{(2-\alpha)/(\alpha-1)}}{(\alpha-1)(r+q)S} = 0$$

对上述式子进行运算，我们得到：

$$\alpha W_1^{1/(\alpha-1)} = [rV_u + e]W_1^{(2-\alpha)/(\alpha-1)}$$

进一步移项，我们有：

$$W_1 = \frac{rV_u + e}{\alpha}$$

上式表明，第一部门的实际工资 W_1 是职工失业时效用期望的增函数，如果失业时的效用期望较大，则必须实行较高的实际工资才能吸引工人努力工作(该模型受夏皮罗和斯蒂格里茨偷懒模型的影响，尽管这里假定失业时没有救济金，但失业时没有劳动付出和可以等待重新就业也可以带来效用)。从我们的模型中我们还可以进一步把 V_u 确定为：

$$V_u = e^{-rt}[(1-at)V_u + atV_1]$$

重新整理，得

$$V_u = \frac{a}{r+a}V_1$$

失业者的效用期望又取决于就业时的效用期望。再把以上各式进行相互替代，我们获得下列重要的关系式：

$$V_1 = \frac{(1-\alpha)(r+a)e}{r[(r+q+a)\alpha - a]}$$

$$V_u = \frac{(1+\alpha)ae}{r[(r+q+a)\alpha - a]}$$

$$W_1 = \frac{(r+q)e}{(r+q+a)\alpha - a}$$

上列式子表明 V_1，V_u 和第一部门的实际工资水平 W_1 取决于那些解释模型特征的参数。至于第二劳动力市场的情况，我们可以从均衡条件 $V_u = V_2$ 中推导出来。在第二市场，只要愿意，劳动者总是可以就业，问题是当劳动供给上升时，实际工资就会下降，因为这里的工资水平起到一个调节供求的作用。第二市场就业者的跨时效用就是在无限期视野里对效用的瞬时折现：

$$V_2 = \frac{W_2 - e}{r}$$

因为在第二市场均衡时(即对第一市场的失业者来讲，是否在第二市场就业是无所谓的)，我们有：

$$V_u = V_2$$

因此，我们得到：

$$W_2 = rV_u + e$$

又因为：

$$W_1 = \frac{rV_u + e}{\alpha}$$

因此我们得到一个重要的式子：

$$W_2 = \alpha W_1$$

由于 $0 < \alpha < 1$，因此第二市场的工资是第一市场工资的一个百分数，而且这个比例将保持不变。如果 $W_2 < \alpha W_1$ 时，第二市场的就业人数就会减少，人们宁愿失业（失业时的效用将大于就业时的效用），也不在第二市场就业，这样第二市场随着就业人数的下降，工资 W_2 上升，使上述等式成立。反之，如果 $W_2 > \alpha W_1$，从第一市场失业的劳动者就不愿再处于失业状态，纷纷在第二市场就业，但第二市场随着劳动供给的增加，工资 W_2 下降。只有当 $W_2 = \alpha W_1$ 时，第一市场的失业人数处于一种均衡状态。

如果我们进一步假定，两个劳动力市场相对应的生产部门具有相同的生产函数：

$$F(N) = \frac{N^{\alpha}}{\alpha}$$

那么，我们有下列劳动需求函数：

$$N_1 = F'^{-1}(W_1) = W_1^{1/(\alpha-1)}$$
$$N_2 = F'^{-1}(W_2) = W_2^{1/(\alpha-1)}$$

把劳动者根据效用函数推导出来的工资水平代入上面两式，我们获得的两大市场的劳动需求量分别为：

$$N_1 = \left[\frac{(r+q)e}{(r+q+a)\alpha - a}\right]^{1/(\alpha-1)}$$

$$N_2 = \left[\frac{\alpha(r+q)e}{(r+q+a)\alpha - a}\right]^{1/(\alpha-1)}$$

那么,失业人数就由下式给出:

$$U = N - N_1 - N_2$$

从二元劳动力市场分析中能够引申出来的另外一个重要的结论是:失业既具有自愿性质,又具有非自愿性质。就其在第一市场的就业失败来说,失业是一种非自愿失业;就其在第二市场的就业来说,由于其不愿意接受第二市场的低工资和较差的劳动条件,因此其失业又是自愿的。

上面我们分别介绍了三种20世纪70—80年代发展起来的有关失业理论进展的模型,通过这些模型,我们可以发现许多分析对于我国当前失业的讨论具有重要的启示作用。

失业是当今世界各国所面临的一个重要经济问题,自凯恩斯开始,困扰着几代经济学人,前面我们所综述的是最近二十几年来西方经济学家探索的理论成果中的一部分。虽然各个国家失业的具体生成原因不同,体制背景、社会保障不同,但其共性都是市场经济的产物,因此有着一些共同的形成机理,其中尤其以劳动力市场的非完善即其运行功能发生障碍、从而导致失业为所有市场经济中失业的共有的特征,因此上面的理论模型中有许多分析同样适用于我们当前的失业情况。

第一,关于内部人控制问题,在我们当前也是普遍存在的。在传统的计划就业体制下,劳动者一旦就业,就有了铁饭碗,解雇是极其困难的事,需要付出一定的解雇成本,因此,当这种成本高到一定程度时,哪怕这些劳动者的边际生产率低于其工资时,也不能解雇。这样就势必造成劳动力资源的非均衡:一方面大量的失业者和民工(他们能够提供更高的劳动效率)愿意在更低的工资水平上就业,但是由于企业解雇已就业人员的成本过高,不能解雇他们,因而也就不能雇用外部人(失业者和民工),导致企业效率的降低。因此,由于传统体制的影响,在我们这里内部人控制可能更为严重,在我们讨论就业制度改革和失业治理时,如何尽量消除内部人控制现象,增加竞争优化劳动资源的配置是一个重要的问题。

第二，劳动工资刚性，效率工资现象在我们经济当中也是存在的。单就效率工资作为一种激励手段来讲，效率工资对促进劳动资源的有效利用，进而对经济发展都是十分有利的，但是效率工资不是一个固定的数值，多少高水平的工资才能激励职工的努力，则取决于许多因素（包括制度性因素），如取决于企业对劳动过程拥有的信息，职工偷懒被发现的概率并被处罚解雇的成本，失业的境况及其威胁等等。如果职工偷懒被发现的概率很低，解雇的可能性很小，解雇以后的社会保障很高，则企业需要付出很高的效率工资才能激励职工作出努力，因此，我们在制订新的就业制度和失业保障制度时，要充分考虑这些因素，尤其是要防止内部人控制并利用效率工资机制抬高工资，恶化就业状况。

第三，上述二元劳动力市场模型对我们分析当前我国城市失业情况具有十分重要的启示作用。在当前城市劳动力市场中，二元现象也越来越明显：一种劳动力市场是针对具有城市户口的劳动者，他们一般都具有一定技术和文化知识，另一种是针对民工的，他们中的大多数不具备一定的技术和文化知识，提供的就业机会也是一些脏、累、苦的岗位。前一种劳动力市场的就业者一般不愿意到民工市场就业，因而当前城市失业队伍中大多数是自愿失业。因此，在制订治理失业政策措施时，我们特别要鼓励城市劳动者放下架子，接受所有形式的就业，减少这种自愿失业现象，而上面介绍的二元劳动力市场模型则能为我们的政策制定提供很好的理论分析框架。

6

非均衡理论与凯恩斯失业

第 5 章我们对导致劳动力市场调节机制发生功能性障碍的各种情况作了详尽的理论分析，并用数学方法使这些理论分析模型化。在我们的失业理论深化和建模的第 2 篇里，迄今为止所讨论的问题都是循着劳动力市场为什么不能通过工资的变动来出清市场，使供求趋于均衡。这一思路实际上还是与古典失业理论相一致的，在现实生活中，引起大规模失业现象的还有一个重要原因，那就是宏观经济的周期性波动。凯恩斯 1936 年发表的《通论》就是对这一类失业现象进行的最好的理论分析。凯恩斯把失业归咎于整个经济中有效需求的不足。这个有效需求包括消费需求、投资需求、政府需求和出口需求，这四个有效需求除后两类是由外生的变量决定之外，消费需求和投资需求是内生变量。现在我们要问，由经济内在机制所决定的消费函数和投资函数为什么会导致有效需求不足呢？凯恩斯的宏观理论虽然对此作了很好的描述和解释，但是人们普遍认为凯恩斯宏观理论缺乏一个微观经济学的基础，尤其与传统的微观经济学不相融合。因为传统的微观经济学实际上是一种瓦尔拉均衡经济学，它强调整个经济体系通过相对价格的充分波动，从而使经济中所有市场处于供求均衡的状态，反过来讲，也只有当所有市场供求均衡时，相对价格才充当有效的资源配置的信号，经济行为人唯一地根据价格信号作出他们的行为决策，结果寓于前提之中，市场供求必然相等。而凯恩斯所研究的失业状态，实际上是一种非瓦尔拉均衡状态，即当劳动力市场供求不相等时，交易数量（就业量）等于供求双方中较小的一方（也被称作短边原则），如果用瓦尔拉均衡的标准来看，这是一种非均衡，但是从广义的均衡来看，这是一种配额均衡。当市场出现供求不平衡时，经济行为人不仅要根据市场上的价格信号，而且要根据受制约的数量信号来作出其行为选择。如果所有经济人都是这样根据价格信号和数量信号来作出行为决策，形成有效需求和有效供给，最终使市场达到一种非瓦尔拉意义上的均衡，那么这种均衡就是一种广义的均衡。如果说瓦尔拉均衡是通过价格摸索（price totannement）而达到的，那么非瓦尔拉均衡则是通过数量摸索（quantity totannement）而达到的。前面我们已经提到，非瓦尔拉均衡理论是西方 20 世纪 60 年代中期在帕廷金、克洛尔、巴罗和格罗斯曼、贝纳西等人为凯恩斯理论寻找一个微观经济学基础而提出来的，这一理论为解释周期性失业（即凯恩斯失业）提供了一个很好的理论基础，下面我们就来展开对这一理论的讨论。

6.1 非瓦尔拉均衡理论的微观基础

为了便于我们更好地理解非瓦尔拉均衡的宏观经济模型，在这一节我们着重分析非瓦尔拉均衡理论的微观基础，尤其是该理论的一些基本概念，在下一节我们再展开对非均衡宏观模型的讨论。

6.1-1 需求、交易数量和数量信号

在瓦尔拉均衡状态，由于假定每个市场的供求通过价格运动而达成

均衡，经济行为人面对均衡价格，同时作出购买或销售的决策，在这个价格基础上所提出的需求或供给总是能够100%地实现（事先的均衡假定），因此需求（或供给）同作为结果的交易量就成了同一件事，它们之间不存在差异。而在非瓦尔拉均衡状态，每一个市场上的供求并不一致，而对供求不一致的情况，价格本身或者由于信息不完全，或者由于其他原因，不一定能够迅速变化以使两者达到均衡。但是，作为事后的交易结果，不管经济行为人向市场事先发出的作为一种愿望的需求和供给是怎样地不同，供求双方必须是相等的，即供给一方出售的商品数量一定等于需求一方购进的商品数量，这是一个会计等式。总之，除非市场处于瓦尔拉均衡状态，否则，市场上的供求双方是不可能相一致的，但作为交换结果的交易数量对供求双方来讲是一致的。

如果市场是非均衡的，那么，供求双方的交换达成以后，一定会有某些经济行为人（或者处于需求一方，或者处于供给一方）的事前需求（或供给）愿望没有被满足。没有被满足的经济行为人，我们称之为受数量约束的行为人。当市场处于供过于求时，供给者的供给不能完全实现，处于数量约束状态。相反，当市场处于求大于供时，需求者的需求不能完全实现，处于数量约束状态。因此，在瓦尔拉均衡状态，我们不必区分需求（或供给）和交易结果。但是，在非均衡状态，我们必须仔细区分需求（或供给）与交易结果之间的差别。

6.1-2 配额机制及其性质

上面我们指出，在瓦尔拉均衡状态，不同经济行为人在每一个市场所表达的需求总量和供给总量必定是相等的。但是，当这些价格不再是均衡价格并且在短期内被固定时，供求总量就会不一致。面对这些不相等的供给和需求，市场最终将产生一个交换过程，使得实现了的交易量（供给和需求）在总量上相一致。这个市场交换过程就被称作为配额机制（rationing schemes），它是联系需求（或供给）和交易数量一种计划的或市场的配额机制。如果把需求（或供给）看作自变量，那么，配额机制就是联系需求和交易的一种函数。在经济实践中，具体的配额机制有：计划配额、排队配额、比例配额、随机配额等等。在计划配额中，计划指标就是对经济行为人设置的一种数量配额，如计划投资配额、计划消费品配额等等。在这些场合，需求者愿意在计划价格基础上多实现一些需求，但是考虑到供给的短缺，计划者对他们设置种种配额，结果使得受配额限制的需求同供给一致起来。综合起来，配额机制可以分成两种类型：不可操纵的配额机制和可操纵的配额机制。不可操纵的配额机制是指处于市场长边的行为人（供过于求中的供给者或求过于供中的需求者）在市场中受到他个人所不能改变的既定的数量约束。如排队配额机制中，排在队伍中的某个需求者可实现的最大购买数量不能超过供给总量减去排在他前面的需求者购买总量后的余额，如果该需求者需要购买5个单位的商品，而轮到他所面临的供给余额只是4个单位的商品，后者便是他所面临的数量约束，这个数量约束取决于其他行为人（供给者和排在他前面的需求者）的决策，对此他无法改变。这样的配额机制就是不可操纵的配额机制。可操纵的配额机制是指，虽然行为人在市场上受到了数量约束，但是他可以通过改变向市场表达的需求（或供给）来操纵交易结果。如在比例配额机制中，行为人所面临的是一个比例系数，交易结果是他的需求乘上这个比例系数（介于0和1之间）。在可操纵的配额机制中，如果操纵是不花费成本的，受数量约束的行为人可以提出比实际需要大得多的需求，来达到他愿望实现的交易结果。例如，在计划投资的分配中，投资者往往通过“谎报军情”而争得投资规模。在可操纵配额机制中，脱离实际的需求往往会导致信号系统的混乱，使得配额机制处于非稳定的发散状态。但是，一般说来，操纵是要花费成本的，只要操纵是花费成本的，配额机制就可能是收敛的。

所有的配额机制具有两个重要的性质：自愿交换性质和市场效率性质。所谓自愿交换性质是指，如果没有一个经济行为人被强迫去购买超过他所需求的数量或者出售超过他愿意供给的数量，那么这种交换就是自愿的（尽管他须服从某一配额机制）。在市场经济中，绝大多数配额机制都符合自愿交换原则。但是在计划经济中,非自愿交换情况也可能存在。例如某一市场,由于价格低于均衡价格,就有供求的缺口存在。在市场经济中,处于市场短边的行为人(这里是指供给者)实现其愿望供给,而处于市场长边的需求者受到数量约束,但是在计划配额情况下,计划者可以在供求缺口间制定一个计划配额,即迫使供给者的供给超过他在这个价格水平自愿供给的数量,目的是使得需求者多满足一点。同样地,当价格高于均衡点时,计划者也可以用同样的方式迫使需求者购买超过他自愿购买的数量。在传统的中国计划经济中,企业必须接受计划规定的就业指标,就是一种计划配额所导致的非自愿交换情况。

配额机制的市场效率性质是指不存在市场摩擦,即我们不可能在某一市场同时发现受制约的需求者和受制约的供给者。如果这种情况发生,说明市场中还有潜在的对供求双方都有益的交换可能性存在。因此,这时市场还处于摩擦状态,是市场非效率的。只有等到这种潜在的可能交换都已经实现时,市场中可能出现的,要么是需求受约束,而供给者不受约束(需求大于供给),要么相反,需求者不受约束而供给者受约束(即供给大于需求的情况),这时,我们就称该市场具有市场效率。

如果配额机制同时具备自愿交换和市场效率两大性质,那么某一非均衡市场的总交易结果一定等于供给总量和需求总量两者之间的较小一方,这就是我们平时所说的配置符合“短边原则”(rule of the minimum)。

6.1-3 名义需求和有效需求

上面我们所讲的需求和供给还停留在瓦尔拉均衡意义上的需求和供给,即行为人唯一地根据市场价格信号作出他们的买卖决策。这种需求在非瓦尔拉均衡理论中也被称作名义需求(notional demand)。而实际上,存在非均衡市场的情况下,当行为人面对不同的数量约束时,他们都将修正原来的需求和供给。这种不仅考虑了价格信号,同时也考虑了非均衡市场上的数量信号后所形成的需求和供给称为有效需求(effective demand)和有效供给(effective supply)。

上述有效需求的定义虽然高度概括了这种需求的本质属性,但是有效需求怎样形成却是一个复杂的问题。一般说来,我们可以把经济行为人在非均衡市场体系中碰到的数量约束分为两类:一类是行为人在将要表达有效需求的同一市场上碰到的数量约束,这是一个预期的变量;另一类是行为人在其他市场上碰到的数量约束,这是一个已经实现了的变量。

当经济行为人在他作出需求表达的市场上感觉到数量约束时,那么,他预期到他的需求不可能100%地被满足,也就是说,他的最终交易将小于他的需求,这个交易结果一定是某种配额机制作用的结果。在这种情况下,有效需求的形成同市场具体的配额机制有关。如果该行为人碰到的是一种如排队类型的配额机制(即行为人无法对交易结果进行操纵的配额机制),那么该行为人一般会把他的实际需求(导致其效用函数最大的选择)作为有效需求来表达。但是,如果该行为人碰到的配额机制是一种比例配额机制,即按照每个行为人的需求按比例配给,这时,对比例系数有所预期的行为人就会表达一个高于实际需求的需求作为他的有效需求,以期达到他愿望达到的交易结果。科尔奈考察了短缺经济中更广泛意义上的有效需求,如强制替代:当一个需求者发现他所期待的商品在近期很难获得时,他就会转向购买其他替代商品。这是同一市场的数量信号对该市场有效需求形成的影响。

在非瓦尔拉均衡的宏观经济模型中,人们更多考虑的是当行为人在某个市场碰到数量约束时,这种数量约束对他在其他市场的需求有什么影响,即考虑非均衡在各个市场之间的"溢出效应"。例如,在凯恩斯失业均衡状态下,家庭在劳动力市场的供给受到数量约束,这种约束反过来就会影响家庭在商品市场的有效需求,从而导致商品的过剩。同样地,企业在商品市场受到数量约束,这种约束使企业在劳动力市场上的有效需求降低,导致劳动力市场的失业。因此有效需求概念解释了凯恩斯失业情况下的微观经济行为人的理性抉择行为。

6.2 一个非瓦尔拉宏观经济模型

在上一节我们给出了非瓦尔拉均衡理论的基本概念，为非瓦尔拉均衡理论的讨论提供了一个微观经济学基础。在这一节我们将应用这些概念分析一个宏观经济运行，并且研究在什么样的条件下，宏观经济运行是处于瓦尔拉均衡状态，又在什么样的条件下，宏观经济运行处于不同的非均衡（或者说非瓦尔拉均衡）状态，然后我们再讨论在不同的宏观非均衡条件下，我们应采取什么样的宏观经济政策，去减轻宏观经济运行的非均衡程度。为了这一目的，我们先给出一个适合于宏观经济非均衡分析的模型。

这个宏观经济模型考察一个假设的高度综合的货币经济，这个经济有三个代表性的经济行为人：家庭、厂商和政府，和三种商品：消费品、劳动力和货币。在考察期内上述行为人在两个市场上发生交易活动：一个商品与货币根据价格 P 相交换的商品市场和一个劳动与货币根据工资率 W 相交换的劳动力市场。P 和 W 被假定在考察期内是固定的。我们假定每个市场的运行是无摩擦（frictionless）的，以至于所实现的交易数量一定等于供给和需求中的最小量，即当市场处于供大于求时，交易量等于需求；当市场处于求大于供时，交易量等于供给，也就是说符合前面提到过的短边原则。产出的商品和劳动力分别用 Y 和 L 表示。

现在我们首先来讨论厂商在这个经济中的行为。这个经济中的代表性厂商有一个生产函数：$F(L)$，假定资本这个生产要素在短期内是固定的，所以我们只考察劳动这一个生产要素。这个生产函数具有通常的性质：

$$F(0)=0,\ F'(L)>0,\ F''(L)<0$$

即劳动投入的边际生产率大于零，但随着劳动投入的增加，其边际生产率是递减的。

我们假定这个厂商不为存货生产，在这个条件下，均衡状态时厂商对产品的销售等于它的产量 $F(L)$。厂商的生产目标是努力使其利润（即销售收入减去成本）$(PY-WL)$ 达到最大。厂商所获得的利润假定被全部分配给家庭，因此，征税前家庭所获得的实际收入等于 Y。

其次我们再来看家庭的预算约束和家庭在商品市场和劳动力市场的行为。模型中代表性家庭消费一定数量的商品 C 和销售一定数量的劳动力 L，同时它也进行一定数量的货币储蓄 M。在考察期初，家庭有一笔上一期留下来的货币 $\overline{M}$，同时它拥有一定的劳动数量 L_0。因此，家庭的预算约束可以用下式表示：

$$PC+M=WL+\pi+\overline{M}-P\tau$$

这里 τ 代表政府税收，家庭的效用函数用下列式子表示：

$$U(C,\ L_0-L,\ M/P)$$

从上式我们可以看到，这个家庭的效用函数取决于三个自变量：家庭所消费的商品数量 C，它所享有的闲暇时间 (L_0-L) 以及它在期末拥有的实际货币余额 M/P，家庭可以从这些货币中获得间接的效用（如将来的消费）。

为了获得一个较为简单和明确的例子，我们将使用一个特殊的对数函数来说明上述家庭效用函数：

$$U=\alpha_1\ln C+\alpha_2\ln(L_0-L)+\alpha_3\ln(M/P)$$

并且假定：$\alpha_1+\alpha_2+\alpha_3=1$。

最后我们来看政府在这个经济中的作为。政府向家庭征收等于 τ 的实际税收，同时政府在获得税收收入的基础上也向市场表达一个商品需求 $\tilde{g}$，以维持政府的各项职能。

在我们讨论非瓦尔拉均衡之前，先研究一下这个模型的作为参照系的瓦尔拉均衡情况。

6.2-1 瓦尔拉均衡

首先我们考虑厂商的瓦尔拉均衡意义上的劳动需求和商品供给。厂商的需求和供给函数是在生产函数 $F(L)$ 约束之下，根据价格和工资水平，使其利润 $(PY-WL)$ 达到最大而作出的。也就是说：

$$\max PY - WL$$
$$\text{s.t.} \quad Y = F(L)$$

解这一最优规划，我们可以立刻获得如下厂商关于商品供给和劳动需求函数：

$$Y^s = F[F'^{-1}(W/P)]$$
$$L^d = F'^{-1}(W/P)\text{，因为 } F'(L) = \frac{W}{P}$$

家庭的瓦尔拉均衡意义上的商品需求和劳动供给是家庭在其预算约束之下通过使它的效用达到最大而作出的：

$$\max U = \alpha_1 \ln C + \alpha_2 \ln(L_0 - L) + \alpha_3 \ln(M/P)$$
$$\text{s.t.} \quad PC + M = WL + \pi + \overline{M} - P\tau$$

解上述最优规划，我们就可以获得下述的家庭关于劳动需求函数和商品供给函数：

$$C^d = \alpha_1 \left(\frac{\pi + \overline{M} + WL_0 - P\tau}{P}\right)$$
$$L^s = L_0 - \alpha_2 \left(\frac{\pi + \overline{M} + WL_0 - P\tau}{W}\right)$$

瓦尔拉均衡则通过解下述方程获得：

$$L^* = L^s = L^d$$
$$Y^* = Y^s = C^d + g$$

通过对上述方程的变换，我们可以获得计算瓦尔拉均衡价格和工资水平以及劳动需求和商品供给 L、Y、P、W 的下列方程：

$$F'(L)(L_0 - L) = \frac{\alpha_2}{\alpha_1}[F(L) - \tilde{g}]$$

$$Y = F(L)$$

$$\frac{W}{P} = F'(L)$$

$$P = \frac{\alpha_1 \overline{M}}{\alpha_3(Y - \tilde{g}) - \alpha_1(\tilde{g} - \tau)}$$

这里我们假定 $\pi = PY^* - WL^*$（P 的表达式有赖于此）。

我们发现，在瓦尔拉均衡状态，货币是中性的。也就是说，其他参数保持不变，瓦尔拉均衡价格和工资水平随家庭最初持有的货币数量 $\overline{M}$ 的变化而变化，但是经济中的交易数量则独立于这个货币数量 $\overline{M}$。因此，在瓦尔拉均衡状态，货币政策对经济活动水平没有影响。但是，在这个模型中，政府需求（支出）$\tilde{g}$ 的变化却不是中性的。精确地说，政府支出 $\tilde{g}$ 的增加将导致工资水平 W/P 的降低，由此而引起劳动需求的增加和生产量的增加。但是，它同时导致家庭消费的减少。这就是政府支出对私人消费的“挤出效应”，政府支出的增加将部分地或全部地减少家庭消费。在这个模型里，由于劳动供给是具有弹性的，政府支出的“挤出效应”将低于 100%。

然而，关于瓦尔拉均衡的特征的研究不是本模型的兴趣所在。我们建立这个模型的主要目的是想知道：当 P，W 和 $\tilde{g}$ 这些外生变量取什么值时，所考察的经济将处于不同的非瓦尔拉均衡状态。我们在这个模型里只考虑两个市场。每个市场除了均衡之外，可能出现的无非是两种情况：超额供给（供大于求）和超额需求（求大于供）。而每个市场的交易数量的确定，根据短边原则，由市场中最小一方（即超额供给时的需求一方，超额需求时的供给一方）来决定。根据上述外生变量取值的不同，我们将得到四种组合情况。但是，我们在前面已经假定厂商不为存货生产，因此我们不考虑其中的一组组合：超额商品供给和超额劳动需求。

因为除非假定厂商为了将来销售而在企业中囤积起存货，否则，当商品市场出现超额供给时，厂商就将减少生产和劳动投入。由此可见，劳动力市场的超额需求和商品市场的超额供给在这个模型里就不可能同时存在。这样，在具体分析以前我们就可以预见这个模型中存在着三种类型的非瓦尔拉均衡：

(1) 凯恩斯失业均衡。在此非均衡状态，不仅劳动力市场处于超额供给之中，而且商品市场也处于超额供给之中。

(2) 古典失业均衡。在这个非均衡状态，劳动力市场处于超额供给之中，而商品市场却处于超额需求之中。

(3) 抑制性通货膨胀均衡。在这个非均衡状态，劳动力市场和商品市场都处于超额需求之中，这是一种普遍短缺状态。改革以前的社会主义计划经济经常被看作为一种普遍短缺的非瓦尔拉均衡经济。

下面我们来分别论述这三种非瓦尔拉均衡情况。

6.2-2 凯恩斯失业均衡

传统的凯恩斯失业状态是一种宏观非均衡状态，它以商品市场上的供过于求和劳动力市场上的失业为特征。在这种情况下，首先家庭在劳动力市场上的劳动供给受到了一个数量约束，我们把它标记为 $\overline{L}^s$。在家庭的劳动供给受到约束之后，它的商品需求就必须考虑到这个数量信号。因此，这时，家庭对消费品的有效需求实际上就是通过下列最优规划对 C 的解得到的：

$$\max[\alpha_1 \ln C + \alpha_2 \ln(L_0 - L) + \alpha_3 \ln(M/P)]$$

$$\text{s.t.} \quad \begin{cases} PC + M = WL + \pi + \overline{M} - P\tau \\ L \leqslant \overline{L}^s \end{cases}$$

这里假定对劳动供给的数量配额是有效的。因此，家庭关于消费的有效需求就成为(取 $L = \overline{L}^s$)：

$$\widetilde{C}=\frac{\alpha_1}{\alpha_1+\alpha_3}\left[\frac{W\overline{L}^s+\pi+\overline{M}-P\tau}{P}\right]$$

这是一个传统的凯恩斯消费函数，其中 $\alpha_1/(\alpha_1+\alpha_3)$ 是收入的边际消费倾向。这个消费函数不同于前面的瓦尔拉均衡意义上的消费函数，因为数量制约 $\overline{L}^s$ 作为自变量出现函数中。由于 $\overline{L}^s$ 等于家庭已经实现了的劳动就业量 L^*，厂商使用这个劳动数量根据既定的生产函数生产出商品数量 Y。利用我们前面对利润 π 的定义，我们可以把消费函数进一步写成我们所熟悉的形式：

$$\widetilde{C}=\frac{\alpha_1}{\alpha_1+\alpha_3}\left[\frac{\overline{M}}{P}+Y-\tau\right]$$

由于商品市场处于超额供给状态，该市场上的交易数量就由需求一方(根据短边原则)来决定。因此，总生产数量就等于家庭对消费品的有效需求 $\widetilde{C}$ 加上政府对商品的需求 $\widetilde{g}$：

$$Y=\widetilde{C}+\widetilde{g}=\frac{\alpha_1}{\alpha_1+\alpha_3}\left[\frac{\overline{M}}{P}+Y-\tau\right]+\widetilde{g}$$

对上式进行有关项替代以后，我们获得：

$$Y^*=\frac{\alpha_1}{\alpha_3}\cdot\left(\frac{\overline{M}}{P}-\tau\right)+\frac{\alpha_1+\alpha_3}{\alpha_3}\widetilde{g}=Y_k$$

这里就出现了我们所熟悉的凯恩斯乘数，它等于 $(\alpha_1+\alpha_3)/\alpha_3$。这说明在凯恩斯失业状态，根据乘数的大小，政府支出的增加可以引起大于政府支出的国民收入的增加。

在劳动力市场上，由于存在超额供给，劳动的交易数量就由劳动需求一方决定。同时，由于商品市场也处于超额供给状态，因此这里的劳动需求函数也具有凯恩斯的形式，也就是说，企业对劳动投入的需求只限于为实现由市场需求决定的产量 Y_k 所必须的数量：

$$L^*=F^{-1}(Y_k)=L_k$$

上式不过是生产函数的反函数。

同时，我们也可以计算出家庭消费数量 $C^* = Y^* - g^*$：

$$C^* = \frac{\alpha_1}{\alpha_3}\left[\frac{\overline{M}}{P} + \tilde{g} - \tau\right]$$

上述式子获得的一个结果是十分有趣的：在凯恩斯失业均衡状态，货币不再是中性的了。货币数量 $\overline{M}$ 的增加将导致生产、就业甚至家庭消费的增加。同样地，公共支出 $\tilde{g}$ 的增加或者税收 τ 的减少将产生一样的效果。传统的凯恩斯乘数效应的分析结果都可以通过这个模型获得。

6.2-3 古典失业均衡

我们在这个模型里要考虑的第二种宏观非均衡状态就是古典失业均衡。在这种宏观非均衡状态，劳动力市场处于超额供给状态，而商品市场则处于超额需求状态。因此，在这种非均衡情况下，家庭在两个市场都受到数量约束，相反，厂商在两个市场都不受到数量约束。厂商则可以根据价格和工资水平完全实现它的商品供给和就业计划。这时，厂商的劳动就业数量和产量可以分别通过下列式子决定：

$$L^* = L_C = F'^{-1}(W/P)$$

$$Y^* = Y_C = F[F'^{-1}(W/P)]$$

我们发现，所有的"古典分析"结论都适用于这个模型：实际工资水平的降低可以增加生产和就业。而凯恩斯的方案（增加政府支出和减少税收）只能导致商品市场的超额需求的增加。经济中的总产量在家庭消费和公共支出之间如何分配则取决于商品市场上的配额机制。如果我们假定，政府在商品市场上的购买优先于家庭部门，那么，政府的购买和家庭所能实现的消费数量由下列式子决定：

$$g^* = \min(\tilde{g},\ Y_C)$$

$$C^* = Y_C - \min(\tilde{g},\ Y_C)$$

我们发现,政府支出的增加将以同等比例减少家庭消费。在这种情况下,公共支出对家庭消费有完全的“挤出效应”。这个“挤出效应”是通过配额机制决定的,而不是如瓦尔拉均衡状态中通过价格的变动而达到的。

6.2-4 抑制性通货膨胀均衡

我们将要考虑的第三种宏观非均衡状态是抑制性通货膨胀均衡。在目前所考察的非均衡之中,商品市场和劳动力市场都处于超额需求。首先家庭在商品市场的需求受到数量约束:$\overline{C}$,因而家庭的劳动供给函数就是关于下列最优规划中对 L 的解:

$$\max[\alpha_1 \ln C + \alpha_2 \ln(L_0 - L) + \alpha_3 \ln(M/P^e)]$$

$$\text{s.t.} \quad \begin{cases} PC + M = WL + \pi + \overline{M} - P\tau \\ C \leqslant \overline{C} \end{cases}$$

这个解给出:

$$L^s = L_0 - \frac{\alpha_2}{\alpha_2 + \alpha_3}\left[\frac{WL_0 + \pi + \overline{M} - P\tau - P\overline{C}}{W}\right]$$

从这个劳动的供给函数中我们可以看到,商品市场的数量配额将导致家庭减少对劳动的供给。由于劳动力市场存在着超额需求,就业水平就由劳动供给一方 L^s 决定。现在我们再一次假定政府在商品市场的需求优先于家庭需求,我们有:

$$\overline{C} = C^* = Y^* - \tilde{g}$$

我们利用有关利润的定义,劳动供给函数就可以写成:

$$L^* = L_0 - \frac{\alpha_2}{\alpha_2 + \alpha_3}\left[\frac{WL_0 + \overline{M} - P\tau - WL^* + P\tilde{g}}{W}\right]$$

它可以被进一步写成:

$$L^* = L_0 - \frac{\alpha_2}{\alpha_3}\left(\frac{\overline{M} + P\tilde{g} - P\tau}{W}\right) = L_r$$

企业的生产产量就等于这个劳动就业 L_r 所能生产的最大生产量：

$$Y^* = F(L_r) = Y_r$$

我们注意到，在当前这个非均衡状态，不同经济政策将带来与凯恩斯失业均衡状态完全不同的结果。货币数量的增加或公共支出的增加将减少劳动供给数量、生产和家庭消费：

$$C^* = Y^* - \tilde{g} = Y_r - \tilde{g}$$

因此，政府支出的增加将减少总产量 Y_r，这里就有一个大于 100% 程度的“挤出效应”，即公共支出的增加将挤出(减少)一个大于此增加量的家庭消费。在这个宏观非均衡状态中，各个市场之间所相互运作的“溢出效应”机制就相当于巴罗和格罗斯曼 1974 年模型中所描述的“供给乘数”机制。供给乘数机制表明，在一个普遍短缺的经济里，政府通过公共支出的减少从而使得家庭消费的增加，则可以引导出更多的劳动供给，最终使产量增加。

从上面的分析中我们看到，本节所讨论的宏观非均衡模型以一种简单明了的方式表述了三种主要的宏观非均衡状态和每一种状态中，就业和经济活动水平的决定以及它们对宏观经济政策的不同反应。通过这个模型，我们还知道，经济中将出现哪一种宏观非均衡，主要取决于那些外生变量 $\overline{M}$, W, g 和 τ 所采取的数值。就业水平和非均衡性质的确定将由下列式子中的三个数值中的最小值来决定：

$$L^* = \min(L_k, L_C, L_r)$$

$$Y^* = \min(Y_k, Y_C, Y_r)$$

我们可以把上述三种非均衡状态在一个由 $\left(\frac{\overline{M}}{P}, \frac{W}{P}\right)$ 所构成的平面中画出，而把其他参数 g 和 τ 看作是不变的。图 6.1 就是在 g 和 τ 被假定为零的情况下画出的，因为在这个假定下，我们可以肯定瓦尔拉均衡的存在。这些三角形表示等就业或者等产量线。图中最高的生产或就业水平是瓦尔拉均衡点，即 W 点。

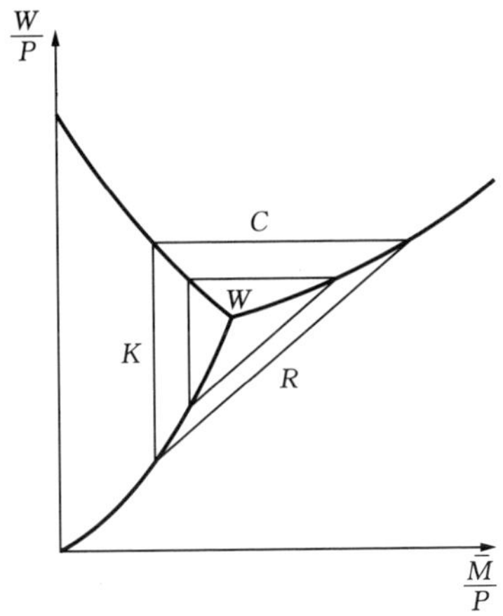

图 6.1　瓦尔拉均衡与三种非瓦尔拉均衡区域

通过图 6.1 的显示，我们可以进一步地理解凯恩斯失业与古典失业的本质区分，在我们这个高度简化了的宏观经济里，又假定其他外生变量和参数 g、τ 等都既定不变的，该经济的运行状态实际上就取决于两个以实际值衡量的变量$\frac{W}{P}$和$\frac{\overline{M}}{P}$，即实际工资和该经济期初所持有的实际货币余额，后者我们可以把它理解为一个经济的货币供应量。在上述假定之下，只有当$\frac{W}{P}$和$\frac{\overline{M}}{P}$处于图中点 W 所表示的数值时，该经济正好处于瓦尔拉均衡状态，这时的就业水平和产出水平为最高。如果$\frac{\overline{M}}{P}$值不变（即货币供给量不变），实际工资的上升就有可能将经济推入古典失业的区域（图中 C 表示的区域）。但是，如果$\frac{\overline{M}}{P}$缩减（即货币供应量减少），该经济就有进入有效需求不足的凯恩斯失业。相反，如果$\frac{\overline{M}}{P}$的数值上升（在图中表示为向右边移动），该经济就会进入抑制通货膨胀区域。因此，在古典失业的区域，为了使该经济重新回复到瓦尔拉均衡状态，唯一的方法就是要降低实际工资水平，当然实际工资的降低有可能使经济进入凯恩斯有效需求不足的失业，因此适当时还要配合以凯恩斯扩张有效需求的政策，在 g 和 τ 被解释为不变时，就表现为货币扩张政策（$\overline{\frac{M}{P}}$向右移动）。从这个图示中，人们可以特别清楚地发现，商品市场和劳动力市场相互之间的“溢出效应”是十分重要的：即使当实际工资处于正确的水平，即处于瓦尔拉均衡水平（在图中表示为过点 W 的水平线），我们也可以找到一个非常低的就业，原因则来自于商品市场上有效需求的不足（或者商品市场上的超额需求）。

7

混合失业理论

我们在前面的第 4 章、第 5 章花费两章的篇幅讨论了当劳动力市场的充分信息、完全竞争等市场发挥其调节机制的基本前提不能满足时，劳动力市场所出现的种种失业问题。在第 6 章我们又着重讨论了周期性失业(也就是凯恩斯失业)问题。我们在分析了市场脱离瓦尔拉均衡之后所出现的种种非均衡情况，并在此基础上发展了非均衡的微观经济学基础，讨论并界定了非瓦尔拉均衡理论的基本概念。在这些论述的基础上，我们分析了一个非瓦尔拉均衡的宏观经济模型。在这个模型里，我们可以十分清楚地把握古典失业和凯恩斯失业的本质特征，可以充分展示不同的宏观经济政策可能导致的不同的效果。经过第 6 章的理论分析，我们实际上讨论了所有种类的失业及其成因。但是现实经济生活中的情况是错综复杂的，虽然在理论上我们可以明确区分古典失业和凯恩斯失业的本质差异，可以指出它们的形成原因的差别，但是这两种失业在现实中却并不是相互独立的，而是相互影响甚至相互转化的。这就是为什么我们在讨论了古典失业和凯恩斯失业之后，要专门开辟一章来讨论混合失业的问题。所谓混合失业理论就是一方面研究古典失业和凯恩斯失业之间如何相互影响和相互转换问题的，另一方面就是研究失业如何再生失业，即失业的回滞(hysteresis)问题。在本章的第 1 节我们主要讨论古典失业和凯恩斯失业之间的相互关系，在第 2 节再讨论失业回滞现象。

7.1 古典失业和凯恩斯失业的混合

在上一章我们已经看到，当整个经济脱离瓦尔拉均衡状态以后，就劳动力市场的失业来说，主要有两种类型的失业，即古典失业和凯恩斯失业。这种区分在失业理论的发展上具有重要的意义，但是在现实经济当中，人们越来越感觉到这两种失业实际上是共存的。尤其是 20 世纪 80 年代以来的最新研究显示，这两种失业现象不仅并存于一个经济当中，而且它们之间是相互影响和互为转换的，因此这两种失业的边界其实并不是很清晰的。并且现实劳动力市场的很多特征也为这种转换提供了条件。例如，二元劳动力市场的并存和一个经济中受国外竞争部门和不受国外竞争部门的并存都为这两种失业之间的相互作用创造了条件。

现在我们先来看二元劳动力市场的并存与这两类失业之间的相互作用的关系。在第 5 章讨论二元劳动力市场这一节里我们已经看到，第一劳动力市场可以被看作为技能劳动者(劳动素质较高，人力资本投资较多)光顾的市场，就业者在第一劳动力市场获得的岗位需要肩负一定的责任，其工资报酬并不完全按照劳动力市场的供求规律来制定，因此实际上这是一种高于市场出清水平的工资。同样地就企业来讲，这一类劳动者在生产过程当中的效率发挥也难以通过常规的手段进行监督，因此雇主也希望通过高于劳动力市场出清水平的效率工资来激发这部分技能劳动者的劳动效率。同时这部分人一旦就业以后，还有他们的利益代表者——工会保护他们的利益，利用他们已经就业的“内部人控制”阻止企业雇用外部人对他们进行替换的行为。因此，所有这些结果都导致他们的工资水平要高于市场的出清水平，而且这种工资水平一旦确定之后就是固定的。因此，第一劳动力市场上一定存在着相当数量的失业，而这种失业就其本质上来讲，是一种古典失业，上一章所讨论的古典失业的运行机制完全适合于用来分析第一劳动力市场的情况。第二劳动力市场可以被看作为非技能劳动者(劳动素质较低，人力资本投资较少，劳动生产率也较低)光顾的市场，在这一劳动力市场上，工资水平是竞争性确定的，即基本上是根据市场上的供求力量来决定的，并且不是固定的，它随时都可能发生上下波动。但是这一劳动力市场往往会出现凯恩斯式的失业，即由于商品市场的有效需求下降从而导致对这部分劳动者需求的下降。因此，在第二劳动力市场是凯恩斯式的失业占统治地位。

有了上面这些分析之后，我们就可以更加形式化地来讨论混合失业问题。

首先我们假定在短期内企业的设备是不发生变化的，考察期技术水平由一个柯布—道格拉斯式的生产函数表示，这一生产函数意味着技能劳动者 N_1 和非技能劳动者 N_2 在一定程度上是可以相互替代的。因此我们有：

$$Q = AN_1^{\alpha}N_2^{\beta}$$

N_1 和 N_2 分别表示从第一劳动力市场和第二劳动力市场招聘的就业数量。

其次我们假定第一劳动力市场的工资 W_1^* 是一种效率工资，并且是固定的，它高于第二劳动力市场的工资。

企业在第一劳动力市场的劳动需求是根据工资等于其边际劳动生产率的方式来作出的，因此我们有：

$$N_1 = \left[\frac{W_1^*}{\alpha}\right]^{1/\alpha-1} N_2^{-\beta/(\alpha-1)} A^{1/(1-\alpha)}$$

但是，企业在第二劳动力市场的劳动需求是根据其在商品市场的销

售水平来作出的,因此我们有:

$$N_2=\left[\frac{Q}{A}\right]^{1/\beta}N_1^{-\alpha/\beta}$$

把上面两式结合起来,我们获得:

$$N_2=[Q]^{(1-\alpha)/\beta}\left[\frac{W_1^*}{\alpha}\right]^{\alpha/\beta}A^{-1/\beta}$$

如果我们把 L_2 称为第二劳动力市场外生的劳动力人口,那么第二劳动力市场的失业人口就等于:

$$U_2=L_2-N_2$$

从上式我们看到失业与企业的总产出(销售水平)呈反方向关系,企业销售水平的提高,失业减少,反之,失业就增加,这是一种典型的凯恩斯失业的情况。人们可能会惊奇地发现,第二劳动力市场的就业与第一劳动力市场的工资水平 W_1^* 是呈正向关系,这是因为两大劳动力市场之间存在一定的替代关系,当第一劳动力市场的工资 W_1^* 非常高时,企业会通过多雇用一些第二劳动力市场的劳动者去替代他们,当然前提是技术上允许这种替代。

至于第一劳动力市场上的需求,这是一方面根据第一市场的工资水平,另一方面根据 N_2 由产品销售情况决定,它就可以被写成下列形式:

$$N_1=\left[\frac{\alpha}{W_1^*}\right]Q$$

由于上式中的 W_1^* 是一种效率工资水平,而且这种工资水平不随经济总的景气情况的变动而变动,另外 W_1^* 高于市场出清的 W_1^e,因此第一劳动力市场的失业由下式决定:

$$U_1=L_1-N_1$$

由于 $W_1^*>W_1^e$,因此 U_1 就是一种古典失业。

第一劳动力市场和第二劳动力市场对经济的周期性波动的反应是

完全不一样的，当整个宏观经济不景气时，第一劳动力市场的工资还是呈现一种刚性，因此这时的调整主要还是通过数量调整（即就业量缩减）来进行。而在第二劳动力市场，不仅对劳动的需求降低，而工资水平也随之下降。

上面我们通过二元劳动力市场对古典失业和凯恩斯失业相互影响的机制作了些分析，当然两大失业相互影响的过程不仅仅通过二元劳动力市场的形式，现实生活中还有许多其他的渠道。下面我们来看一下在一个涉外经济中，两大种类失业是如何通过对内对外两个部门而发生相互影响的。

在全球经济越来越朝着一体化方向发展的情况下，无论是大国，还是小国，经济运行对整个世界经济的依赖度越来越高，每个国家的经济都可以被划分为两大部门：涉外部门和非涉外部门，前者受到国际竞争的挑战，其价格的决定受国际竞争价格的影响，后者则不受国际竞争的影响。非涉外部门内各类成本（包括工资成本）的提高可以较为容易地通过产品价格的提高转嫁出去，工资成本的控制就不怎么困难。一批法国经济学家（P.Artus. S.Avouyi 和 J.P.Lafargue，1987，1990，1991）的经验研究也显示，在受到国际激烈竞争的制造业部门，古典失业占统治地位，而在不受国际竞争的其他部门，主要是凯恩斯式的失业占统治地位，也就是说主要是国内有效需求的不足导致了劳动资源的低利用。麦克唐纳和索洛也在他们 1985 年的论文中提到，在美国耐用消费品制造业是典型的受国际竞争的部门，而个体服务业是不受国际竞争的部门。但是我们接下去要研究的问题是：在一个开放经济里，这两种失业情况是相互联系和相互转化的吗？

最近几十年来，经济学家倾向于把一个开放经济划分为下列两大部门：产品可以在国际市场进行交换的部门和产品不可以在国际市场上进行交换的部门，后者的产品主要提供给国内市场。尤其是在小国模型里，这种区分就特别重要和有意义。因为对于涉外部门来讲，它实际上是世界市场上价格的接受者。弗里奇（H.Frisch，1984）曾经研究过通货膨胀如何通过小国中的涉外部门的价格变动而影响到整个经济，即通货膨胀在小国模型中不同部门的传导问题。因此，世界市场的价格水平和涉外部门的劳动生产率共同决定了该部门的工资上涨率，由于在部门之间存在着工资的攀比机制，最终非涉外部门的名义工资也会随涉外部门的变化而变化。非涉外部门工资的变化除了反映其劳动生产率变化之外，其余的部分就需要通过产品和服务价格的变化来转嫁，因此国内的总的通货膨胀一方面受国际通货膨胀的影响，另一方面也受国内两大部门劳动生产率变化的影响。

在我们前面的分析中，非涉外部门处于一种被动的状态，这一部门的名义工资由劳动力市场的供求所决定的，是一种内生变量。但是如果我们放弃这一假定，那么上述的小国模型就可能成为我们分析开放经济条件两种机制的失业现象并存的有效工具。假定在非涉外部门劳动者对其工资上涨具有一定谈判能力，但是由于该部门不受国际市场竞争的影响，企业雇主可以比较容易地把工资上涨转嫁到产品或服务的价格上去，而实际的劳动成本并没有提高。如果我们进一步假定，名义工资的上涨会传导到其他部门，如涉外部门，但是，在涉外部门工资成本的上升不能被转嫁到产品或服务的价格上，因为这样做的后果是涉外部门的国际竞争力下降，进而是市场份额的下降。因此，我们可以得出：非涉外部门的工资上涨会导致涉外部门的古典失业增加（由于工资太高，涉外部门的企业不愿意招聘工人），但是涉外部门的古典失业使这一部门的生产下降，最后导致收入下降。涉外部门收入的下降，就会影响到非涉外部门的需求（如对服务业的需求），这样在非涉外部门就出现了凯恩斯式的有效需求不足的失业。在这里我们又一次看到古典失业和凯恩斯失业通过涉外和非涉外两部门的作用相互影响和转换的情况。

为了更形式化地描述上面这种现象，我们假定涉外部门的生产函数为 $F[e(W_1)N_1]$，非涉外部门的生产函数为：$G[e(W_2)N_2]$，这两大部门的就业数量就由下式给出：

$$N = \frac{F'^{-1}[1/e'(W_1)]}{e(W_1)} + \frac{G^{-1}[Q_2]}{e(W_2)}$$

上述方程的等号右边的第一项表示涉外部门的劳动力需求由劳动的边际生产率与其效率工资水平相等的条件给出，上述方程右边的第二个式子表示非涉外部门的劳动需求由凯恩斯所描述的有效需求的机制来决定。根据上式，混合失业现象就非常明显了：涉外部门由于工资太高，出现了古典失业，劳动力利用是不足的，涉外部门的劳动就业不足，势必影响对非涉外部门产品 Q_2 的需求，Q_2 的需求不足就直接导致了非涉外部门的就业不足（即上述方程等号右边第二项的减少）。这就构成一种混合失业。因此，在这一种混合失业里，更为关键的环节是涉外部门，或者因为劳动生产率太低，或者因为劳动工资太高，影响该部门产品的竞争力，因此在这样一个两部门失业的经济里，如何提高涉外部门的劳动生产率是至关重要的，只有涉外部门的劳动生产率提高了，该部门的古典失业现象才会消失，该部门的收入水平才能充分地提高，从而就有可能对非涉外部门形成足够的有效需求，减少该部门凯恩斯式的失业现象。

上面我们分析了两种情况下古典失业和凯恩斯失业之间的关系。第一种情况是把劳动力市场分为两类，第一类劳动力市场为技能劳动者市场，第二类为非技能劳动者市场。在第一类劳动力市场我们发现古典失业存在的机制，在第二类劳动力市场我们发现凯恩斯失业存在的机制。第二种情况是把一个经济的生产部门分成涉外生产部门和非涉外生产部门，涉外生产部门存在古典失业的可能性，非涉外部门存在凯恩斯失业的可能性。现在我们把两种情况结合起来，我们就可以获得表7.1所描述的不同的非均衡情况：

表 7.1　非均衡：失业的性质

部门/市场（劳动）	第一劳动力市场	第二劳动力市场
涉外部门	纯古典失业	混合失业
非涉外部门	混合失业	纯凯恩斯失业

从表 7.1 中我们发现，第一劳动力市场提供给涉外部门的劳动者有可能成为纯古典失业者，即因为实际工资太高导致的失业，第一劳动力市场提供给非涉外部门的劳动者有可能成为古典失业者，也有可能成为凯恩斯失业者，也可能因为两种兼而有之的原因而导致失业。第二劳动力市场提供给涉外部门的劳动者也可能成为混合的失业者，但是第二劳动力市场提供给非涉外部门的劳动者，如果他成为失业者，那他一定是凯恩斯式的失业者，即因为有效需求不足而导致的失业。

古典失业和凯恩斯失业相互联系还需要考虑时间因素，即短期与长期的问题。在短期中，古典失业倾向于转化为凯恩斯失业。我们在上一章看到，在古典失业状态，商品市场处于需求大于供给的超额需求状态，劳动力市场处于供给大于需求的超额供给状态。商品市场的超额需求经过一定时期有可能使商品市场的价格上升，商品市场的价格上升就会使实际工资下降，实际工资下降就可能带来两方面的效应：一方面它使古典失业人数下降，但是另一方面，如果劳动需求对实际工资下降的弹性小于 1 的话，我们就可以发现实际工资下降会使总体工资收入下降。因为实际工资下降使就业增长，从而收入增加，但由于劳动需求弹性小于 1，实际工资下降使总工资收入有所减少，因此就会出现实际工资下降所引起的古典失业的减少和有效需求下降所导致的凯恩斯失业的增加并存的现象。这时，古典失业是减少了，但是凯恩斯失业却发展了，因此，我们可以说，古典失业转化为凯恩斯失业了。

关于这一点我们可以用更精确的数学方式来表达。我们用 n 表示某一部门实际就业量的对数，n^* 为该部门意愿的就业数量的对数，λ 表示当实际就业量与意愿就业量相左时的就业量调整速度，用 w 表示实际工资的对数，μ 表示意愿就业量对实际工资变化的需求弹性，这样我们就可以获得下式：

$$n_t = \lambda n_t^* + (1-\lambda) n_{t-1} \quad (0 < \lambda < 1)$$

$$\mu = \frac{\partial n_t^*}{\partial w_t} \quad (\mu < 0)$$

在短期内只要 λ 小于 1，就业量的调整就不可能一步到位，因此实际工资变动所引起的就业量变动就可以被表述为：

$$\frac{\partial n_t}{\partial w_t} = \frac{\partial n_t}{\partial n_t^*} \cdot \frac{\partial n_t^*}{\partial w_t} = \lambda\mu \quad (\lambda\mu < 0)$$

现在我们再来看该部门总体实际工资额的变动情况，如果我们用 $\frac{\partial m_t}{\partial t}$ 表示总体工资额的变动，那么我们有：

$$\frac{\partial m_t}{\partial t} = \frac{\partial w_t}{\partial t} + \frac{\partial n_t}{\partial t} = \frac{\partial w_t}{\partial t}(1 + \lambda\mu)$$

从上式我们可以得出，如果 $|\lambda\mu|$ 小于 1，那么 $\frac{\partial w_t}{\partial t} < 0$ 的情况（即实际工资下降的情况）虽然可能导致就业量的增加，但是其后果一定是总体实际工资额的下降，即 $\frac{\partial m_t}{\partial t} < 0$。这样我们就通过数学方式证明了古典失业向凯恩斯失业过渡的机制所在。

上面我们考察的是封闭经济的情况。在一个开放经济里，当某个部门出现古典失业情况（商品市场的超额需求和劳动力市场的失业的并存）时，进口可以减轻商品的超额需求状态（即可以放松需求配额），因此商品价格上涨的压力就要比封闭情况下缓和得多。因此剩下的唯一压力是如何使工资水平下降（体现了某种菲里浦斯曲线所描述的替代关系）。如果这种压力相当地大，前面封闭经济中所推导出来的结果在这里也同样存在：古典失业可能转化为有效需求不足的凯恩斯失业，条件是劳动需求对实际工资变化的弹性系数小于 1。

上面这两种情况（封闭经济和开放经济）都是在一个短期的时间范围里考虑问题，从长期来讲，古典失业与凯恩斯失业又有什么相互的联系呢？就长期来讲，首先要考虑到失业对投资的影响。投资是一项受总需求影响最明显的变量，当全社会出现大规模的失业时，投资就会受到很大的负面影响。在这种情况下，古典失业和凯恩斯失业就处于一种恶性的循环之中，每一种失业都对另一种失业的进一步发展产生影响。凯恩斯失业首先影响其本部门的投资活动,投资活动的下降就会导致劳动生产率的难以提高,如果工资成本又不易降下来,凯恩斯失业就会导致古典失业。这一论点已经被一些经济学家(如 M. Bruno 和 J. Sachs, 1985)对经合组织国家所作的经验研究所证实。他们的研究报告显示,失业在长期就会对劳动生产率的提高产生负面的影响。在长期,不仅因为固定资本投资的缓慢影响了劳动生产率的提高,而且资本与劳动在不同部门之间转移的困难也会导致劳动生产率提高的缓慢。由于劳动生产率提高缓慢而产生的古典失业,在长期又通过总体工资收入的下降而导致凯恩斯失业的增加。由此可见,在长期通过投资活动这一宏观经济中的关键变量,古典失业和凯恩斯失业之间也是可以相互转化和相互影响的。

7.2 失业回滞

在上一节我们讨论了混合失业的问题,即一个经济中古典失业和凯恩斯失业是如何分布的?它们之间又是通过什么样的机制相互转换的?在这一节我们就要研究失业的回滞机制,即失业如何再生失业的问题。

前面我们在第 3 章已经提到,所谓失业回滞现象就是近年来由于失业率的居高不下,自然失业率有上升的趋势,这就使我们警觉到,失业率本身是否存在一种自相关的内在机制:实际失业率长期高于自然失业率,从而使自然失业率趋于上升?对失业回滞现象的系统考察,主要归功于克罗斯(R. Cross: *Umemployment Hysteresis and the Naturel Rate Hypothesis*, Basil Blackwell, 1988)。回滞最初是一种物理学概念,回滞理论的最早发明者是一位物理学家(J. Ewing),把这一概念应用到经济现象中的失业现象则是菲尔浦斯(E.S. Phelps, 1972)和哈格里夫斯·希普(S.P. Hargreaves Heap, 1980)。失业回滞的本质在于,失业不仅取决于当前各种产生失业的因素,而且也取决于失业过去的发展程度。因此自然失业率不仅取决于当前市场的结构性特征和非完善性特征，还取决于过去实际失业率的演变过程。

20多年以来，许多经济学家都在研究实际失业率和自然失业率之间的关系，包括著名的菲里浦斯曲线也是如此。但是传统理论一般都认为自然失业率是在给定的劳动力市场的结构性特征和信息非完善情况下供求处于均衡状态时的失业率，而实际失业率则是由一系列周期性或其他因素所引起的失业，经过一段时期市场力量的调节，实际失业率会自动回复到自然失业率的水平。按照理性预期学派的说法，在短期实际失业率有可能高于或低于自然失业率，这是因为人们的预期不正确所致。但是经过一段足够长的时间以后，人们的预期经过相互调整和适应，实际失业率就向自然失业率靠近。因此传统理论由以下三个关键的命题所构成：(1)在短期内处于一种均衡水平的自然失业率本身是一个不变的数值；(2)均衡值具有唯一性；(3)如果实际失业率受到各种干扰背离了均衡值，市场力量能够使实际失业率向均衡的自然失业率回复。

但是，我们现在所讨论的失业回滞理论对上述传统理论的基本要点提出了挑战：(1)由于自然失业率受前期失业率变化的影响，因此自然失业率不是一个不变的数值，而是可以变化的；(2)均衡值不是唯一的，而是多种的；(3)均衡值是不稳定的，当实际失业率上升时，均衡的自然失业率数值倾向于向上一期的实际失业率靠拢。总而言之，根据失业回滞理论，自然失业率受过去的实际失业率的影响，因此失业率的演变不仅具有其某种惯性，而且具有其某种不可逆转性。如果我们用 U^* 表示自然失业率，U 表示实际失业率，那么根据失业回滞理论我们就可以把自然率和实际率之间关系用下式来表示：

$$U_t^* = \eta U_{t-1} + \mu Z_t, \ 0 < \eta \leqslant 1$$

其中 Z 表示决定均衡状态时自然率的其他宏观经济因素。根据布兰查德和萨默斯(O.J.Blanchard and L.Summers, 1988)的研究，观察到的失业率对其过去失业水平的依赖程度很大，因此系数 η 等于1。在这种情况下，失业率系列中就有一个唯一的根(A.Jaeger and M.Parkinson，1990)。

那么我们接下去要分析，自然失业率与过去的实际失业率是通过什么机制联系在一起的呢？

前面我们已经提到，菲尔浦斯是第一个把回滞理论应用到失业现象研究中的，他认为主要有以下两个原因致使自然失业率和过去的实际失业率相联系：

第一，工会制度的存在使得这种联系有可能。当工会力量在劳动雇用关系中有重要的一席之地的时候，企业想通过降低工资来多雇用失业者的行为将受到工会力量的抵制，因为工会是保护就业者的。只有当经济增加较快的情况下，由于劳动力的短缺，不受工会保护的劳动者才有可能就业，后者一旦就业之后，就要保护这个就业水平，这样工资上涨的压力就会大大减轻，同样工会成员与非工会成员的收入差异也将缩小。因此，根据这一逻辑，当实际失业率下降以后，自然失业率也会随之下降。反之，当实际失业率提高以后，自然失业率也会提高。

第二，另外一个重要的原因是“干中学”(learning by doing)机制。当实际失业率较低时，工人在就业时可以通过“干中学”积累劳动技能和知识，另外还有许多在职培训机会，使全体就业人员的劳动素质和劳动生产率提高，而这些因素都能促使结构性失业和摩擦性失业的减少，从而使自然失业率降低。反之，如果实际失业率很高，许多人处于一种长期失业状态，他们就会慢慢地失去劳动技能和各方面知识，久而久之，劳动力素质大大降低，重新就业将十分困难。因此企业雇主往往不愿雇用一个经历了长期失业的劳动者。从这个角度看，较高的实际失业率一定会导致一个较高的自然失业率。

最近的一些失业回滞理论从一些更新的角度考察和分析失业回滞现象，概括起来有以下几种情况：(1)从人力资本的折旧角度进行考察；(2)从内部人—外部人角度进行考察；(3)从投资活动下降的角度进行考察。

从人力资本折旧角度的分析实际上与上述“干中学”的分析是一致

的，失业者处于失业状态，随着时间的推移，其人力资本是要折旧的，长期失业就可能使其丧失职业才能，不可能再就业。对企业的雇主来讲，当他面对应聘者时，他无法了解就职者实际的劳动生产率，因此根据失业越久，人力资本折旧越多的思考，雇主倾向于聘用没有经历过长期失业的劳动者。这样一种机制的存在，使得较高实际失业率再生出一个较高的自然失业率。

从内部人—外部人模型来看，内部人处于工资谈判中的有利的一方，如同我们在内部人和外部人模型中所看到的，雇主要解雇内部人是一件需要花费成本的事情，如支付解雇成本（赔偿费用、安置费用等等），同时要雇用外部人来替代内部人还要花费各种雇用成本，如寻找、会面、选择等费用。人选确定以后还有职业培训成本。只有通过这些成本的支出，外部人才能达到与内部人同样的劳动生产率水平。内部人正是借助于其已经就业的有利地位，又通过工会的力量把工资水平抬高到企业不可能再雇用外部人的位置。由此可见，实际失业率越高，失业的外部人就越多，他们要获得再就业的机会就越困难。因为存在内部人控制的情况，工资水平已不可能随失业人数的增加而下降。因此，内部人控制越强，外部人再就业就越困难。通过这个机制，较高实际失业率也会导致较高的自然失业率。

第三方面的解释是通过投资活动的下降来作出的。哈格里夫斯·希普认为，由于在失业率比较高的时期，利润率很低，企业的投资活动就下降，投资活动的下降，进一步导致失业的增加。这时即使工资水平有相当幅度的下降也难以使失业率下降。因此通过投资这个环节我们也能解释失业回滞现象的存在。

上面我们对失业回滞的原因（或者传导机制）作了分析，那么下面我们就要对失业回滞作一更加形式化（或者说数学化）的描述。

根据前面的分析，如果自然失业率依赖于实际失业率的系数等于1，我们就可以把自然失业率与实际失业率的关系写成：

$$U_t^* = U_{t-1} + \mu Z$$

上式表明，当系数 η 等于 1 时，自然失业率完全依赖于过去的实际失业率。但是，如果自然失业率是不变的，并且系数 η 小于 1，自然失业率就由下式决定：

$$\overline{U}^{*}=\frac{\mu\overline{Z}}{1-\eta}$$

但是，根据上式的假定，如果 $\eta=1$，那么这样的一种自然失业率就根本不存在，因为当 $\eta=1$ 时，上式就不存在，$\overline{U}^{*}$ 的数值根本不存在。因此，另外一种失业回滞的表述法是把失业划分成两部分：自然失业率和周期性失业率，这样我们就有：

$$U_{t}=U_{t}^{*}+U_{t}^{c}$$

周期性失业率 U_{t}^{c} 遵循某种自回归的过程：

$$U_{t}^{c}=\sum_{i=1}^{t}a_{i}U_{t-i}^{c}+\varepsilon_{i}^{c}$$

这里 ε_{i}^{c} 是表示经济系统所经受的各种冲击而引起的期望均值为零的随机误差。在失业回滞的情况下，自然失业率是过去冲击（ε_{t-1}^{c}，$\varepsilon_{t-2}^{c}\cdots$）的函数：

$$U_{t}^{*}=U_{t-1}^{*}+\varepsilon_{t}^{*}+\gamma\varepsilon_{t-1}^{c}$$

这里 ε_{t}^{*} 与 ε_{t}^{c} 不相关误差项，系数 γ 衡量自然失业率对所观察到的周期性冲击因素的敏感程度。如果我们考察无限期的情况，并把周期性的波动和冲击转化成一系列可持续存在的现象，那么我们就有：

$$U_{t}^{*}=\sum_{i=1}^{t}\varepsilon_{t-i}^{*}+r\sum_{j=1}^{t}\varepsilon_{t-j}^{c}$$

一个反映更为复杂的回滞机制的公式由克罗斯在 1987 年的文章中给出：

$$U_{t}^{*}=U_{R}+\alpha(U_{t}-U_{t-1})+\beta[\sum_{i=1}^{t}(U_{t-i}-U_{R})]\quad\alpha,\beta>0$$

这里 U_{R} 表示自然失业率 U^{*} 中由真实因素（real factors）所决定的失

业率，也就是说，U_R 是不受过去失业情况影响的自然失业率，但令人遗憾的是，这样的 U_R 是很难确定的。

失业回滞理论在实践中具有重要的意义。首先是该理论为菲里浦斯曲线所描述的通货膨胀和失业之间的替代关系提供了新的解释。在原来的货币主义学派和理性预期学派那里，虽然他们承认短期内通胀和失业之间存在某种替代关系，如高通胀率与低失业率相联系，但是他们认为这种低失业率是因为就业者没有充分预期到通货膨胀率，以为目前的实际工资率已经提高，因此纷纷愿意就业，但是当他们经过一段时期以后，充分预期到通胀对实际工资的侵蚀，失业又回到原来的自然率水平。因此，在长期，自然失业率是难以通过凯恩斯的宏观经济扩张政策来消除的。现在的失业回滞理论就给通胀与失业之间的替代关系带来了新的政策含义。既然自然失业率在这里不是一个唯一的稳定的数值，而是根据过去的实际失业率的变化而发生变化的，那么我们就可以通过凯恩斯的宏观经济扩张政策使实际失业率降到自然失业率以下，这样该经济在第二个时期的自然失业率就有可能下降，同时宏观经济扩张政策所带来的高通货膨胀率也能慢慢回落下去。因此，从这个角度看，失业回滞理论似乎给凯恩斯宏观经济政策提供了某种新的辩护词。但仔细思考一下，失业回滞理论也未必就主张实施凯恩斯的宏观经济的扩张性政策，关键还是要看失业回滞现象的真正原因何在。

例如，当失业回滞的原因是因为人力资本在失业中的折旧问题时，凯恩斯宏观扩张政策对消除失业并不是太有效。相反，如果失业回滞的主要机制是内部人对工资水平的控制，那么凯恩斯的宏观政策从以下角度看可能是有效的，即宏观的扩张政策在劳动力市场产生需求的扩张，并且使得企业雇用外部人，这样数量众多的外部人一旦进入就业队伍以后，就可能减缓内部人对工资的控制能力。但是，反过来说，如果凯恩斯的宏观经济政策不足以产生如此大的影响，那么，内部人控制还是有效的，这样的宏观政策对减少自然失业率就不会有太大的效果。因此，失业回滞理论告诉我们，除了采用凯恩斯的宏观经济政策之外，我们应该全方位地启动所有的政策措施，尤其是采用能降低自然失业率的政策，如使劳动力市场的运行功能更为健康，消除工资刚性，消除内部人控制现象，对失业者加强培训，提高他们的人力资本投入，努力减少长期失业人员，等等。因此，失业回滞理论给我们提出了许多新的治理失业的思路。

总之，失业回滞理论发展了现有的失业理论，解释了最近20多年来西方国家自然失业率有所上升和长期失业人口有所增加这一趋势，该理论表明自然失业率与周期性失业之间的界限实际上是不明确的，因此我们需要一套全新的失业理论和失业治理政策来对付现实生活中越来越复杂的失业现象。对此，我们将在下一篇再作详细的分析。

第三篇

失业治理及其政策

在本书的第一篇我们讨论了失业的一般问题，首先是讨论了失业的概念及其界定问题，其次是讨论了失业的统计指标问题，再次是讨论了失业的构成及其发展问题，最后我们对失业理论的总体发展情况作了一个简单的概述。接着在本书的第2篇我们深入讨论了各种失业理论和模型，使我们对失业的成因有了进一步认识。概括起来，造成失业的无非是这么几方面的原因：一是劳动供给相对于劳动需求来讲发展太快，同时劳动力人口的质量及其结构不适应经济发展的需要；二是劳动力市场的运行发生了功能障碍，表现在劳动力市场没有有效地传达劳动供求信息以及劳动力质量的信息，也表现在工资这一劳动力市场价格由于种种原因起不到调节供求的功能，等等；三是宏观经济活动水平太低，无法吸收因技术进步而节约下来的劳动力和新增长的劳动力。上面两篇内容的讨论，就其目的来讲是为了这一篇失业治理及其政策服务的。我们讨论失业，不仅是为讨论而讨论，而是为了治理失业和制定各类政策提供理论依据。

关于失业的治理，我们大致上可以分为两大类：主动的失业治理政策和被动的失业治理政策。主动的失业治理政策是建立在前面对失业成因的理论分析基础上的：既然失业是由于上述这些原因所造成的，那么我们就可以通过对劳动力人口的有效管理、劳动时间的重新分配、职业的培训、提供就业的信息服务、修复劳动力市场的调节功能、提高宏观经济的活动水平等手段来促进就业的增长，抑制失业人数的扩大。被动的失业治理是建立在这样信念上：在市场经济的条件下，要彻底消除失业现象是不可能的，并且一个社会的就业机会是既定的，难以改变的。既然消除失业现象是不可能的，甚至要缩减失业人数也是困难的，那么，我们更迫切地应该实施被动的失业治理政策：对失业者进行救济，也就是说建立起一套完善的失业保障体系，使失业者能维持基本的生活水准，达到社会公平的目的。当然，更多的人认为主动的失业治理和被动的失业治理是失业治理中任何一方都不可忽视的重要措施，至于这两个当中哪一个应该被置于更重要的地位，取决于主动政策和被动政策的成本收益分析。这两种治理政策都需要投入一定的成本，都能带来相应的收益。根据成本与收益分析，我们大致可以均衡这两种失业治理措施的相对地位。下面我们将在第8章讨论主动的失业治理措施，然后在第9章再讨论被动的失业治理措施——即失业的社会保障问题。最后在第10章我们根据中国目前的失业情况，讨论中国应该如何实施主动的失业治理政策和被动的失业治理政策。

8

主动的失业治理政策

前面我们已经提到，主动的失业治理政策可以从三方面展开，一是从劳动力的供给角度做文章，如何使劳动力的供给在总体数量上、结构上、质量上符合对劳动力的需求；二是如何修复劳动力市场的调节功能，对劳动供求进行调节；三是如何提高宏观经济的活动水平，增加某一经济对劳动的总需求。下面我们就从这三个方面分别讨论主动的失业治理政策。

8.1 从劳动力供给角度看的失业治理政策

从劳动力供给角度出发思考失业的治理问题，首先我们面临两个问题。第一个是劳动力供给的数量控制，任何形式的失业首先表现为劳动力供给总量大于劳动力的需求总量，因此失业治理的首要问题也就是如何控制劳动力的供给规模，使其与劳动力需求大致相对应。其次我们碰到的是劳动力的结构与质量与劳动力需求不相称的问题，所以失业治理的第二个问题是如何改变劳动力的供给结构，提高劳动力的质量，使之与劳动力需求相适应。

8.1-1　控制和减少劳动力的供给

当一个经济面临失业率不断上升，失业人数不断增加的情况下，对失业的治理问题首先就是如何减少劳动供给的问题。为了达到控制和减少劳动力供给的目的，我们有哪些措施可以采取呢？首先我们可以采取延长每个劳动者的受教育年限，这一措施可以带来几方面的效应：一是可以推迟年轻人进入劳动力市场的年龄，起到直接缓解失业的功能；二是可以提高每个劳动者的素质，降低结构性失业的可能性；三是可以提高一个国家的竞争能力，现代经济中国与国之间的竞争，主要是人力资本的竞争，哪个国家拥有较高的人力资本，哪个国家就可以在世界市场上保有一份较大的市场份额，那里的失业问题就可能缓解一些。法国教育部自 1986 年以来就曾经设法延长教育年限，或者增加年轻人正式就业前的实习时间，最后达到推迟年轻人正式进入劳动力市场的年龄。

其次，我们可以采取提前退休的措施，使一部分劳动者尤其是从事重体力活的劳动者提前退出劳动年龄人口，空出岗位以吸收失业者就业。我们可以通过制定法律，降低退休年龄来达到这一目的。

最后，在一个人口基数比较大的国家，如何控制人口的增长也成为治理失业的一项战略性措施。

8.1-2　用各种方式帮助那些容易受失业威胁的劳动者

我们在第一篇失业的构成一节里已经提到，失业的风险对所有劳动者来讲，其分布是不均匀的，一个社会中总有那么一些人群，他们特别容易受到失业的侵袭，例如，初次就业者、妇女就业者、劳动生产率较低的就业者以及有过长期失业经历的就业者，等等。对于这部分人，失业治理就要采取特殊的措施，给予特殊的帮助，使他们能融入到劳动力队伍中来。

为了使这些特殊的就业者能够被企业所接受，实际上面临着两方面的问题。一方面的问题是如何降低这部分人的工资，或者当这部分劳动者统一享受平均工资的情况下，如何给招聘他们的企业给予适当的优惠，如免税、补贴或其他措施使得企业在他们的劳动生产率比其他人低的情况下也乐于招聘他们。第二方面的问题是设法提高他们的劳动生产率，尤其是对于年轻人，当他们的劳动生产率还没有达到正常水平时，企业可以用学徒和实习者的形式雇用他们，这期间的就业有一部分时间是用来培训，法国 1975 年对 16—25 岁的劳动者规定要签订“就业—培训”合同，并且对于这种培训国家有一定的财政补贴，1984 年起该项规定就成为一项制度，在年轻人融入劳动者队伍方面起了很大的作用。其次，长期失业者也是需要特殊照顾的一群人。各个国家对此都有一些措施。澳大利亚在就业服务机构中设置“特殊服务中心”专门为失业半年或一年以上的人，年龄 45 岁以上难以找到工作的人，文化技术素质较低的人和残疾人提供专项服务，对他们进行不同的培训，并进行职业指导把他们积极推向劳动力市场。

8.1-3 职业培训

职业培训与上一段讨论的如何提高一部分特殊劳动者的劳动生产率的问题是差不多的，但这里的职业培训的意义比单纯提高劳动生产率要广泛一些。事实上在现代经济生活中，各种职业的专用性不断提高，各种职业专有技能的要求越来越高，因此职业培训不仅对需要岗位转移的失业者是重要的，而且对已经就业者来讲也是重要的，职业培训是伴随终身的，否则就业者会面临失业的危险。当然我们这里讨论的职业培训主要是针对失业者来说的。职业培训的目的，一是为了提高劳动者的素质，二是为了失业者转岗的需要，使劳动力供给不仅在质量上，而且在结构上都符合劳动力需求方的要求。因此，从理论上讲，职业培训对消除前面分析的结构性失业从而降低自然失业率就具有特别重要的意义。

正因为职业培训在治理失业当中具有重要的意义，因此许多国家都是通过政府的财政补贴以及向企业征收一部分税收来进行职业培训，职业培训在整个主动就业政策开支中占有相当重要的份额。在法国就业政策(包括主动与被动)的总费用占 GDP 的份额 1973 年为 0.9%，1991 年上升到 3.49%(见表 8.1)。其中职业培训占就业政策总费用的份额 1973 年为 56.2%，1991 年为 30.5%。绝对金额上升很多，但相对份额有所下降，这是因为被动政策的失业救济金总额不断膨胀的缘故。转轨经济国家在这方面的支出更加明显，所有转轨经济国家就业政策的费用占 GDP 的份额都在不断增长，其中匈牙利和波兰已几乎接近西方国家的水平(见表 8.2)。

表 8.1　法国失业治理政策费用的构成(%)

	1973 年		1991 年	
1. 被动政策	34.1		56.6	
其中：失业保障金支付		18.6		42.8
提前退休补助		15.5		13.8
2. 主动政策	63.3		41.5	
其中：维持就业岗位		1.4		1.5
鼓励就业		4.9		7.7
刺激经济活动		0.8		1.8
职业培训		56.2		30.5
3. 治理劳动力市场	2.6			
占 GDP 的份额	0.9		3.49	

资料来源：*Le chômage*, La Decouverte, 1994。

表 8.2　就业政策费用占 GDP 份额(%)

年份	保加利亚	捷克斯洛伐克	匈牙利	波兰	罗马尼亚
1990	—	—	0.4	0.6	—
1991	0.6	0.6	1.7	1.6	0.3
1992	−0.9	0.9	3.0	2.0	0.8

资料来源：*Employment Observatory Central & Eastern Europe*, 1993。

其中职业培训的费用占总就业政策费用的份额也趋于上升(见表8.3)。

表8.3 职业培训费用占总就业政策费用的份额(%)

年份	捷克斯洛伐克	匈牙利	波兰	罗马尼亚
1991	6.9	17.8	58.7	5.2
1992	7.0	22.3	69.2	3.8

资料来源:同表8.2。

这些国家中波兰在职业培训方面的开支最多,已超过上面提到的法国,且1991年到1992年的上升幅度也最大。

8.1-4 重新安排劳动时间或缩短劳动时间

人类社会的进步,主要体现为劳动生产率的大幅度提高。随着劳动生产率的提高,一方面给人类带来日益丰富的物质产品和服务产品,另一方面使人们的劳动条件大为改善,劳动时间不断缩短。但是前面我们已经提到,市场经济这一资源配置方式结果却是选择一部分人就业,另一部分失业的形式。因此从这个角度看,如何重新安排劳动时间,使劳动时间逐渐地有所缩短,将有助于失业问题的解决。我们知道,20世纪60—70年代以来,随着劳动生产率的提高,人们在缩短劳动时间方面已经取得了显著的成果,其中最重要的就是将每周的工作日由6天缩短为5天,我们国家进入20世纪90年代也终于做到了这一点。这一政策对治理失业的意义应该说是十分重要的。因为,一方面缩短工作日可以使生产部门吸纳更多的劳动力,另一方面周末双休日可以大大增加劳动者的休假时间,增加对旅游等第三产业消费的需求,促进第三产业对劳动力的吸纳。但是在西方发达国家,进入20世纪80年代以来,缩减每天8小时工作制成了新的话题,很多经济学家认为,如能缩减每天8小时工作制,就有可能进一步扩大就业容量。这一理论的分析基础可由下列数学式子给出:

$$y_t = q_t h_t N_t$$

其中 y_t 代表总产出(GDP),q_t 代表劳动的小时生产率,h_t 是每天工作时间,N_t 是就业人数。如果我们假定 GDP 在短期内是既定不变的,劳动的小时生产率也是既定不变的。那么就业人数的增加就与每天工作时间的缩短有关:

$$\frac{\mathrm{d}N_t}{N_t} = -\frac{\mathrm{d}h_t}{h_t}$$

上式意味着每天工作时数缩减 $x\%$,就业人数就可以增长 $x\%$。根据这一式子,如果从一周角度来看,从每周 40 小时缩减为 39 小时。那么劳动时间缩减了 2.5%,如果现有就业人数为 1 亿,就有可能使就业人数增长 250 万。当然实际情况中,劳动时间缩短很难达到这样理想的效果,这是因为:第一,劳动时间的缩短所带来的增人要求往往被劳动生产率的提高所弥补;第二,在许多场合,劳动时间的缩短与生产能力的下降同步;第三,缩短劳动时间但又不减少工资的话,会给企业增加劳动成本,降低企业的竞争能力。尤其当这一现象涉及涉外企业时,外贸的下降将进一步恶化就业状态。因此,在实际操作中这一理论的效果并不好。1987 年以来,德国、瑞典曾经在这方面作过尝试,但人们却发现相反的现象,即劳动时间缩短,失业率反而上升。这一现象的出现,可能要归咎于上面提到的生产的下降和劳动成本的上升。因此为了避免这种情况的出现,有人建议缩短每一班的劳动时间而同时增加每日班次,例如原来是每天三班制,每班 8 小时,我们是否可以设每日四班制,每班 6 小时,这样做的结果是,就业量扩大了,生产能力没有缩减,机器设备可以得到很好的利用,劳动成本也不会增加,避免劳动时间缩短以后所出现的生产下降和成本上升所带来的古典失业的增加。

8.2 劳动力市场的修复

从第 2 篇理论部分的分析中我们已经看到,失业的出现在很大程度上是因为劳动力市场的调节功能出现了问题，因此如何修复劳动力市场的调节能力就成了治理失业的一个重要的措施。如何修复劳动力市场的调节功能，就要从一个经济体系当中劳动力市场按纯粹的市场机制运行的规则来看，被破坏到什么程度，或者说不完善到什么程度。从纯粹的市场机制运行规则来看，一个市场机制的充分运行首先必须具备以下的一些条件：(1)价格是可以充分运行的，当供求出现差额时，价格能够迅速上下变动，从而消除供求不平衡现象；(2)企业可以根据劳动力市场工资的上下波动和生产当中劳动发挥效率的情况随意地确定其劳动需求量等等。如果这些条件是不具备的，就要创造条件，使这些条件得以满足。当然现实生活中，劳动是一种特殊的商品，工资的制定远远要比普通商品的价格制定过程来得复杂和艰难，要使劳动力市场与其他商品市场完全一样地运行是不可能的，也是做不到的，但是尽量使它与其他商品市场靠近是可能的，也是可以做到的。总起来说，修复劳动力市场的调节功能，其实质就是让劳动力市场起作用的供求和价格，尽量能够灵活地变动，而不至于僵化。虽然我们在上一节已经讨论劳动时间可变的问题，但从本质上讲，劳动时间的变化和就业人数变化也是劳动力市场调节的内容。因此下面我们将分别从供求的灵敏变动角度和工资的灵敏变动角度来讨论劳动力市场的修复问题。

8.2-1 劳动使用数量的易变性

从劳动力市场的调节角度看，为了保证企业的竞争能力，一个完善的劳动力市场就是要给企业充分的合理利用劳动力的权力，也就是说，使企业从市场雇用的劳动力的数量正好符合生产中的需要。要做到这一点，对企业来讲，它能够灵活运用以下四个改变其劳动力数量的办法。

(1) 轻易地改变外在的就业数量；

(2) 轻易地改变内在的就业数量；

(3) 就业功能的变化；

(4) 劳动利用的外在化(externalization)。

所谓轻易地改变外在的就业数量，就是指企业可以随时随地解聘、终止劳动合同，当然另一方面也可以方便地从劳动力市场补充他所需要的劳动力；所谓轻易地改变内在的就业数量是指企业可以随意改变劳动时间的长度；所谓就业功能变化是指企业可以随意地转移使用其劳动力；所谓劳动力利用的外在化是指企业可以把生产任务承包给家庭工场（日本这种形式的就业特别发达）。上述这些措施无非是说，如何改变和创新就业形式，拓宽就业的渠道，不要把就业问题仅仅看作目前唯一受雇于企业并每周在企业完成40小时工作这一形式。因此外在就业数量的可变性措施，其实质就是要发展部分就业（partial employment），同样地，就业的外在化也是使企业对劳动力的使用方式更加灵活，不必为签订一张长期劳动合同而为难，尤其是当宏观经济处于过度波动状态，市场前景不明确的情况下，企业害怕一旦雇用工人以后，因为劳动合同的种种限制，当市场疲软时难以解雇工人，因此在一开始就缺乏雇用热情。所以，劳动力市场充分调节，首先体现在就业数量的易变性上面，这样才能够鼓励企业尽量多利用劳动力。只要就业形式多样化，企业可以更加方便地使用劳动力，劳动者也可以通过多种途径参与社会劳动，最终就有可能使失业人数大大地减少。

8.2-2 工资收入的易变性

前面我们已经提到，许多失业理论模型都把失业归咎于劳动的成本太高，在市场经济体制下，当一个企业的目标函数是追求利润最大时，企业势必要把那部分劳动成本超过劳动的边际生产率的职工辞退，这是一种理性行为。所以当我们讨论到治理失业的措施时，很自然地会想到如何使劳动成本（即工资收入）较为容易地变动，从而可以使更多的人就业。在第一篇我们对欧洲与美国的工资政策进行了初步的对比，我们发现在美国，另外还有在日本、加拿大等国，工资收入比起西欧来能发生较大幅度的变动，用经济学的术语来说，那里的工资较少刚性（rigidity）。因此西欧的许多经济学家建议，必须采取种种方法，使工资较易变动，具体说来，他们所建议的方法大致有以下几种：

（1）把工资的谈判尽量分散化，不要通过工会等集体力量来进行谈判，个别情况个别处理；

（2）不要使工资与价格水平相联系，在通货膨胀时期，工资合同中往往把工资水平与价格指数的变动挂钩，即所谓指数化（indexation），现在要提倡非指数化（désindexation）；

（3）通过让企业职工参加企业经营结果（如利润）的分享，使劳动生产率与其收入更好地挂钩；

（4）拉开工资收入的档次，不设最低工资之类的限制，最高工资和最低工资可以有相当大的差距；

（5）努力降低劳动力的非工资成本。我们知道在社会保障体系比较发达的社会里，劳动成本不仅包括工资收入，还包括企业交纳的社会保障金等非工资性成本。因此，要降低劳动成本，不仅要降低工资收入，还要降低这些非工资的劳动成本。

自从1973年第一次石油危机以来，失业率上升最快的国家几乎是那些工资水平刚性的国家，如西欧诸国，社会保障体系较为完善，国家对工资的干预较为明显。因此自20世纪80年代以来许多国家都纷纷放松对工资的种种限制，如最低工资的限制。法国1983年以来实行了工资非指数化政策。另外还有许多国家寻求工资谈判分散化（decentralization）的方法。美国自1979年以来，不仅不断淡化工资指数化的做法，而且鼓励让职工分享企业的利润。在西班牙和荷兰，政府也努力使工资谈判分散化，避免集体谈判工资。法国和德国也鼓励企业让职工分享利润，往往通过奖金的形式参与部分利润的分配。法国1986年以前名义最低工资的上升要快于小时工资的上升幅度，但1986年以后前者的上升与后者保持同步。

使劳动成本较容易地变动，或者说在失业人数增加时能够有所下降的还有一方面的内容就是努力改变劳动的非工资性成本，这些非工资性成本包括雇主必须根据其所雇用的职工的工资收入向社会保障机构交纳的社会保障金(包括失业保险金、医疗保险金和养老金等)。在许多国家,这一类劳动的非工资成本是相当高的。在法国这一类雇主交纳的社会保障全要占到劳动力成本的1/3。因此降低雇主的社会保障金交纳数额,一方面可以通过劳动成本降低来减少古典失业形式的失业人数,而另一方面又没有降低工人收入,因此不会导致凯恩斯有效需求不足失业。根据经合组织有关研究机构的估计,雇主社会保障金每降低1%,在其后的5—6年中可以使失业人数下降0.5%。(*Perspectives de l'emploi*, OECD 1990)

表8.4 经合组织主要国家社会保障费用(%)

国 家	社会保障费用占GDP的份额		实际社会保障费用年增长率	
	1980年	1990年	1975—1981年	1981—1990年
德 国	24.6	22.0	2.3	1.4
加拿大	17.5	20.2	3.9	4.4
美 国	13.1	12.4	1.9	2.0
法 国	24.7	26.7	5.2	3.2
意大利	21.2	26.3	—	4.5
日 本	14.3	14.4	6.6	3.9
英 国	18.0	16.9	—	1.8
平均数	19.0	19.9	—	3.0

资料来源:"ramses" DUNOD1995, Paris。

表8.5 1990年西方国家社会保障金和税收的分摊情况(%)

国 家	雇主交纳数	支薪者交纳数	个人所得税	其他来源
德 国	18.8	15.9	27.4	37.9
比利时	20.7	11.6	30.7	30.7
丹 麦	0.7	2.4	52.7	49.6
西班牙	25.5	5.8	21.8	46.9
美 国	16.6	11.6	35.8	36.0
法 国	27.3	13.3	11.8	47.6
日 本	15.2	10.9	26.8	47.1
英 国	10.0	6.6	28.4	55.0

资料来源:"ramses" DUNOD1995, Paris。

8.3 提高经济活动水平

通过提高经济活动水平来促进就业，减少失业，其理论基础是我们在第2篇给出的凯恩斯失业理论。根据凯恩斯理论，失业主要是因为总有效需求不足所引起的，因此治理失业的一条有效措施就是刺激一个经济的有效需求，提高经济活动水平。目前西方也有许多经济学家对于治理失业还是持这样的信念：经济的持续增长是治理失业的根本性药方。下面我们要来讨论通过哪些宏观经济政策可以提高一个国家的经济活动水平，并促进就业。

促进就业的宏观经济政策首先是传统的凯恩斯的通过刺激投资、政府支出和出口等这些变量，从而带来整个国民收入的提高，国民收入的提高就可以带来消费需求的提高，带动整个国民经济活动水平的提高，这也就是凯恩斯所论述的乘数效应。然后，再通过国民经济活动水平的提高（即经济的增长）来吸收失业人口。因此，如果这里要讨论某项宏观经济政策对就业扩大的最终效果，就要分析两个关键的环节。第一个环节是，该项宏观经济政策（如投资刺激、政府支出扩大等）的乘数效应有多大；第二个环节是，国民收入的变动（增长）能带来多大数量的就业扩大，也就是说，就业的国民收入弹性有多大。如果我们用 $e_{N/A}$ 表示就业的国民收入弹性，A 表示国民收入 GDP 中的某一项自主决策项目，如消费、投资、政府支出和出口，k 表示凯恩斯的乘数，那么弹性系数就由下式给出：

$$e_{N/A}=\frac{\mathrm{d}N/N}{\mathrm{d}A/A}=e_{N/Q}ak$$

其中：$e_{N/Q}=\frac{\mathrm{d}N/N}{\mathrm{d}Q/Q}$；$a=\frac{A}{Q}$；$k=\frac{\mathrm{d}Q}{\mathrm{d}A}$；$Q$ 为总产出水平。

从上式我们发现，就业对一项自主变量变动的弹性系数取决于三个因素：就业对国民收入变动的弹性 $e_{N/Q}$，自主变量在总产出中所占的份额 a，乘数的大小 k。如果一个国家就业的国民收入弹性比较大，自主变量（如政府支出）在总产出中所占比重较高，乘数较大，那么自主变量的增长就可以较大幅度地带动就业的扩大。反之，自主变动的增大对就业的影响就很小。关于就业对国民收入变动的弹性系数 $e_{N/Q}$在各个国家是不同的，根据经合组织有关研究机构 1989 年的一项调查估计，法国该系数为 0.6，德国和美国为 0.8，日本为 1.5。因此，在这四个国家当中，国民收入增长对就业的带动作用，在日本最大，在法国最小，德国和美国居中。根据上面这个式子，假定一个国家的 $e_{N/Q}=0.6$，$k=1.1$，$\dot{a}=0.6$，那么$\frac{\mathrm{d}N/N}{\mathrm{d}A/A}=0.4$，也就是说，某项自主变量，比如说净出口上升 10%，就能给这个国家的就业带来 4%的增长。但如果 $e_{N/Q}=0.8$，$a=0.6$，$k=1.5$，那么$\frac{\mathrm{d}N/N}{\mathrm{d}A/A}=0.72$，差不多是前面情况的一倍，即同样是出口增长 10%，其带来的就业增长是 7.2%。

上面是就某一项自主的变量的变动对就业增长的效果来展开讨论的。事实上，每一项宏观经济政策，如刺激投资，政府支出的扩大以及刺激出口的增长，都是需要花费成本的，也就是说，每一项宏观经济政策都有其负面效应。如刺激投资的增长，政府就可能放松银根，最后可能导致通货膨胀的结果。政府支出的扩大一方面可能导致通货膨胀，另一方面也可能导致对私人投资的挤出效应，还有可能导致对外收支的恶化，这些负面效应可能抵消其所带来的正面效应。因此，西方各国政府在使用宏观经济政策来带动就业扩张方面并不是得心应手的，有时候往往处于困难重重的矛盾境地。如法国 1981—1982 年间曾启动过扩大政府支出来带动就业的宏观经济政策，但结果却使法国的对外收支平衡发生逆差，法国对外贸易的竞争力大受影响。因此以后几年对就业扩张的影响似乎并不明显。如果我们假定一个国家的对外收支对国民收入水平是十分敏感的（进口是国内生产总值的函数），汇率是固定的，资本流动是受限制的，那么这种条件下政府公共支出的增长就会导致对外贸易的赤字，在固定汇率下，这意味着外汇储备的流失，最后是货币供给的减少，而后者又会导致国内利率的上升，最后影响到私人投资热情，“挤出效应”十分明显，这时政府公共支出增长对就业的效应就不是太明显。

下面我们再来看扩大出口的情况。

出口的增长能够刺激总需求的增长，从而带动就业的增长。从宏观经济政策的角度来讲，一般可以通过改变汇率政策（即使本币贬值）的办法或者其他增强本国产品在世界市场上的竞争力的办法，使出口扩大。瑞典政府曾经在1982年和1988年两次通过本币贬值的方法，使出口产品的成本下降。1982年汇率变动以后，1982年当年出口增长为5.9%，1983年效果更明显，出口增长10.1%。就国内的GDP来讲，1981年瑞典的增长率为零，1982年为1.1%，1983年提高到1.8%，1984年GDP增长4%。在总产出增长的带动下，就业也有所增长，1981—1982年瑞典的就业增长率为零，1983年就业增长0.1%，1984年增长0.7%，1985年增长1%。在出口增长的带动下，瑞典的失业率就从1983年的2.9%下降到1989年的1.4%。（资料来源：*Economie de l'emploi*）

瑞典通过汇率变动来刺激出口，从而使就业增长的例子是一个成功的例子，但是这一条经验不能无条件地加以推广，因为这一类宏观经济政策的实施可能会带来其他的负面效果，因此具有很大的不确定性。所以，在应用这一条经验时要特别的小心。在理论上分析，通过本币贬值的办法来促进出口的增长，要特别注意以下两方面的情况：

第一是本币贬值一开始有可能使本国的国际收支发生逆差。因为本币汇率下降以后，进口成本一下子提高，在当时就会反映出来。相反，出口对汇率变动反应要等几个月以后才能显示出来。另外，进口成本的提高有可能给本国商品带来通货膨胀压力，抵消本币贬值所带来的本国商品竞争力的提高效应。因此，为了保证本币贬值所带来的竞争优势不被上述这些因素所抵消，政府还需要采取连续变动汇率的措施。上面提到的瑞典成功的经验就在于瑞典政府连续几年实行本币贬值的政策，20

世纪70年代曾经有过三次，进入80年代又连续施行二次。

第二是本币贬值以后，随着进口商品价格的影响，可能引发本国的通货膨胀，在通货膨胀情况下，工人就会要求普遍增加工资，这样就会导致工资成本的上升。后者会再一次影响本国出口产品的竞争力。再以瑞典的情况为例，1982年瑞典政府采取本币贬值措施以后，制造业的小时工资不断地上升，从1982—1988年，小时工资每年上涨在0.65%—9.5%之间。

上面的分析显示，采取汇率变动(本币贬值)来促进出口增长，从而带动就业增长的措施，需要小心谨慎。但是，从理论上讲，努力提高本国产品的竞争能力，增加出口，扩大本国产品在国际市场中的份额，一直是一国政府治理失业的重要手段。当然除了动用汇率手段促进出口之外，还有其他的手段促进本国产品的竞争力。例如，通过降低涉外部门的工资成本，或者降低涉外部门的利润率水平等等，都可以增强本国产品在国际上的竞争能力。但是这两种手段也不是可以轻而易举地使用。就降低出口部门的劳动成本来说，降低工资水平一方面将遭到该部门工人的反对和抑制，另一方面该部门工资的降低，可能导致总消费需求的降低。其次，对于降低出口部门的利润率水平来说，一是企业并不接受，二是如果企业短期愿意接受，从长期来看，该部门的投资就会下降，最终导致总需求的下降。因此上述两种措施也是难以执行的。当然一个国家如果能够在技术进步上面领先于其他国家，才能真正做到有效地降低产品的成本，增强竞争力，扩大出口，减少失业。日本曾经在这方面有过辉煌的成功历史，不妨可以作为我们的榜样。

8.4 西方经济学家对失业治理的最新思考

前面我们已经提到，失业问题在西欧发展最为严重，因此相对来讲那里的经济学家近年来也较为关心失业问题，各类研究文献也不断地涌现。在这一节我们主要介绍法国经济学家最近所提出来的对失业治理问题的建议和想法。

1993年秋季由法国著名的非均衡经济学家马兰沃(E.Malinvaud)和比利时非均衡经济学家德雷兹(J.Dreze)等人发起,组成了一个失业问题国际研究小组,成员中还有美国著名的经济学家索洛(R.Solow,诺贝尔经济学奖获得者)以及英国两位经济学家。他们发表了一份《为了就业和社会凝聚力》的研究报告。接着《新经济学家》杂志又发表了由法国政治学院(Science Po.)教授菲图西(S.P.Fitoussi)等13位经济学家联名签署的《促进就业宣言》,提出了一些治理失业的良策。法国畅销杂志《经济问题》1995年7月第2427期以《失业:经济学家建议什么?》为题,对这些经济学家提出的方案进行了综述。

对于失业问题,这些经济学家都认为是当今社会的一种“癌症”,其病因和病理都极其复杂,因此他们呼吁政府决策者和社会各界要对此引起高度的重视。他们在以下几点上达成共识:第一,失业本身是不会自行消失的,其目前的不断上升不仅仅是最近20年经济增长缓慢所致,因此单纯的经济复苏已不足以消灭失业现象;第二,对付失业,不仅需要采取常用的宏观经济政策,还需要金融的、社会的和文化的各方面政策的配套;第三,失业是当前经济社会中的首要问题,需要全体共同努力,需要从根子上开刀。在这些共识的基础上,经济学家提出了自己的建议。

(1) 在劳动力市场的供求运动中,价格要扮演一个重要的角色。在法国经济中,一个重要的特征就是工资受政府的管制,工资政策屈服于公共政策,因此对市场的供求不起作用。这种工资政策在法国近年来的私有化和反通胀的竞争中已不合时宜,目前还残留的最低工资制度(smic)应该被修正。否则法国的企业还会继续裁人,或者把企业、车间办到国外去。要改变目前的工资制度,需要财政税收政策等来一个深刻的改革。

(2) 每天8小时和一周5天的工作制阻碍了就业的增长,企业需要的是更具弹性的就业制度,可以根据需求情况,根据订单来安排生产和就业。

(3) 马兰沃和德雷兹的研究报告主张，要努力保持经济的强有力的增长，经济增长是扩大就业的关键所在，为了使经济增长，必须努力降低企业的社会保障费用，降低劳动成本，在货币政策上要以一个稳定的货币政策替代多变的货币政策。同时可以考虑向资本征税，要避免只向劳动收入征税的不平衡情况。向资本征税的结果是使企业在扩大生产时，能鼓励他们选择多用劳动的生产技术，少更换机器。但在实施这一方案时，需要欧共体国家采取统一的措施，以避免资本在国与国之间的转移。另外，还要鼓励私人企业在公共部门的投资，如在住房、城市复兴、交通设施等方面的投资。这些主张可能并不新颖，但是要求在欧共体范围内统一实施这些措施，则是第一次。

(4) 菲图西教授把失业归咎于不适当的利率政策。过高的实际利率的目的是为了抑制通货膨胀，但是这一货币政策另外一方面的负作用是导致失业的增加。在整个 20 世纪 70 年代，法国的利率都比德国低 3 个百分点左右，有时甚至是负利率，但是进入 80 年代以来，实际利率发展到 5%—6%。根据经合组织有关研究机构的估计，这一抑制通货膨胀的货币政策造成了 1990 年至 1994 年间 800 000 个新失业人口。因此菲图西建议，加快欧洲货币一体化的进程，在欧共体范围内统一利率政策。同时他也建议取消最低工资制度，取消雇主的社会保险分摊金的负担，社会保障金不够部分由其他税负上升来解决，另外还可以创立一些新税种，如污染税、汽油消费税等。

(5) 某些经济学家提出，现在需要对以下问题作出抉择：让经济增长的好处给予收入增长还是就业增加？目前的做法是让经济增长的成果给一部分就业者享受，他们的工资不断上升。根据有关统计资料，1990—1993 年间，工资的购买力上升了 4%，但就业却下降了 1%。所以目前是改变这种状况的时候了，要把经济增长带来的好处放在就业增加上，具体的做法是免除每月工资中第一个 1 000 法郎的雇主所承担的社会保险分摊金，由增值税或其他税率的提高来补偿，这样可以鼓励企业雇用工人。

其次,向不增加就业的企业增税。美国的工厂很少提高工人的工资,但愿意多雇用工人;在德国的工厂里,工人同意缩短劳动时间,从而保证不减工人。法国的企业在大大提高全员劳动生产率的情况下,倾向于职工的收入提高,而不造成就业的增加,因此应对他们多征税金,从而资助事业和服务部门的全面发展。

(6) 限制技术进步在短期内对就业的负面影响。技术进步对经济和就业的影响可分为短期影响和长期影响。在短期,技术进步对就业的影响是负面的,如出现机器替代劳动力和电脑替代劳动力的情况,技术进步消灭了许多传统的工作岗位,但从长期看,技术进步不仅不减少就业,而且可以创造很多新的工作岗位。因此这些经济学家认为,目前失业的加重是新生产技术体系(以电脑应用为特征)产生的必然结果。信息技术从产生到发展可被划分为三个阶段,目前是处于第一阶段,劳动力被取代,劳动时间被缩短,但大规模创造新就业、新市场的时代还没有到来,因此政府需要采取政策协调,以减少其负面影响,加速向第三阶段的转移,信息技术生产成为一个关联度不断拉长的产业,改变消费观念,扩大市场,进行劳动力培训等等。同时缩短劳动时间,以便使劳动者有更充裕的时间消费新产品和新服务。他们通过分析以往的历次产业革命的情况,更证明了这一点。以往产业革命和新技术的问世开始总要搅乱生产过程,并对就业产生负面影响。接着劳动组织的变动以及工作时间的缩短将使劳动力市场的供求关系恢复平衡。

(7) 哈佛大学商学院教授哈里·邓特(H.Dent)从当前的失业难题出发考虑明天的企业是什么样的。他认为把劳动力组织在一个工业的庞然大物(大企业)里的时代已经结束,劳动和生产组织应该朝着小型化、多功能的和联合型的方向发展。每个生产单位对自己的产品直接负责,减少管理层次。小型的企业比大企业更容易获取商品信息,更容易组织劳动力进行生产,使得就业形式更加灵活多样,这就可以大大提高劳动力的利用程度,提高一个社会的就业率。

(8) 调整工作时间长度。各国经济学家都认为,工作时间规定的僵化可能使失业增加,例如欧洲许多国家规定商店周末不准营业,仅此项就使为数众多的商业职工丧失了就业机会。其次,要改变目前统一的作息时间规定,使劳动时间更加灵活,就有可能大幅度提高劳动生产率。另外有经济学家建议将每周工时减少到35小时,并通过适当的调整,灵活安排职工的上班,借以刺激劳动实效的改善。他们还进一步建议把削减工时与减免社会保障分摊金相挂钩,例如,一个企业工时每减少1%,社会保险金分摊金交纳就可以减免2.5%,这样一方面缩减工时可以创造就业,另一方面减免社会保险分摊金交纳可以降低劳动成本,这两项都可能创造就业,减少失业。失业减少了,社会保障金的负担就少了,有可能进一步对企业实行减免,这样就可以减免社会保险金交纳→劳动成本下降→就业增加→失业减少→社会保险金负担减少→进一步降低劳动的成本,构成一种良性的循环。

9

被动的失业治理政策

我们在上一章着重讨论了各种主动的失业治理措施，在各项主动的失业治理措施中，我们又从劳动力的供给角度、修复劳动力市场功能的角度和提高宏观经济活动水平的角度进行了分析，最后还介绍了一些西方经济学家对失业治理问题在新的经济环境下的思考。在这一章我们就要从被动的失业治理措施的角度讨论治理问题。第 1 节我们将简单讨论被动治理失业措施的一般理论基础。第 2 节我们将以西方发达国家的失业保障制度为蓝本，对失业保障问题进行讨论。第 3 节我们将从前苏联、东欧国家在经济转轨过程中如何建立失业保障体系的角度来讨论被动的失业治理措施。

9.1　被动的失业治理政策的理论基础

被动的失业治理政策的理论基础是，就业水平是由一个国家的经济活动水平所决定的,是不能改变的,所有试图改变就业水平的措施都将影响市场本身的运作机制,到头来还将受到市场机制本身的报复,失业率还会回复到治理以前的水平。但是,失业问题确实给社会经济带来某种非均衡的运行,带来许多社会问题,不治理的话,会造成社会成员之间收入的巨大差异,酿成社会不稳定的种种祸源,如犯罪等。另外失业还涉及一个社会公平的问题,为什么在一个经济高速发展的时代,一部分人能够就业,而另一部分人却饱受失业的痛苦?一部分就业者能从经济增长过程中取得不断增长的收入,而另一部分失业者却丧失一切机会和收入?既然就业水平本身是难以改变的,所有试图改变就业水平的措施,轻则影响效率,重则造成宏观经济的进一步的不平衡,如凯恩斯经济政策的负面效果,因此政府对失业问题能够做的就是事后的失业保障和失业救济工作。通过失业保障和失业救济,使得全体失业者能维持一个起码的生活水准,使他们对市场经济机制所产生的让一部分人失业从而保持经济效率的现象至少能够容忍。其次,通过失业保障和失业救济实际上是让相当一部分人自愿退出劳动力人口,从形式上看,他们是失业者,但是实际上他们为领取失业救济才登记为失业者,他们在失业救济这一收入保证的前提下,已经主动不愿意工作,因此对于他们来说,他们实际上也分享到了社会经济发展和增长所带来的好处。

因此,从上述分析和推理看,被动政策的理论基础同我们在第二篇中提到新古典主义理论有相似的地方,同他们提出的自然失业率概念是一脉相承的。但是事实上,就业水平是可以通过各种措施改善的,上一章我们在这方面已经进行了论证。问题在于,主动的失业治理政策只能改善失业,却不能从根本上医治好这一社会顽疾,每个社会总是会存在不同比例的失业人数,对于这些失业人数我们就要对他们进行失业保障和失业救济,因此比较合理的说法,应该是这两种政策措施都重要,它们之间的关系不是非此即彼的选择关系,而是一种互补关系。每种政策措施都有自己的局限性和片面性,都需要对方作为自己的补充。就主动政策来说,我们刚才已经提到,它们不可能解决所有的失业问题,因此需要被动的政策作为事后的辅助。就被动的政策措施,如果没有主动的治理政策,失业人数可能会不断地上升,最后使得被动政策难以为继。

另外,被动政策本身也不是说对就业水平完全没有主动的影响。首先,被动政策即失业保障和失业救济所需要的基金最终是由就业者来支付的,因此失业保障和失业救济基金的数额太大就会影响到就业者的劳动成本。在目前的西欧诸国,就是因为失业保障和救济的金额逐年上升,使得劳动成本不断上升,而后者又导致失业的进一步增加,失业人数的增加反过来又加剧失业保障和救济金支出的负担,失业与失业保障处于一种难分难解的恶性循环之中。其次被动的失业治理政策对就业水平也有正面效应。如果我们假定失业者从失业保障和救济获得的收入中,其边际消费倾向高于就业者(这是十分自然的假定,因为穷人的边际消费倾向总是高于富人的边际消费倾向),那么从就业者和雇主那里征税(通过社会保障分摊金的形式征得),把这部分收入转移给失业者,就能产生比就业者自己消费更高的消费水平,如果这个经济处于经济资源利用不足的失业状态,消费支出的提高就可以刺激总需求,从而带来就业的增加。由此可见,被动的失业治理政策也不是纯粹被动的,从上述两个角度来看,被动治理政策还带有主动的意味。

搞清了被动的失业治理政策的理论基础之后,我们接下去要讨论失业保障和救济的内在逻辑是什么。更具体地说,我们有必要区分失业保障和失业救济这两个不同的概念。如果失业保障金是具有某种失业保险性质的,那么该基金的交纳和支付应该按保险的办法来进行,其内在的逻辑是保险的逻辑。从保险的角度出发,失业保险的意义在于,一是从宏观经济运行角度来讲,宏观经济运行具有很大的不确定性,谁也无法保证一个经济永远处于繁荣时期。当某一经济处于宏观经济的繁荣或高涨时期,这时就业率较高,失业率较低,因此每一个就业者应该交纳一部分失业保险金,一旦当宏观经济处于萧条时期,失业率大幅度上升,失业人员增加时,这笔在经济繁荣时期积累起来的失业保险金,就应该支付给失业者,使他们能维持基本的生计。二是从每一个就业者来说,失业风险是不确定的，失业会降临到谁的头上，事先是无法预计的，因此为了避免在失业降临时收入来源枯竭的风险，每个就业者就应该交纳失业保险金。从失业保险的逻辑来推理，失业保险金的领取期限及其领取的数额应该与该失业者原先就业时所交纳的失业保险金多寡相联系。失业保障金的另外一个逻辑就是失业救济，该逻辑认为被动的失业治理的核心内容是申张社会公平的问题，即在保证市场经济配置资源的效率的同时，兼顾公平，使失业者对社会的这种不公平现象能够容忍。因此从这个角度来看，只要是失业者，不管其过去交纳的失业保险金的数额多少，他都应该有权利领取失业救济金。关于失业保险与失业救济两种逻辑的不同而导致的失业保障金交纳和发放的办法不同的情况，我们可以用表 9.1 来进行综合：

表 9.1　失业保障金的筹集和发放

	保险逻辑	救济逻辑
筹集的方式	由雇主和就业者分摊	由公共基金来解决
领取的条件	看其是否交纳了保险金	只要是被剥夺了工作岗位的人
享受的数额	根据其从前交纳的数额和持续时间	根据最低生活水准，与其所需要负担的家庭成员数额有关
享受的时间长度	根据其从前交纳保险金的持续时间和失业持续时间	根据个人情况，尤其是年龄情况

事实上，在当今世界各国的失业保障体制的建设中，上述两种逻辑也不是泾渭分明的，而是兼顾两种情况的，即失业保障制度一方面既带有保险的性质，由雇主和就业者共同分摊一部分失业保障基金，另一方面又带有救济的性质，因此失业保障基金还需要国家的公共财政支持一部分。当然在各个国家失业保障制度的具体实践中，重点是放在保险原则上还是放在救济原则上，各个国家的情况是不同的，有一个轻重相权的问题，而且这种轻重的取舍往往反映了不同国家的社会文化乃至政治制度上的差别；同时也反映了各国失业状况的不同，在一长期的失业人口占统治地位的国家里，光是用失业保险基金来对付失业补偿问题是不

管用的，因为长期失业者很快会用完失业保险所规定的享受失业保险的期限，因此必须要有失业救济才行。下面我们将对不同国家的失业保障制度的具体情况作出分析。

9.2 西方主要国家中的失业保障制度

在本世纪初欧洲已经出现了失业保险的萌芽，1911 年 12 月在英国诞生了第一个失业保险法。当时失业保险只考虑一些失业风险比较大的行业，如机械工业、建筑业和造船业。第一次世界大战以后，失业保险慢慢普及到欧美各国，保险对象逐渐扩大至整个工商业的被雇用者，但对非体力劳动者参加保险有特殊的条件限制。经过 20 世纪 30 年代的经济大危机对就业队伍的巨大冲击和 50—60 年代的经济高速增长，人们普遍感到失业保险的重要性，因此一套体系较为完整、运行较为健全的失业保险制度在西方被建立起来了。这一套失业保险制度在当前西方市场经济国家中为保持社会稳定或者公平起了重要的作用，失业保险制度使得失业者不仅可以继续得到生活来源，而且可以在失业期间较为从容地重新寻找适合自己的工作，或进行适当的再就业培训，对促进再就业也起到了一定的作用。当然失业保险制度的负面作用也是明显的，一是它加重了就业者和雇主的负担，使劳动成本上升，二是它造就了许多假失业者，也在某种程度上培养了一些不积极重新就业的失业者。

在 20 世纪早期，大多数西方国家的失业保险是采取自愿投保的方式，或者不投保者享受某些单纯的社会救济。但是目前，有相当一部分国家，如美国和加拿大，采取的是完全强制性的失业保险，即凡属于国家失业保险法所规定类别的雇员必须无条件地参加国家举办的失业保险。按照 1935 年美国《社会保障法》的规定：能够享受失业保险的人员只限于私营工业和商业部门的职工。但在以后的有关联邦立法中，保险范围不断扩大，陆续补充了农业工人、非营利性组织的雇员、州以及地方政府的雇员。对联邦公务员、政府官员、高级治安人员、海员、铁路工人等制定了专门的失业保险制度。目前不能享受失业保险的主要有家庭工人和个体劳动者，工作时数少于一定规定的雇员以及规模太小的企业也不能参加保险制度。其具体的标准为：(1)每季度工作少于12周、收入少于1 500美元的临时工；(2)雇用10名工人以下每季度报酬少于20 000美元的企业；(3)受雇雇员只有4个以下，每年工作少于20周的非营利组织的人员；(4)每季收入少于1 500美元的家庭用工。

英、德、法等欧洲国家所实行的失业保障制度是强制性失业保险和国家失业补助救济相结合的失业保障体系。1969年前联邦德国颁布了《劳工安置与就业保险法》，它规定失业保险适用范围包括大部分受雇人员及家庭用工，但不包括每周工作少于19小时的受雇人员，失业救济的适用范围包括失业保险除外人员及虽参加失业保险，但已无资格继续享受失业保险金的人员。法国、英国的规定也很类似，不能参加失业保险而能享受失业救济金的多为季节工或非全日制零工。

在日本实行的又是另外一种强制性失业保险和自愿失业保险相结合的失业保障制度。1974年日本颁布的《雇佣保险法》规定强制性保险范围包括绝大多数的受雇人员，但是那些工时少或企业规模小的受雇人员可以参加自愿的失业保险。另外在瑞典、芬兰等北欧社会福利制度比较完善的国家实行的是受国家财政补贴的自愿失业保险和国家失业救济相结合的失业保障制度。瑞典失业保险采取国家资助、工会主办、个人自愿参加的形式，在瑞典90%的蓝领工人和88%的白领工人都通过参加工会从而集体参加了失业保险基金。除此之外，可享受国家失业救济的人员有：(1)不参加自愿失业保险的雇员；(2)参加了失业保险但尚未具备享受失业保险金待遇的人；(3)受雇于不存在失业保险金的产业部门的人员；(4)每天工作少于3小时，每周少于17小时的受雇人员。

失业保障基金的来源和筹集办法，各个国家也有不同的情况。一般说来失业保险基金由雇主和雇员交纳的失业保险费和政府的财政拨款构成；失业救济基金则主要由政府财政拨款构成。因此，社会失业保障基金一般来自四个方面:国家财政拨款、企业交纳的失业保险费、雇员交纳的失业保险费和社会保障基金的经营性收入。不同的国家筹集的具体做法和各自的数额比重是不同的。

加拿大的失业保险基金由工人、雇主和政府共同承担,三者的比例由政府调节。政府拨款最高时达50%,雇主按工人收入的4.34%交付保险金,工人按收入的3.3%购买保险金。德国的失业保险金交纳率为工资毛收入的6.8%,由雇主和雇员各负责一半。对于收入较高的雇员,至多只能对其月收入中的5 600马克按2.2%比率交纳失业保险费;月收入不足500马克的雇员,失业保险费全部由雇主交纳。失业救济金部分则由联邦政府预算提供。美国的失业保险费由雇主按雇用人数交纳的工资税构成。瑞典的社会失业保险基金的来源是:(1)政府各种形式的失业津贴;(2)雇主按年工资总额0.8%提供的基金的一部分,雇员的自愿保险金交纳,所剩的缺口来自政府的补贴。

西方国家的社会失业保障基金一般由政府的有关部门或有关社会机构管理。英国、美国和日本都是通过国家设置的专门社会保险机构进行管理。在美国,失业保险由联邦劳工部全面监督,所属的人力管理总署下设失业保险局管理全国业务,在州一级设有职业保障部,管理失业保险金,具体业务则通过地方职业介绍所管理。德国主管失业保险的机构是联邦劳动局,它作为一个自治机构,由雇员、雇主和政府三方面代表均等地构成,其主要任务是:发放失业保障金,进行职业培训,提供就业咨询和工作介绍,促进劳工市场的供求平衡等。瑞典设立有主管劳动就业事务和执行劳动政策的机构——劳动力市场局及其各级地方机构,失业保险基金由失业保险社经营管理。失业保险社是由工会建立的非赢利性的私人团体,都是行业性的,各有从中央到地方的各级组织。地方的失业保险社接受地方劳动力市场局的监督和津贴。失业救济金则由劳动力市场局和地方劳动管理部门负责行政监督,由全国社会保障局和地方社会保障部门主管发放。

失业保险同其他种类的保险一样,明确享受保险的条件是失业保险制度中十分重要的一个环节。从理论上讲，失业保险是对那些非自愿失业，同时又有能力和愿望接受再就业机会的劳动者提供的一种保险。因此失业保险不同于失业救济，制定享受条件时，不仅要考虑社会公平和稳定问题，而且还要考虑到如何降低失业并努力使失业保险基金的收支能够平衡。各国在确定享受保险的条件时，大都提出如下的要求：

（1）失业必须是非自愿的。我们在前面失业的界定时曾经提到过，所谓失业是指有劳动能力并愿意就业的人找不到工作，这种定义强调了失业的非自愿性质。非自愿失业具体体现为由于企业经营破产而失去职业者，由于工作技能不够而被解雇者；由于经济不景气企业裁员而成为失业者，等等。如无正当理由自动离职，或因渎职违法而被解雇开除，或参加劳资争议而罢工离职者，都不能享受失业保险待遇。

近年来西方各国都出现了一种叫“部分失业”的现象，也称临时解雇(lay off)，是指在经济衰退期间，雇主虽然承认雇用合同对部分雇员来说继续存在，但从企业角度来讲，企业已不能提供工作机会，对于这种现象，国际劳工组织社会保障公约第三条实施细则规定：“在部分失业的情况下，应按照国家法规给减少就业程度的失业者以补助或津贴。”“这类失业可以通过缩短工作日或工作周的形式，避免采取解雇之类的断然步骤，以保持就业关系，使企业能保留熟练的和有经验的劳动力并避免完全失业。”事实上，在新的经济条件下，这一类情况应该属于就业形式的灵活变动，它是符合劳动力市场调节机制的，有关这方面的理论探讨我们已经在第 8 章里展开过。但是缩短就业时间毕竟要给雇员带来许多损失，因此许多国家的法律还是把因暂时停工造成的部分失业看作应正当地付给失业保险金的意外事故。

（2）失业者有劳动的意思和愿望。所谓有劳动的意思，是指失业者在领取失业保险金之前，必须在职业介绍所登记，要求就业，并且愿意接受职业介绍所提供的就业机会。一般国家的法规规定如果不按法定程序申报失业并登记等待就业，失业保险机构就可以暂时或长期停止其保险金的给付。如日本《雇佣保险法》第 15 条详细规定失业者要向各地职业安定所提出“离职票”，请求认定其领取失业救济金的资格；职业安定所认定后向申请人颁发失业资格证书，失业者以此作为凭证，再向有关失业保险机构领取保险金。以后每隔 4 周要重新去办理失业资格认定，以确定其能否继续享受失业金。日本法律还规定下列理由可以推定失业者没有劳动的意愿：a.为照顾老人、子女及从事家务劳动而主动辞职；b.无特别理由而拒绝职业安定所介绍的工作，固执地坚持自己认为适当的职业和劳动条件，或者过分强调就近就业而拒绝职业安定所介绍的工作。

各国失业保险立法中为明确“适当职业”的定义和标准所采取的一般原则是：不排除失业者改变职业的可能性，但应适当考虑其才干、能力、学历、工作经验、年龄等因素。美国有 2/3 的州法律规定失业者重新就业的工作的工资水平、工作条件不应大幅度低于原地区同类工作，具体如发生争议可由各州法庭检查裁定或由劳工组织仲裁。

(3) 失业者在失业时必须符合法定要求的已工作期限、已投保期限和应缴纳的保费数额等。德国规定，领取失业保险金人员必须在宣布前三年内已工作满 12 个月；领取失业救济的人员必须在宣布失业前一年内已工作 150 天(领取失业保险金者除外)。日本规定，失业者在失业前一年内必须已参加保险 6 个月，如遇到疾病、伤害、生育等情况可延长至四年。瑞典规定领取失业保险金的受雇人员(同时具有工会会员资格)必须已参加保险基金 12 个月；独立劳动者必须已参加保险 24 个月。美国的绝大多数州规定了为享受失业保险金的最低工资总额数，少数州规定了为享受失业保险金的最低工作周数，并且一般要求在失业前一年内已付保费 20 周。英国规定失业者在失业前实付保险费总额至少等于当年按最低工资水平计算的参加社会保障金每周应付费用的 25 倍。

(4) 失业者必须是处于法定年龄段并且具有劳动能力。一般各国规定的可享受失业金的年龄段为男性 16—64 岁，女性为 16—59 岁。各国普遍将残疾人排除在失业保险和救济给付对象之外，但国家有义务通过设立或资助各种培训组织、福利慈善机构，培训残疾人就业技能，保障其基本生活水平。

前面我们给出了失业保险的来源和筹集办法，享受保险的条件，最后失业保险制度还有一个重要的环节就是要确定失业保险金的给付标准和期限。

世界各国制定失业保险金的给付标准主要采取两种形式，一是根据本国国民收入水平、通货膨胀率、平均工资率等指标对所有失业投保人支付统一的保险金来保证失业者的最低生活水平；二是根据投保人最近平均工薪的某一比例发放失业保险金，一般为职工一个时期内（失业前最后一个月或数月、一年等）平均月工资（或周工资）的 40%—75%幅度内发放，少数国家还联系被保险人交纳保费和参加工作时间长短来确定给付金额和给付期限，使参加保险时间较长的人能得到更多的利益，促使职工投保。按照国际劳工组织公约，失业保险津贴和补助的支付期为每年至少 156 个工作日，在任何情况下也不得少于 78 个工作日，按此确定失业保险金给付期最低为 13 周，目前各国的规定一般都高于公约规定。对于长期失业者，首先各国规定了其领取失业保险金的期限，其次在该期限内其领取的失业保险金逐年递减，到期限日满为止，过了失业保险期限，长期失业者只能领取失业救济金，失业救济金的数额一般要大大低于失业保险金的数额。

另外，失业保险金的数额还受两个重要因素的影响，一是领取的保险金是否纳税；二是根据家庭负担的轻重而减少或增加保险金数额。西方各国除德国、意大利外，均免征失业保险金所得税，部分国家在制定失业保险金给付标准时则充分考虑失业者在家庭中所处的地位，供养的人口数量（一般按子女多少确定应增发的失业保险金）。

最后需要指出的是，失业保险金应与雇主支付给职工的离职金或解雇补偿金严格区别，后者是一种工资担保制度，往往是由劳资双方协议或雇用合同事先约定的，或根据雇主的错误性质由法庭判决赔偿职工损失的。离职金或解雇补偿金都是一次性支付，相当于合同工资的若干倍数，而失业保险金只是定期支付的，相当于原工资的最高额的一个百分数。

9.3 东欧国家在经济转轨时期的失业保障体系建设

在本书的第一篇第 2 章我们已经对前苏联、东欧国家中的失业情况进行了比较分析，我们发现这些国家在传统的计划经济体制向市场经济体制过渡的过程中，一方面由于采取急进式经济体制和政治体制的转轨，原来的政治经济秩序包括对外经济秩序被很快摧毁，但是新的体制和秩序不可能在很短的时期内建立起来，因此导致了生产的大幅度下降，国民经济出现负增长，这势必带来失业人数的急剧上升。同时经济体制转轨也要求将原来国有企业中存在的大量隐性失业人员演变为公开的失业人员，这些因素加在一起，就构成了苏联、东欧国家失业率急剧上升的一种特有现象。为了治理急剧上升和发展的失业现象，苏、东各国政府也是动员一切力量，在失业治理措施上做了一些工作。归纳起来，这些也可以被分为两大部分：主动的失业治理措施和被动的失业治理措施。

首先我们来看一下苏、东诸国在主动失业治理方面做了哪些工作。

苏、东各国采取了一系列建设市场的措施，这些措施在不同国家处于不同的实施阶段，有的还仅是经济学家的建议，总的来说，有这样一些方面：(1)增加劳动力供求双方选择机会：第一，提供劳动者和企业在劳动力市场上做出理性选择所需的足够的信息；第二，为寻找工作者提供岗位信息的劳动力流动服务；第三，为更好做出选择提供有效的职业评价与咨询。(2)使劳动力市场上提供的服务多样化：第一，更有效率地安置劳动力。公共的就业服务机构的垄断地位已受到了挑战，在公共服务不能满足市场需求的情况下，私人中介有效地填补了其中的不足。第二，制定了支持私人和公共再培训计划的政策，并在这方面引入了市场机制，这对于增强劳动力的技能，加强质量管理和增加劳动力的流动性很有利。(3)根据个人、雇主、政府谁在劳动力转换的过程中起最重要的作用来设计激励机制，制定相应的制度和政策。(4)提高劳动力的供给质量：第一，开展就业服务，帮助人们估计他们的能力，并对即将出现的失业作出判断和积极的反应。第二，制定再培训政策，有针对性地进行失业再培训，促进劳动力向新兴产业部门转移，这一点对于传统计划经济下扭曲的就业结构的改变是尤为重要的。

由于苏、东各国面临的是大规模的失业，所以对失业的规模进行预测并采取相应措施减少其影响就显得特别重要。在产业老化和就业集中于单一行业和少数国有企业的地区，更易形成大规模的失业，因而将社会公共基金集中用于解决这些地区的失业问题就显得极为重要。

从长远来看，将经济增长与消除失业相结合的工作是一种更为积极的做法。首先，在有些国家通过失业救济金的筹集或通过劳动力机构向失业者提供技术帮助来鼓励失业者自己开办小企业。苏、东各国原本就缺乏小企业的发展，因而这种措施显得很有意义，同时，新开办的小企业又集中于服务业，这对于转变各国就业结构扭曲的状况无疑也是有益的。其次，在捷、匈、波等国，政府还利用工资补贴的方式鼓励企业雇用失业人员，并为他们提供在职培训，以期在补贴结束后，企业愿保留一部分人，但有时这样的补贴可能只鼓励了企业雇用那些有资格享受补贴的人从事已有的工作，而并未创造新的工作。其三，提供公共工程和公共服务方面的临时性工作也适用于苏、东各国，这种做法不仅为环境清洁和基础设施建设提供了劳动力，同时也暂时地降低了失业率，保持了工人与劳动力市场间的联系。

从根本上来说，增加劳动力需求还是要依赖经济增长，在传统计划经济体制下，劳动力当局对劳动力的供需信息不敏感的状况在转轨过程中发生了转变，劳动力当局通过信息搜集和提供各种服务使劳动力的供需吻合，实际上就是促进了经济增长。

下面我们再来讨论苏、东诸国被动的失业治理措施。

在苏、东各国的转轨过程中，大规模失业的产生促使苏、东各国仿效西欧各国的做法，迅速建立起了各自的失业保障基金和相应的救济制度体系①。之后，由于失业人数的增加和失业时间的延长，各国政府一再审查重定领取救济金的原则、有权领取救济金的时间以及救济数量。

根据对苏、东各国1995年失业救济制度的考察，我们发现各国制度有一些共同的特征：(1)对领取失业救济的资格设置了条件，即要求在领取失业救济前有一定时间的就业经历，对此规定各国不尽相同，我们在下面再作具体分析。(2)各国为了鼓励人们在享受救济金期限届满之前重新工作，对领取失业救济金的时间也作出限制，这一限制取决于当事人就业时间的长短及年龄。(3)在救济金水平方面，除了阿尔巴尼亚和波兰以外，各国的失业救济都同原来的收入和当事人的就业经历相联系。(4)对于那些无资格领取失业救济金的人，各国政府组织了社会援助计划。援助金额取决于个人经济状况的调查，其最高额通常与最低工资及养老金相联系，数量很小。

下面我们再根据中东欧各个国家的不同做法，对以上各点展开详细讨论。

到1991年底，中东欧所有国家都建立了失业保障体系，阿尔巴尼亚也不例外。自那时起，由于失业人数的增加和时间的延长，该地区各国政府一再审查重定领取救济金的原则、有权领取救济金的时间以及救济金数量，以免不可承受的超支状况。然而，尽管政府制订了严格的规章制度并降低了救济水平，这个体系的基本特征却相对变化很小。尽管政府支出存在着约束，但在保护那些由于国有企业改革而失业的人们的收入方面，却提供了高度的优先权。

---

① 苏联、东欧国家由于经济制度变革以前不存在失业保障体系，因此像西方国家那样的失业保险制度是不存在的，制度变革以后所施行的失业保障体系实际上还是一种失业救济体系，但是这种救济金发放不是针对所有人的，因此从这个意义上讲又不同于西方的失业救济，西方的失业救济在东欧就被称为社会援助。

1. 失业救济金领取的限定条件。

所有体系都对领取失业救济的资格设置了条件，而不是凡不工作者均有此项资格。各个体系对此设置的条件是基本相类似的，但也存在一定的差异。

所有国家都要求在领取失业救济之前，需要有最少一定时间的就业经历。对此规定各国不尽相同，保加利亚、罗马尼亚和波兰的规定是在前一年必须工作 6 个月，而在捷克、斯洛伐克、匈牙利，则规定在过去 3 至 4 年中必须工作一年以上。为防止有人滥用这一制度，一些国家如阿尔巴尼亚、保加利亚和斯洛伐克还要求救济者必须是被迫离开工作的。

在多数国家，与欧盟通行做法不同的是接受失业救济的人可获得一份有偿工作，尽管其偿付的工资受一定条件限制，如在保加利亚和匈牙利规定该有偿工作的报酬必须低于最低工资。

2. 领取失业救济的时间限制。

在多数情况下，领取失业救济时间的长短取决于先前就业时间的长短及当事人的年龄。在所有国家，这一时间都是受限制的，这项限制是为了鼓励人们在享受救济金期限届满之前重新工作。除了罗马尼亚（时限由 6 个月延至 9 个月）和保加利亚（以前时限是 6 个月，现在延至 12 个月，以被保险的就业时间及年龄而定）之外，自 1991 年以来，大多数国家的时限都在缩短。各个国家规定接受救济的时间各不相同，匈牙利为 3 个月，阿尔巴尼亚和波兰为 12 个月。

3. 救济金水平。

除了阿尔巴尼亚和波兰之外，中东欧别的国家失业救济都同原先收入相联系，并有赖于当事人的就业经历。多数国家最初救济金在原先工资的 50%到 75%之间。然而，在阿尔巴尼亚，失业救济金是固定的（1995 年初仅有 2 000 多列克，与最低工资持平）；而在波兰，救济金被一律规定为平均工资的某一比例。在救济金与工资相联系的国家里，对于发放救济金所参照的时间，有的国家规定为就业的最后三个月（如捷克和斯洛伐克），有的则规定为最后一年。除了阿尔巴尼亚和波兰外，其余国家均存在救济金上限；而在罗马尼亚、匈牙利和保加利亚，则存在最低限制，大约在最低工资的70%到95%之间。

4. 救济金比率。

对领取失业救济的普遍严格的限制反映在可以领取救济金的失业人口比例逐渐减少，因为越来越多的人领取救济金的时间已经届满。

1991至1994年间，这一地区所有国家的救济金比率都在降低。这一情况在阿尔巴尼亚和斯洛伐克尤为显著，前者从1991年的100%降到1994年的20%，后者则从1991年的80%降至1994年的20%。别的国家降低幅度较小，但依然显著，降幅最小的是波兰，从60%降至50%。对于大多数国家来说，由于设置了领取失业救济金的时间限制而导致的一个必然结果是：在有权领取失业救济金的失业人口比例与长期失业所占比例之间存在着明显的反比关系。

5. 社会援助。

在所有国家里，对于那些无资格领取救济金的人(要么他们领取救济的期限届满，要么是因为入不敷出)，政府组织了社会援助计划。援助金额取决于对个人经济状况的调查，也就是说一个家庭所能得到的全部收入和其他形式的赡养金决定了受援助的多寡。每个国家援助金的最高额通常与最低工资及养老金相联系，因此数额很小。对于个人来说，援助金额因年龄、婚姻状况和子女数量而定。在某些情况下，最高额的援助超过了失业救济金，甚至超过了原先的工资，特别是对那些技术不熟练，因而工资很低的人来说。在捷克，一个有两个成年人及两个年龄在6岁和10岁间的孩子负担的典型家庭，每月可以得到7 320克朗的社会援助金，几乎超过了总平均工资的10%，并超出了最低工资的2倍。

东欧国家适用的失业保障体系与欧共体国家相差并不太大。所有欧共体成员国都在一定程度上适用保险和救济原则，多数情况下，人们可以满足基本生活需要的援助金。举例来说，西班牙和葡萄牙这两个国家在个人收入方面更接近中东欧国家，而不接近于欧共体其他国家，他们的失业救济金同收入相关，并且初始水平同原先的收入相比相当高

(约是80%)。在西班牙,享受初始救济金水平的时限为6个月(同欧共体内其他国家相同),葡萄牙则为21个月(在欧共体内,这一时限仅短于丹麦和荷兰)。在最初期限结束后,救济金的数量逐渐减少,受救济者只能转而依靠有自裁权的地区和当地救济机关。

上面我们就某些共同性的问题对东欧诸国的失业保障体系在初创阶段的基本情况作了一些分析,下面我们再就这些国家的发展演变情况作一介绍,使我们对这些国家的失业保障体系的建设过程有一个较完整的认识。

1. 阿尔巴尼亚的情况。

1991年初阿尔巴尼亚首次采用失业救济制度,对那些改革开始后不久即失业并至少工作过3个月者,以及离校后3个月内仍未找到工作的学生,政府均发放救济金。

失业人数的急剧增长导致政府从严设置领取救济金的资格要求。离校学生不再有资格领取救济金,最低工作年限被提高到12个月。

计算救济金水平的方法从与先前工资相联系变为一个固定数目。然而,对于那些具有抚养义务的失业者可以得到另外一笔救济金;另外,由于价格放开后基本消费品和电力价格明显上涨,政府又专门设置了补偿支付金。

对于那些入不敷出的人,政府在1992年推出了社会援助计划,援助金额取决于家庭的收入以及家庭成员的数量与年龄。

2. 保加利亚的情况。

失业救济制度自1990年首次采取以来已经历了多次变化,部分原因是政府机构更换频繁(4年中换了7次),而他们关于改革进程的政治观点不尽相同。

失业人数的快速增长导致政府对领取救济金的资格作了严格限制,这一规定在1993年和1994年均有变动,领取救济金的时间被延长了,并就长期的失业者作了特别规定。

最初的规定是:失业者在头一个月领取原先工资的100%,在接下来的5个月中,救济金额递减。在那以后仍未找到工作的人在接下来的3个月领取相当于最低工资的金额。然而新的制度将失业金比率降至最后6个月领取总平均工资的60%,下限和上限分别是最低工资的90%和140%。

领取失业金的时限从6个月到12个月不等,取决于失业者的年龄和原先工作时间的长短,已结束高中和大学教育的毕业生有资格领取最低工资的80%,前者领取失业金的时间是3个月,后者为6个月。

3. 捷克和斯洛伐克的情况。

1990年前捷克斯洛伐克首次采用失业救济制度,那时对领取救济金资格的条件相对很松,救济金额相当于原先税后工资的60%,可持续领取12个月。如果失业是由于结构调整造成的,最初6个月的救济金可相当于原先税后工资的90%。1991年,领取救济金的时间缩短,救济金上限被取消,并废除了关于结构调整引起的失业可领取较高救济金的规定,而那些正接受再培训课程的人可领到原先税后工资的70%。同时,联邦法律授权两个共和国的政府在一定程度上根据本国国情调整立法。结果斯洛伐克规定:在失业后最初6个月,救济金被增加到原先税后工资的65%;而在捷克,这仅适用于结构调整引起的失业。另外,失业者被允许拥有一份有偿工作,在捷克,其工资相当于最低工资的20%,在斯洛伐克,则相当于最低工资的40%,并且等级报酬也允许存在。

1992年,两个共和国就这一制度进行了协调,作出了更严格的规定以免有人滥用这一制度。不再允许失业者拥有有偿工作,一概废除结构调整引起的失业可以领取高额救济金的规定,对救济金的上限作了规定,而下限则被取消,领取救济金的时间缩短到原先的一半。

1993年初两个共和国分离后,在捷克,主要规章制度在很大程度上保持不变,并继续得到实施;在斯洛伐克,失业人数的增加导致了更严格的规定,1993年至1994年间立法规定,只有被解雇的人方可领取救济金,并必须承担适当的社会工作(时间从4个月到9个月不等)。另外,还取消了关于正接受再培训人员可以得到较多救济金的规定。到1995年初，由于平均失业持续时间的延长，对于那些年龄在30到45岁之间的人，有权领取救济金的时间由6个月增至8到9个月。

在这两个共和国里，失业的高中毕业生和大学毕业生均有权领取救济金，尽管其水平相差甚远。在捷克，最初3个月的救济金相当于最低工资的60%，接下来的3个月相当于50%；而在斯洛伐克，救济金只相当于最低工资的45%(在中东欧地区属最低水平)。与其他国家一样，政府还制定了积极的政策措施，以支持雇主向毕业生提供工作与训练机会。

1991年由于取消价格控制而导致价格上涨，政府开始为那些收入不足以维持生存，靠失业救济金生活的家庭提供社会援助，援助金额相当于最低养老金。这两个共和国在管理社会援助方面的规章制度实际上是一致的。在斯洛伐克，以民族货币表现的救济金比率平均比捷克低10%—20%。

4. 匈牙利的情况。

在所有中东欧国家中，匈牙利率先于1989年实行了失业救济制度。和其他国家一样，这方面最初立法十分不严密，没有规定等待领取救济金的时间、不合格条件等，而救济金额的上限和下限也相对太高。

1990年发生了两大主要变化：领取救济金的时间从1年延长至2年，在第二年救济金下限和比率都被减少。

1991年发生了更为实质性的变化：在领取救济金的资格方面提出了严格要求；首次拟定了不合格条款；并缩短了领取救济金的时间。

在1992年和1993年，领取救济金的时间进一步缩短，领取失业救济的人数也在减少。

自1991年以来，没有找到工作的高中或大学毕业生有资格领取18个月的救济金，相当于最低工资的75%(和保加利亚一样，是本地区最高水平)。

在调查人口经济状况后发放社会援助，这是对保险制度的补充。随着领取失业救济的人数减少,依靠社会援助的人数在1992年底和1994年底间增加了5倍。

5. 波兰的情况。

波兰的失业救济制度经历了数不清的变化,主要是因为最初的规章制度过于宽松,导致失业人数增加时,政府必须承担高昂的费用。最初,实际上任何无工作者都可领取救济金。但这一制度变得越来越严格,要想取得领取失业救济金的资格,失业者必须在前一年至少工作过6个月,并不得拥有一定数量的土地。另外,对于那些事先没有通知即自愿辞职的人,须等到3个月后才可领取救济金,其领取救济金时间也被缩短到一年。然而,那些具有长时间就业经历以及55岁以上者有权继续领取失业救济,直至退休。

自1991年以来,除了上述后一种情况下的失业者领取的救济金被规定为原先工资的75%,其他失业领取的救济金相当于前一季度平均工资的36%(实际上接近于最低工资)。

没有找到工作的学校毕业生有权领取失业救济金,但时间较短(9个月),金额较少(相当于平均工资的12%—28%,依年龄而定)。

6. 罗马尼亚的情况。

罗马尼亚1991年建立失业救济制度,救济金发放对象为:在过去12个月中至少工作过6个月的无业人员,在毕业后60天内没有找到工作的高中毕业生和大学毕业生。救济金数额定在以前工资的50%到60%之间,取决于就业的年数(自1992年以后改为最后3个月的净平均工资),高中毕业生的救济金是最低工资的60%,大学毕业生则是70%。救济金一直无上限,直到1994年,为了防止滥用救济金制度,才设置了相当于最低工资两倍的上限。由于平均失业时间的延长,1992年将领取救济金的时间从6个月延长至9个月;另外,对那些期满后仍未找到工作的人继续发放18个月的津贴,相当于最低工资的60%(在失业基金中开支)。另外,还向人们发放社会援助,使得家庭收入可以增加到最低工资的53%到73%(取决于家庭人口数量)。

表 9.2 东欧各国社会失业保障制度比较(1995)

	合格条件	等待期限	不合格条件	持续时间	救济金水平	社会援助
波兰	在过去一年中工作过 6 个月并且工资超过最低工资的 50%;无资格领取养老金者且目前工资低于最低工资的 50%,拥有耕地不超过一定数量	无(事先未通知即自行辞职者 90 天)	6 个月内 3 次拒绝合适的工作、培训、调停或公共工作	12 个月	前一季度全国平均工资的 36%(特殊情况可达 52%或 75%)	上限为最低养老金的 80%
罗马尼亚	至少工作过一年(有临时工作者在过去一年中至少工作过 6 个月);无资格领养老金者;目前工资低于最低工资 50%拥有耕地不超过一定数量	30 天	拒绝合适工作(有严重健康、个人或家庭原因者除外)	9 个月并加 18 个月津贴	过去 3 个月净工资的 50%、55%或 60%(依工作时间定)。下限为最低工资的 75%、80%、85%,上限为最低工资的 2 倍。津贴量为最低工资的 60%	最低工资的 53%—73%(依人口而定)
斯洛伐克	在过去 3 年中至少工作过 12 个月;无资格领取养老、疾病或怀孕救济者;工资低于标准者	7 天	拒绝合适工作(有严重健康、个人或家庭原因者除外)	6—9 个月(依年龄定)	最初 3 个月为原先净工资的 60%,然后为 50%,上限为最低工资的 150%	每个家庭达到一定消费水平
阿尔巴尼亚	工作过 12 个月	7 天	两次拒绝工作	12 个月	头 6 个月一律为 1 920 列克,以后减少 10%,并有通胀补贴	2 500—5 000 列克(依家庭收入规模及年龄)
保加利亚	过去一年中至少工作过 6 个月	7 天	无正当理由拒绝工作和培训	6—12 个月(依就业时间、年龄而定)	先前工资 60%,再培训者可达 75%,下限为最低工资 90%,上限为最低工资的 140%	最低工资
捷克	在过去 3 年中至少工作过 12 个月;无资格领取养老、疾病或怀孕救济者;无有偿工作者	7 天	拒绝合适工作(除非有严重健康、个人或家庭原因)	6 个月	前 3 个月为原工资的 60%,以后是 50%,再培训者一直为 70%,上限为最低工资的 150%,再培训者可达 180%	每个家庭达到一定消费水平
匈牙利	在过去 4 年中至少工作过 12 个月;无资格领取养老、疾病、怀孕救济者;无有偿工作者	无(自愿辞职者为 180 天)	拒绝合适的工作、培训或公共工作	3—12 个月(依过去 4 年工作时间)	前 23—90 天为原工资的 75%,以后为 60%,下限为 8 600 福林,上限为 18 000 福林(第一阶段)、15 000 福林(第二阶段)	最低养老金的 80%

10

中国的失业治理问题讨论

前面我们讨论了失业治理的一般理论问题，第8章和第9章分别就主动的失业治理措施和被动的失业治理措施进行了分析，尤其是第9章，我们介绍了西方主要国家的失业保障制度与苏联、东欧国家在经济转轨时期失业保障体系的建设情况，无论是纯理论的政策效果讨论，还是西方主要国家以及东欧国家的情况介绍，对我们在这一章讨论中国失业的治理都具有一定借鉴意义。在这一章的第1节我们将讨论中国当前农村隐性失业公开化的问题，这一问题不仅关系到农村劳动力的合理利用本身，而且还关系到城市失业的治理问题，因为农村隐性失业人员中有相当一部分以民工的形式流入到城市，有些直接与城市劳动力进行竞争，加重了城市失业状况。本章的第2节我们将讨论城市失业的治理与再就业工程问题。第3节我们再讨论中国失业保障制度的建设和完善问题。

10.1　农村失业的治理问题

中国的失业问题首先是农村劳动力的大量过剩问题。因此对于农村的失业问题，我们要广开门路，采取各种办法增加对农村劳动力的吸纳程度，稳定和发展目前广大农村流行的三元就业结构：(1)“不离土不离乡”，增加农、林、牧、渔对农村劳动力的吸纳力，使大农业向深度和广度发展，开发“二高一优”农业，充分利用农业资源，拉长农业的产业链条，进一步增加农村劳动力的投入；(2)“离土不离乡”，继续大力发展乡镇企业，调整乡镇企业的产业结构和产品结构，使它们更上一个台阶，进一步增加它们对农村劳动力的吸纳能力；(3)“离土又离乡”，组织农村劳动力有序地向城市转移。关于这最后一点，涉及城市失业的治理问题，因此我们要花些笔墨来讨论这个问题。

各国经济史的发展都证明了，一个国家经济的发展必定要经过一个农村劳动力不断地向城市转移的过程，这是回避不了的。不能因为我国城市就业压力很重，城市失业本身难以治理，就把农村劳动力向非农产业转移的问题抛开不提。其次，一个国家的经济要取得均衡的和有质量的增长和发展，首先是各区域间的均衡发展。很难设想光有城市经济的增长和发展，而没有农村经济的增长和发展，这个国家的经济增长能够健康持续下去。因此，从这两个角度看，农村劳动力向城市的转移不仅是不可避免的，而且这种流动本身对促进我国区域经济的均衡发展是有积极意义的。我们可以从农村劳动力转移对流入地和流出地的影响来证明这一点。

1. 对流入地的影响。

第一，农村剩余劳动力流入城市补充了城市劳动力的“不足”。尽管城市中也存在着大量过剩劳动力，但是城市劳动力往往不愿在一些特殊领域就业，进城民工恰好填补了这些空缺。传统的城市就业制度形成的

“三铁”(“铁饭碗”、“铁工资”、“铁交椅”)一方面造成城市职工工作效率低下、劳动生产率难以提高等局面,另一方面,企业内部人浮于事,隐性失业严重。企业为了提高效率,不得不雇用农村转移到城市的民工,尤其是让他们补充脏、累、差岗位。

第二,农民进城还起到了拾遗补缺的作用。在与城市居民生活息息相关的许多领域中,农民工已成为“主力队员”,为城市居民生活的方便、舒适做出了很大贡献。

第三,农村剩余劳动力进城更重要的意义在于它提高了城市劳动生产率。农民工的出现对城市企业原有的劳动用工制度带来有力冲击。以前国有企业严格实行计划用工制度,“三铁”盛行,农民工的出现增加了企业劳动用工的选择余地。农民工吃苦耐劳,守纪律,工资成本低,具有很大竞争优势,直接提高了企业的劳动生产率,对在职职工构成竞争压力,也间接提高了他们的劳动生产率。

第四,农村剩余劳动力流入城市降低了城市劳动力成本。国有企业不仅要按国家计划规定的工资水平支付给城市职工报酬,而且负责向其提供住房、子女教育、养老保险、生活服务等一系列福利条件,劳动力真实成本很高。但是,使用农民工则仅需支付一般低于城市职工工资水平的报酬,其他一概不管,至多提供条件简陋的集体宿舍。

劳动力成本降低对城市经济增长有很大促进作用。劳动力成本降低,企业总成本也就相应降低,单位产品成本降低,从而提高了产品的市场竞争力。另外,农民工进城增加了城市职工的流动性,有利于劳动力资源的合理配置和有效利用,对全国劳动力市场的发育具有不可估量的作用,这本身就对经济增长具有推动作用。

2. 对流出地的影响。

第一,农村剩余劳动力从农业中转移出来,无论流入非农产业还是城市都挣得了更高的收入。1994 年农村劳动力到城镇务工经商全年货币总收入为 1 511 亿元,在城镇及路途花费为 679 亿元,带回或寄回农村的货币收入约 832 亿元(《中国农村经济》1995 年第 4 期)。收入的返回给农村剩余劳动力流出地的经济发展带来一系列效应。

收入的返回为农民改善生活，巩固温饱，并为向小康过渡打基础都具有重要意义。农民用返回的收入购置实物资产不断增长，直接提高了生活质量。

农民收入提高也意味着对工业消费品需求的增加，这可以带动民工流出地消费品工业的发展，对落后地区经济有着重要的乘数效应。

收入返回增加了农民对人力资本的投资。农民赚到钱后，有的以此作为学费学到了一门或几门实用技术，回乡干起了专业户，为农村经济发展注入了新的动力。农民到城市打工开了眼界，对外面的世界有亲身感受，更加重视子女教育，从而有助于农村教育事业的发展和人口素质的提高。

收入返回对农业本身的发展也具有重要意义。在我国现行的经济政策和经济环境下，农业是不具备比较优势的产业，自身经济效率低，务农收益也低。农业发展急需注入资金，而政府对农业的投入在其他经济比较效益高的领域竞争下逐年递减，同时农用物资价格上涨较快，大大抵消了农副产品价格上涨可能给农民带来的好处。另外，农民负担较重，农村各项事业支出逐年增加。所以，收入返回有利于增加对农业的投入，使农业不仅不滑坡，而且在条件具备时有所发展。

收入返回还是农村非农产业资本原始积累的重要来源。大力发展非农产业是我国农村的根本出路。但因农业自身处境已经很艰难，实行家庭联产承包责任制后聚拢农户的零散资金十分不易，不可能主要依靠农业自身提供发展非农产业所需的巨额资金。返回收入中只要有一部分转化为发展农村非农产业的资本原始积累，其数额和作用就十分可观。现在有些地方已经出现“民工潮”回流现象，有些在外打工积攒了一笔资金并学得一技之长的农民已经开始携资回乡创业，为当地非农产业发展作出了贡献。可以预见，他们将成为农村非农产业发展的重要生力军。

第二，农村剩余劳动力流入城市和经济发展较快的地区，既增加了这部分劳动力的收入，又促进了城乡信息交流，是城市现代文明向广大农村产生辐射和示范效应的重要渠道。农村传统的小生产造成信息闭塞、思想保守，农村剩余劳动力流入城市，农民亲身感受现代文明的气息和城市先进经济、社会生活的熏陶，生活方式、思维习惯都发生变化，有的甚至直接融入现代城市文明中，当他们返回家乡时，城市现代文明也就随之植入农村。农民在城市和经济发展较快的地区打工，当地先进的经济运行方式和发展经验、做法也对他们起到了潜移默化的作用。另外，农村经济发展离不开及时、准确的经济信息，农村非农产业发展尤其如此。农民工直接参与流入地经济活动，可以方便地获取经济信息，并带回家乡，信息的获取与传播并不需要多少额外支出。

农村劳动力流入城市和经济发展较快的地区，直接为流出地免费培训了大批市场经济型人才和劳动力，先进的技术、管理及经济发展经验、做法在打工中得以掌握并随着农民返乡而在当地扩散开。这种“干中学”的扩散效应对农村发展意义很大，可以在很大程度上较快地解决农村劳动力素质低下的问题，为农村经济起飞提供合格劳动力和人才，还使农村经济能人脱颖而出，熟悉和适应市场经济运行程序、规则，成为他们返乡创业的优势。

当然农民工流动当中也出现许多问题，值得我们重视。

“民工潮”成为中国 20 世纪末的一个重要现象，根本原因在于我们在 20 世纪 80 年代以来市场经济体制的重构和经济的大发展。没有这两个条件，虽然农村存在大量过剩劳动力也未必会发展成为当今如此大规模的劳动力转移，新中国成立后 30 年的历史就是明证。同样，要解决当前农村劳动力转移所存在的弊病，我们不能依靠传统的行政手段来抑制劳动力的流动，唯一可采取的办法是进一步发展市场，完善各种市场机制，使农村劳动力转移由无序变为有序。

第一，由于广大农村通讯落后，信息不灵，农民对城市民工的供求情况所知不多，造成盲目流动。农民与其花费旅费盲目长途跋涉，不如花钱就近买个可靠信息。因此，农村劳动服务信息机构必将出现。第二，农村剩余劳动力市场供给相对于城市需求规模太大，造成供过于求的状态。在市场经济条件下，民工市场供过于求势必导致劳动力价格下跌，农民将务农与农村非农产业的报酬加以比较，逐步会形成一个多元就业的稳定结构。第三，城市臃肿，人口膨胀加速，要治愈这种城市病，市场经济也是一帖良方。在市场经济条件下，城市过分臃肿最直接的表现形式是地价上涨，房租上涨，推动工资的上升，使劳动力成本增加。除建筑行业外，大城市中需要大量使用民工的企业就会不堪重负，最后只好把生产部门转移到郊区，甚至中小城市。随着中小城市企业的增多，人口也随之增长，同样会出现地价、工资上涨的趋势，经济效率处于最差边际地位的企业应该向农村小城镇转移。因此，解决“民工潮”无序的最好办法是在市场的作用下做到双向流动，推动城市资源流入农村。

因此，我们可以预见，随着市场经济在我国的大发展，农村劳动力转移中存在的无序性和其他问题终将通过市场机制而逐步得到解决。但是，我们也应该清醒地认识到，市场机制不是万能的。因此我们在坚持进一步发展市场经济的同时，也要强调政策导向的重要性。

首先，我们要强调城市资源适当流向农村、促进区域经济平衡发展的重要性。改革开放以来最常见的城乡资源流动是乡村资源流向城市，其中农村剩余劳动力流向城市最引人注目，除了城乡间商品贸易外，城市资源向乡村转移还没有成为普遍现象。随着农村工业化的逐步推进和中国经济体制改革的深入，全国统一大市场会逐渐趋于成型，资源流动的城乡界限将被打破。事实上，改革开放以来城市资源已经开始悄悄地流向农村了，如乡镇企业从城市聘请了许多工程、技术和管理人员。城乡资源流动是双向的，随着经济的发展这种双向趋势将更为明显和重要。城市和经济发展较快地区资源流向农村和经济发展较迟缓地区的梯度转移不但可以挽救城市边际企业、夕阳产业，优化移出地产业、企业结构，而且可以促进移入地的经济发展。这种转移及其产生的扩散效应给移入地带来了较先进的技术和管理、人才、信息以及资本投入，吸纳大批农村剩余劳动力到中小城镇就业，从而推动移入地小城镇建设和农村城市化。流出地可以制订优惠政策鼓励边际企业、夕阳产业向下一级城市和乡镇转移，做好原有职工安置工作。移入地应给予支持，增加吸引力，除了改善投资环境，切实保护外来人员合法利益外，还要做好规划，力争使外来投资与当地经济发展更好地结合起来。同时要鼓励外出民工回乡办企业，做个体户、专业户，发挥他们在外面学到的一技之长。

其次，大力发展乡镇企业，加快农村城市化。乡镇企业是吸纳农村剩余劳动力的主力，但乡镇企业吸纳劳动力能力正在递减，相应地农村剩余劳动力存在反梯度转移。中西部乡镇企业起步较晚，质量、档次较低，发展潜力很大，吸纳剩余劳动力的余地很大，应该加快发展和规模扩张，有条件的地方可以随着乡镇企业上质量、上档次而适当加快小城镇建设，推进农村城市化。东部地区乡镇企业发展较成熟地区应该因势利导推进农村小城镇建设，带动第三产业的发展，弥补乡镇企业继续吸纳劳动力能力的下降，同时促进乡镇企业上质量、上档次，增加其发展后劲。实际上，这些地区实现农村城市化的条件已经成熟，应该不失时机大力推动。有条件的县城或县级市可以向中等城市发展，统一规划小城镇建设，增加小城镇吸引力，适当集中乡镇企业于小城镇。

最后，大力发展农村教育事业，改良农村人力资本。西方许多经济学家，如卢卡斯、舒尔茨等人已经证明，经济发展过程中人力资本的作用极为重要。改造传统农业最重要的是向农民投资，增加农村人力资本投资。中国地区间经济发展不平衡的根源也可以说是人力资本的差异造成的。发展中国家的人力资本投资无论私人收益率还是社会收益率都很高，普遍超过物质资本投资收益率，其中初等教育投资收益率最高。各级政府应该高瞻远瞩，大力发展农村教育事业，提高教育普及率，严格实行九年义务制教育，增强法律的严肃性。同时加大对农村教育事业的投资，在这方面可以考虑动用一部分国家扶贫资金增加对贫困地区农村的人力资本注入。我们常说要把扶贫资金由向贫困地区“输血”变为帮助贫困地区“造血”，但是注意力一般集中在生产性项目的物质资本投资上，却基本上忽视了对当地教育事业的投资。这可能是中国扶贫资金运用效果有待改善的最重要原因。增加对贫困地区农村教育事业投资,努力改善人力资本是国家扶贫资金挖掘潜力、扶贫工程取得最后成功的根本途径。通过文化教育投资,改良人力资本,为接收城市转移出来的产业、企业作准备,同时开创农村多种生产,加快农村城市化。传统农业对劳动力素质的要求与从城市转移出来的产业、企业对劳动力素质的要求差别很大,农村非农产业对劳动力素质的要求也高于传统农业。人力资本投资将促成从传统农业的农民到乡镇企业职工或个体户、专业户的转变,从传统农民向现代化城镇居民的转变。

10.2 城市失业治理和再就业工程

在前面第一篇第 2 章中我们已经对中国城市失业的种类及其形成机理进行了分析,我们大致可以把城市失业划分为三大类:(1)经济体制转轨时期国有企业中的隐性失业转化为显性失业的问题;(2)经济发展和快速增长时期所出现的产业结构调整而带来的结构性失业;(3)宏观经济周期波动当中的周期性失业。针对不同的失业种类及其形成机理,对它们的治理也应该有不同的政策措施。

对于国有企业隐性失业显性化过程中所产生的失业,我们应该明确:变企业的隐性失业为显性失业是经济体制改革的必然产物,我们必须正视这个现实。就企业来讲,我们不可能再强制要求它实行“低工资,广就业”,靠牺牲效率来吸纳就业,此路不通。因为企业经营的唯一目标是盈利目标,而不是社会福利目标。在实行现代企业制度的过程中,企业面临的一大问题,是如何抛掉企业剩余劳动力这一历史包袱,轻装上阵。对企业职工来说,要彻底抛弃传统的“铁饭碗”观念,树立市场意识、流动意识,增强失业心理承受能力。对国家来说,要乘国有企业改制这股东风,盘活国有资产,对企业富余劳动力进行新的生产性安置,但这种安置是建立在劳动合同制基础上,而不是新的“铁饭碗”;同时也可以在国有资产转让的收益中，拿出一部分来，对富余劳动力进行适当的其他类型的安置。从长远来看，我们必须完善社会保障体系，把企业从社会福利目标中彻底解脱出来，由社会承担失业救济与失业安置。在此基础上，我们就可以大力促进全国劳动力市场的形成，劳动力资源可以在流动中、市场竞争中得到优化配置。

对于产业结构调整而形成的失业，一方面我们要鼓励企业不断地实行科技创新，开发新产品，企业内部对职工进行培训，提高职工素质和技能，另一方面要建立社会性的劳动信息服务机构和职工再就业培训机构，既要使得那些从夕阳产业中淘汰出来的职工能顺利地获得再就业的信息，又可以按各自的技能和兴趣选择再就业培训，尽可能缩短职工再次待业时间，加速劳动力在各部门之间的流动。在当前的结构转换中，第三产业是一个很有发展前途的产业，也是一个“投资小，吸纳力大”的就业领域，我们应该大力发展第三产业，尤其是地处市中心的企业，应该把生产基地转移到郊区，或者下一级规模层次的城市，把置换出来的土地搞三产，安置旧产业游离出来的职工。

最后，对于经济周期性波动而形成的失业，在经济因紧缩而呈萧条状态时，我们可以适当运用凯恩斯的需求管理方法来治理，这里的关键问题是要处理好失业与通货膨胀之间的相互关系。在中国，宏观经济中通胀与失业的替代关系也是存在的，根据经济发展不同时期的不同特点，我们要正确处理好这一矛盾，找到通胀率与失业率的均衡点。

在城市失业治理当中，中国目前提出的再就业工程具有特别重要的意义，我们在这里作一些理论分析。

再就业从字面上理解就是重新就业，即失业者在经过一段失业时期以后重新获得一份工作。有失业就有可能再就业，这是世界上的一个普遍现象。但是，再就业工程作为一项由政府推动的社会系统工程在我国经济转轨时期的全面推开，则是我国建设有中国特色的社会主义市场经济的又一创举。再就业工程在我国是由政府劳动部门为主推动的，通过一定的资金投入，综合运用政策扶持和各种就业服务手段，充分发挥政府、企业、劳动者和社会各方面的积极性，实行企业安置、个人自谋职业和社会帮助安置相结合，为失业职工和企业富余职工提供就业指导、职业介绍、转岗培训、生产自救等各种服务和手段，促使他们尽快实现再就业。因此，再就业工程的主体应该是在政府劳动部门推动下的政府各部门、企业、个人和社会各机构，其运用的手段既有政策性的，也有服务性的，但绝对不是改革以前所使用的计划手段，这些手段首先必须服从市场经济的调节，同时又是市场经济调节的一种补充。再就业工程的对象，根据我国经济转轨时期的特征，不仅仅包括已经失业的职工，而且包括企业中的富余人员，后者从形式上来讲还没有失业，但是就其内容来讲，他们已经退出或部分退出生产领域，从资源优化配置的角度来讲，需要重新就业。再就业工程就其实质来讲是一项社会性的投资工程，其收益既是社会性的，也是企业和个人都能获得好处的。说其收益具有社会性，是因为减少失业，促进再就业能够保持社会稳定，促进社会成员参与经济活动的积极性，最终使 GDP 得到稳定的增长；说其具有企业性，是因为目前很多国有企业冗员现象严重，劳动成本降不下来，严重影响了它们在市场中的竞争力，富余人员的分流和安置，就可以改变它们的竞争劣势，提高它们的经济效率；说其具有个人性，失业职工和企业富余人员通过社会再就业工程的帮助，尽快实现再就业，提高了收入，改善了自己的经济状况。正因为再就业工程的投资收益具有这样的多面性，因此应该得到政府、企业、个人和社会多方面的协调努力。失业和再就业是市场经济中生产要素优化配置的必然结果，是不可避免的，是所有市场经济的共性，但再就业作为一项全社会的系统工程推开则体现了社会主义制度下劳动者利益得到充分保护的制度特征。

再就业工程就其内容来讲，主要是：(1)大力培育劳动力市场，为劳动要素的供求双方提供信息，加速劳动要素的流动，在流动中提高劳动要素的配置效率；(2)对失业职工和企业富余人员进行各类职业培训，提高他们的劳动技能，把他们推向新的职业岗位；(3)通过各种政策手段和舆论手段，使全社会关心失业职工，促进其他企业尽量多雇用失业人员；

(4)通过税收优惠和资金扶持等手段,抓住居民收入提高以后需求转移的机会,实行就业创新,拓展就业渠道;(5)再就业工程在职工失业和接受培训期间,给予必要的生活费帮助。再就业工程的这些手段在市场经济条件下有着其现实性和必要性,我们可以通过以下几方面来论证这一点。

第一,在现代经济活动中信息是一个重要的经济资源,在经济行为人信息拥有不对称、分隔和难以流通以及获取信息需要付出较高成本的情况下,各类市场的交易行为就会受到阻碍,经济活动水平就会因此而下降。反映在劳动力市场上,就体现为就业的供求双方难以寻找到最相适合的交易者。我们在第二篇提到的"职业搜寻"(job search)的理论模型,就是解释就业者在拥有信息不充分的情况下,只能把失业和不断地寻找工作作为一种找到合适工作的投资。就企业来讲,雇用新的工人涉及寻找、面谈、选择等成本,这些都涉及信息问题。在中国长期的计划就业体制影响下,中国的劳动力市场发育是不正常的,就业信息的发布、传导及其对劳动力流动的影响都是不规范的,因此目前的再就业工程的一个首要的任务就是劳动力市场的培育和就业信息的提供和传导。通过劳动供求信息的无偿提供,促进劳动力流动,缩短失业人员寻找工作时间,提高企业的就业水平。

第二,中国当前的失业是经济高速增长时期所出现的,因此同时伴随着产业结构的高比例变动的情况,因此结构性失业在总失业人数中的比重很高,这就要求劳动力跨行业和跨产业的流动,而在劳动要素的专用性不断加强的现代经济里,新兴的和扩张的产业部门对劳动力人力资本要求、专有技能的要求不断提高,这就意味着从传统产业中转移出来的劳动要素,必须经过一段时期的人力资本和专有技能的培训后才有可能得到重新就业。再就业工程就是针对这种经济增长过程中结构性失业上升的特点,举办各种形式的就业培训,提高劳动者就业能力,促进他们跨行业的流动。

第三,除了产业结构调整所带来的失业之外,中国当前失业的还有一个特征是企业组织结构转型所带来的。在传统的计划经济体制下，就业尤其是国有企业的就业是通过计划安排的，在企业不以经济效率为目标函数的情况下，企业的冗余人员就可以存在下去。在市场经济导向的改革过程中，国有企业以提高经济效率为其主要目标函数，这时企业内部存在的富余人员就必须转化为公开的失业，否则国有企业的劳动成本难以降低，效率难以提高。但是，我们又是社会主义国家，对国有企业职工的就业国家有一种无形的承诺，因此我们必须把国有企业富余劳动力推向其他不存在富余劳动力的企业（往往是非国有企业）。在市场经济条件下，这种推动就不可能采用计划强制的办法。因此，再就业工程一方面在舆论导向上要大张旗鼓宣传非国有企业安置失业职工对经济发展、社会安定的重要性，另一方面又要通过税收优惠等政策给予用人单位切切实实的帮助，降低它们的用人成本，让它们先自愿地招收进去，当这些新招收的职工逐渐适应新环境并提高劳动生产率之后，就可以实行同工同酬，完成劳动力在不同企业组织间的转移。

第四，失业如果是作为经济增长、产业结构调整的一种必然结果，同时也暗含着就业内容创新和扩展的可能性，抓住就业创新的机遇，扩展就业渠道，这是再就业工程又一个重要内容。首先，经济增长意味着居民收入的提高，收入提高就会带来居民需求结构的变动和需求的创新，尤其是居民日常生活中对服务业的需求不断增长。例如，随着生活水平的提高，人均寿命延长，中国人口的年龄结构也在发生着变化，大城市都相继进入老年社会，由此也将引发出许多为老年人服务的行业。总之，居民收入的持续增长是第三产业中服务业迅速扩张和成长的时期，但是某些行业在开张之初，往往需要税收政策的扶持，需要给创业者提供场地、资金等帮助，再就业工程就适应这种就业内容创新和扩展的需要，给予一定程度的支持。其次，随着技术创新和技术进步，如电脑在生产中的广泛应用，一方面它消灭了许多传统的工作岗位（电脑代替人），但另一方面电脑的兴起，又创造了许多前所未闻的工作岗位。再就业工程就可以利用技术进步所带来的就业内容创新的可能性，抓住机遇，扩大就业容量。

第五，在经济发展和经济转轨时期，我们不仅要提倡和推动就业内容的创新，而且要提倡和推动就业形式的创新。在传统的就业体制下，我们的就业形式主要是国有企业和集体企业中的就业，目前这部分就业还占总就业人数的70%多。但是，在经济转型时期就业形式应该是多种多样的，为了减少失业，一条切实有效的办法就是要发展多种形式的就业，如“自我就业”(self-employment)和部分就业(partial-employment)。尤其是要鼓励失业人员创办个体商业和服务业，与就业内容创新相结合，开展各种就业形式的创新。

由此可见，在目前经济体制转型和经济高速增长时期，再就业工程的提出和推广，有其现实性和必要性。

再就业工程作为经济转型时期推出的一项社会系统工程，其意义首先是与深化中国当前的经济体制改革结合在一起的。经过近20年的改革开放，中国当前的经济体制改革正在进入最后的攻坚阶段，这就是完成国有企业的转制任务，即把国有企业制度改变成为与市场经济发展相适应的现代企业制度。但是，在现代企业制度推进中，我们碰到的一个最为棘手的问题是国有企业冗员的释放问题。我们甚至可以这样说，国有企业的富余人员的妥善解决，成为目前企业转制一个重要前提，这个问题解决的快慢将直接影响现代企业制度建设的进程。因此，再就业工程在分流企业的冗余人员方面所作的贡献就不仅仅是安置了冗余人员就业，而且还将以此推动企业改革的深化。

其次，再就业工程的实施是促进中国经济长期稳定增长的关键环节。在经济快速增长时期，劳动力供求的动态平衡、结构平衡、供求数量和质量平衡等要求就提出来了，再就业工程就可以在促进这些平衡方面作出自己的贡献。尽管市场经济可以在这里发挥一部分调节作用，但是市场有时候会失灵，尤其在涉及人力资本投资和培训方面，由于收益期较长，市场调节可能并不到位，这时再就业工程就可以起到市场不可替代的作用。另外，中国是一个劳动资源相对于其他资源十分充裕的国家，如何提高劳动力资源的利用，使 GDP 稳定增长，是我国经济发展过程中面临的一个重要问题。从短期看，应用凯恩斯的宏观扩张政策可能带动劳动力资源的进一步利用，但是从长期看，由于其他经济资源短缺，结构问题严重，宏观的扩张政策难以持续。所以要真正提高劳动力资源的利用程度，正是需要如再就业工程这样的战略性政策，经过长期努力，提高就业率，从而提高 GDP 的持续增长。

最后，再就业工程的实施充分体现了社会主义制度在解决失业问题上的制度特征，即在社会主义市场经济中，由于生产要素优化配置这一市场经济的客观要求使然，失业问题不可避免，但是在社会主义市场经济中，政府还是要充分保护好工人的利益，通过再就业工程和失业保障等措施使他们的权益得到妥善的保护。

因此，再就业工程对于治理中国当前的城市失业具有特别重要的意义。但是，再就业工程毕竟是一种治理失业的短期措施，对于像我们这样一个人口包袱如此沉重，劳动力数量如此庞大的国家来说，如何对付失业问题是一个长期艰苦的问题。因此我们对治理措施的探讨不能仅停留在短期措施上，我们还需要讨论治理失业的长期带有战略性的措施，将长期战略性的决策与短期治理措施结合起来，从而有效地解决这一跨世纪的难题。

从长期来讲，治理失业问题，关键是要把考虑问题的视野放远放大。所谓放远，就是要从现在起考虑 21 世纪初的失业治理问题，考虑的内容不仅要包括如何控制人口增长，还包括劳动力如何培养问题。所谓放大，就是要从世界市场的范围考虑中国劳动力资源如何配置的问题。笔者认为，从这两个角度来看，除了继续控制人口的进一步增长以外，解决中国失业问题最为有效的战略性措施是加大在科技方面和教育方面的投入，在生产过程中不断采用新技术，并提高全体劳动者的素质，使中国的劳动生产率不断得到增长，进一步降低生产成本，使中国产品在世界市场上具有竞争力。

初看起来，采用新技术和提高劳动生产率的决策不仅无助于失业的减少，相反，劳动生产率的提高，计算机和机器人的使用等还可能节约大量的劳动力，使失业问题更加突出。从短期看，或从某一片面的角度看，事情确实如此。但从长期和更全面角度看，采用新技术和提高劳动生产率能降低和减少失业，是有充分理由的。

不断采用新技术，实行技术创新是推动经济增长的持久力量。以前我们（包括整个发展中国家）把经济增长简单地归结为资本投入的增长和劳动力投入的增加，但这种依靠粗放式投入推动的经济增长并没有使我们能够赶超西方发达国家。20世纪80年代以来，西方经济增长理论的一大贡献就是论证技术进步在经济增长中的作用，并且把技术进步归结为对人力资本投资的报酬。看来，人力资本上的差异才能解释发达国家和发展中国家发展速度上的真正差异。因此，要使经济得到高质量的增长，我们必须重视人力资本的投资。这种由经济的高质量的持续增长所推动的就业的持续增长才是最牢固的。

不断采用新技术可以加速产业转换，开辟新的就业领域。电脑的应用确实消灭了许多传统的岗位，但与此同时它也创造了一个广阔的需求市场，出现了新的行业、新的职业，由信息产业所导致的生产和消费领域的一场全面的革命开始了。

采用新技术，不断提高劳动生产率，降低产品成本，是争取和加大中国产品在世界市场份额的关键所在。从国际市场考虑就业问题，是为解决下个世纪失业问题所进行的一种带有战略性的思考。日本及亚洲其他新兴工业国家与地区都是人口高度密集、资源相对贫乏的地区，但却是实现相对充分就业的示范地区。其中的诀窍，要么是充分利用劳动成本的低廉，增加轻工产品的出口（如这些国家和地区在历史上曾经历过的情况），要么是占领应用科技方面的制高点，使其产品在世界上立于不败之地（如日本当前的情况），或者两者兼而有之。总之都是通过拓展世界市场来解决就业问题。目前中国产品也主要是通过劳动成本的低廉优势来增加出口。但随着经济的发展，人民生活水平的提高，这一优势很快会减弱，我国台湾地区和我国香港地区经济发展的历史就证明了这一点。因此,保证本国、本地区产品在世界上竞争优势的最为重要的因素是科技因素和人力资本因素。对这两大因素的培育需要一个长期的投资过程。

只有在第一、第二产业生产率大大提高后,第三产业才有可能吸收大量劳动力。我们经常提到,第三产业是一个劳动力密集的产业,因此大力发展第三产业是解决失业问题的一条有效途径。但在第一、第二产业技术低下,劳动生产率还不高的情况下,这些部门的劳动力的报酬不可能很高,他们对第三产业的需求也很有限,这时第三产业是难以发展的。中国当前的第三产业有相当一部分是靠公款消费刺激起来的,这部分消费一旦受到限制,第三产业便大起大落,这样的第三产业发展不能说是健康的。只有当第一、第二这两个产业部门不断采用新技术,提高劳动生产率,然后才有可能出现这些部门的就业人数下降但收入的总水平大大提高的情况,从而增加家庭对消费和服务的支出,构成对第三产业的强大需求。这时第三产业吸收大量劳动力的时代才真正到来。

从以上分析可以发现,当国民收入增长到一定程度时,中国出口将处于从依靠劳动力的廉价优势向科技优势过渡的时期,为此从现在起应该增加对教育科研的投资。教育投资和全民教育水平的提高,无论就正规教育来说,还是就成人教育和职业培训来说,都能产生下述两大效果:一方面使每一个劳动者受教育的时间增加,从而推迟劳动者的就业年龄,减少劳动者的就业年限,起到直接缓解失业的作用;另一方面可以提高劳动力素质,增强中国产品的竞争能力,扩大世界市场份额,起到间接缓解失业的作用。

10.3 中国失业保障体系的建立

我们在本篇的开头已经提到,失业治理问题可划分为主动的治理措施和被动的治理措施,在介绍各个国家的失业治理时我们也是从这两个方面来展开讨论的，这一点对中国失业治理问题也不例外。我们在本章的前两节看到，对于像中国这样既存在农村的大量剩余劳动力，又存在城市的大量失业人口的经济，尤其是伴随国有企业改革而产生的隐性失业的显性化，加上经济结构性调整所带来的失业，使中国的失业问题异常严重。尽管上两节讨论的那些主动的失业治理措施，尤其是像中国的再就业工程那样的失业治理措施，对于减少失业、促进再就业能够起到很好的作用，但是其效果毕竟是有限的，毕竟不能解决所有的失业者的就业问题，因此动态当中一个比率较高的失业人数呈现在我们面前将是不可避免的事实。既然动态地看有相当比率的失业人员处于无收入的状态，那么被动的失业治理措施——失业的保障问题就自然而然地提出来了。

中国的失业保险制度创建于1986年。1986年10月，配合劳动合同工制的实行和企业破产法的实施，中国建立了国有企业职工待业保险制度。能享受失业保险的对象主要包括破产企业职工，濒临破产企业精减的职工，违纪辞退的职工，及终止、解除劳动合同的职工。基金筹集渠道主要是国有企业按标准工资总额的1%在所得税前列支存入银行，由银行交入社会保障基金，基金在各省市调节，地方财政补偿。在1993年4月12日国务院颁布的《国有企业职工待业保险规定》中，失业保险基金改为按企业全部职工工资总额0.6%筹集。保险金支付项目包括：失业救济金、失业职工医疗费、退休金、待业培训费等。进入20世纪90年代以来，其保险范围从国有企业、机关团体和事业单位扩展到部分集体所有制企业和三资企业，参保企业达40多万个。到1994年底，全面失业保险覆盖的职工达到9 500万人，占城市就业人数的56%。据有关资料显示，1987—1992年间中国政府每年发放失业救济金达1.44亿元，救济失业职工近65万人。1993年失业救济金发放额为2.88亿元，救济失业职工为103万人。1994年全年共筹集保险基金18亿元，发放救济金增至6亿元，救济失业职工数量增至180万人。据预测，到2000年，全国将有失业职工数2 000万人左右。面对这样严峻的形势，目前如何建立中国完善的失业保障体系就提到我们面前了。根据我们目前的情况，失业保障体系还是很不完善的，问题还是很多。主要的问题有以下几方面：一是迫切需要确定一个全国性覆盖面较广的失业保险法规，失业保险在世界许多国家都是强制性保险，在中国这样一个人口大国里，更应该强调这一点；二是目前的失业保险适用的对象范围太小，要从目前的国有企业和集体企业职工推广到全体劳动者；三是享受保险的条件不十分明确，缺乏一套严密科学的检查和监督体系；四是失业保障基金的筹集来源、方法、标准都不尽合理，有待于完善；五是失业保险金的享受标准、期限等有待于改进。

下面我们较为详细地展开以上问题的讨论。

1. 失业保障一般是国家通过立法强制实行的，由社会集中建立基金对因失业而中断生活来源的劳动者提供物质帮助的制度，其核心内容是社会集中建立失业保障基金，分散失业风险，使暂时处于失业状态的劳动者的生活得到基本保障，并通过失业培训，达到就业安置。这一点中国要通过统一的立法来明确规定。

2. 失业保障的覆盖面必须扩大。从理论上讲，失业保障应包括所有劳动者，按产业划分，应包括第一、第二、第三产业所有的职工，按所有制划分，应包括全民、集体、个体、私营及三资企业的所有劳动者。这样对比起来，目前的失业保险的实施范围和覆盖面显然过窄。因为目前覆盖面主要是国有企业和部分集体企业，这一方面是不公平的，另一方面也不利于劳动力在各种所有制企业之间的流动，因此有可能阻碍失业人员的再就业。另外，国有企业中可享受失业救济的对象又仅限于四类人员，即宣布破产的企业职工，濒临破产的企业在法定整顿期间被精简的职工，企业终止、解除劳动合同的职工以及企业辞退的职工，没有包括其他形式失业的职工。因此，如何合理确定失业保险的对象并把它推广到全体劳动者成为当前中国失业保障建设过程中的一个主要内容。

3. 失业保障金的来源及其筹集办法是失业保障制度中的核心内容。从前面我们介绍的西方主要国家的失业保障制度中我们看到，失业保障基金的来源无非是四方面:企业和职工个人的交纳,政府财政的补贴和失业保障基金的经营收入。就中国目前的情况看,失业保障基金的来源是企业交纳和国家财政补贴,这样的来源渠道太单一,尤其是不能解决农村劳动者、私营企业及个体劳动者的失业保险问题。因此比较合理的来源应该包括个人交纳、企业交纳和政府财政补贴,对于个体劳动者,其交纳的比例就应该略高于受雇于企业的劳动者,因为后者有企业为他们共同交纳。因此在基金来源上要适当体现我们前面提到失业保障的保险逻辑,失业保险金从本质上来讲应该不同于失业救济金,应充分考虑失业者原先就业时对保险费的交纳情况。另外,企业交纳的保险金的标准也不尽合理。目前中国的失业保险金是按企业的全部职工的标准工资的1%提取,但是现在企业的标准工资与职工的实际收入差距很大,各个企业之间这种差距又很不一样,因此以此作为标准是不合理的,应该将按标准工资额改为按职工的实际收入交纳,其具体比例的确定,应根据总体的失业人数、基本生活费用以及通货膨胀情况作出通盘考虑。

4. 失业保障金的给付标准与期限也需要进一步完善。目前中国失业救济和发放是以工龄为划分标准,现行规定以5年为界,5年和5年以上者,最多发放2年救济金,实行累退制,第一年月救济金为失业前2年标准工资的60%—75%,第二年为50%,5年以下者,最多只发一年,月救济金与5年以上者第一年相同。但是失业前的标准工资在实际操作中是按某地区最低标准工资确定的,如上海市以本市最低工资标准计算,失业第一年按75%给付,月失业救济金为225元,第二年为最低工资标准的60%给付,月失业救济金为185元。这个金额一是与本人失业前的收入没有联系,二是数额太少。因此中国失业保障基金的进一步完善中,首先还是要区分失业保险与失业救济两种情况,属于失业保险的,保险金的给付标准与期限应与失业者失业前的失业保险费的交纳情况相联系,总的精神是,失业前收入较高者,交纳失业保险费较高者,享受的保险金就应该高一些,反之就应该低一些。失业保险金的享受期限也应该与保险的交纳期限适当挂钩,划分的档次可以略多一些,总的原则是鼓励全体就业人员积极交纳失业保险金，广开保险金的来源，以减轻国家的财政负担。国家的财政补贴应主要支持失业救济这一部分，享受失业救济的应该是：不符合享受失业保险金的人员和已经享受完失业保险金期限的长期失业人员。

5. 明确失业保障的给付条件。如果我们分别建立了失业保险和失业救济这两大失业保障体系，那么对于失业保险和失业救济都要给出各自明确的享受条件，因为失业保险不是新的“大锅饭”，其基本作用在于解救失业者因失业而失去生计来源的基本生活困难，在失业期积极创造再就业的条件（如接受培训等）和努力寻找新的职业。因此，享受失业保障金的最起码条件是，他必须是真正的失业者，而且是非自愿失业者。由于失业保障金的存在，就难免会出现许多假失业者。对于假失业者，可以有两种方法来鉴别，一是看他是否自愿离职；二是看他在失业期间是否接受职业介绍所给他介绍的工作，如果他拒绝接受，还要看他是否有正当的理由，根据这两点我们基本可以判断该失业者是否是一个伪装失业者。另外我们还要注意的是，领取失业保险金的人是否在隐性就业，即从事地下的或部分的就业活动等。根据这些分析，我们目前所实施失业保障制度，在享受的条件规定上是不明确的，漏洞很多，许多人可能处于自愿失业的状态，也有一部分人处于隐性就业的状态，这样就加重了国家失业保障金支出的负担。至于失业保险与失业救济的差异条件，就是要根据失业者失业前对失业保险费的交纳情况来确定其应该享受哪一类失业保障，享受失业保险的，再进一步确定其享受的期限。因此失业保障的给付条件的关键是如何证明一个失业者真实状态，这需要专门的机构来执行该项鉴别功能，并且对较长时期的失业者来讲，要定期鉴别取得失业者证明，方能继续享受失业保障金。这样做的目的是一方面杜绝假失业者，另一方面是鼓励失业者尽快地再就业。

参考文献

英语与法语部分

Abel, A.B. and Bernanke, B.S., *Macroeconomics*, Addison-Wesley Publishing Company, 1995.

Akerlof, G.A., 1970, "The Market for 'Lemons': Quality Uncertainty and the Market Mechanism", *Quarterly Journal of Economics*, Augest.

Akerlof, G.A., 1982, "Labor Contracts as Partial Gift Exchange", *Quarterly Journal of Economics*, Vol.97.

Akerlof, G. and Yellen J. L., (ed.), *Efficiency Wage Models of the Labor Market*, Cambridge University Press, 1986.

Appelbaum, E. and Schettkat, R., 1995, "Emploi et développement économique des pays industrialisés: quelles relations?", *Problèmes économiques* n°2.420, 1995.

Azariadis, C., 1975, "Implicit Contracts and Underemployment Equilibrium", *Journal of Political Economy*, Vol.83.

Ball, L., 1990, "Insiders and Outsiders: a Review Essay", *Journal of Monetary Economics*, Vol.26.

Banque Mondiale, 1995, Le monde du travail dans une economie sans frantieres—Rapport sur le dèveloppement dans le monde 1995.

Baranger, B., 1995, Les PME et l'emploi: des relations complexes, *Problèmes économiques* n°2.434, 1995.

Barr, N., (ed.), *Labor Markets and Social Policy in Central and Eastern Europe*, Oxford University Press, 1994.

Barro, R., 1988, "The Persistence of Unemployment", *The American Economic Review*, Vol.78.

Barro, R.J. and Grossman, H.I., 1971, "A General Disequilibrium Model of Income and Unemployment", *American Economic Review*, 61.82—93.

Bean, C. R., 1989, "Capital Shortages and Persisten Unemployment", *Economic Policy*, April.

Beckerman, W., (ed.), *Wage Rigidity and Unemployment*, Duckworth, 1986.

Benassy, J. P., *Macroeconomics: An Introduction to the Non-Walrasian Approach*, New York: The Academic Press, 1986.

Beveridge, W.H., *Unemployment: A Problem of Industry*, London: Longmans & Co, 1909.

Blanchard, O. and Summers, L., 1988, "Beyond the Natural Rate Hypothesis", *The American Economic Review*, May.

Blanchard, O. J. and Summers, L., 1988, "Hysteresis and the European Unemployment Problem", NBER Macroeconomics Annual, Vol.1.

Blanchard, O.J. and Diamond, P., 1989, "The Beveridge Curve", Brookings Papers on Economic Activity, 1.

Blanchard, O. J. and Fischer, S., *Lectures on Macroeconomics*, The MIT Press, 1989.

Boeri, T, 1994, "Transitional Unemployment", *Economics of Transition*, Vol.2(1), 1—25, 1994.

Booissard, D. and Vittori, J. M., 1995, "Chômage: ce que proposent les économistes", *Problèmes économiques* n°2.447, 1995.

Bowles, S., 1985, "The Production Process in a Competitive Economy: Walrasian, Neo-Hobbesian, and Marxian Models", *American Economic Review*, Vol.75, No.1.

Bruno, M. and Sachs, J., *Economics of Worldwide Stagflation*, Basil Blackwell, 1985.

Combes, M., 1995, "Le déclin des professions ouvrières", *Problèmes économiques* n°2.420, 1995.

Commander, S. and Yemtsov, R., 1995, "Russian Unemployment: Its Magnitude, Characteristics, and Regional Dimensions", The World Bank, Economic Development Institute, National Economic Management Division and EDI Moscow Office.

Costabile, L., 1995, "Institutions, Social Custom and Efficiency Wage Models: Alternative Approches", *Cambridge Journal of Economics*, 19, 605—623.

Cross, R., 1987, "Hysteresis and Instability in the Natural Rate of Unemployment", *Scandinavian Journal of Economics*, volume 89.

Cross, R., (ed.), *Unemployment, Hysteresis and the Natural Rate Hypothesis*, Basil Blackwell, 1988.

De Montbrial, T. and Jacquet, P., Ramses, Paris: Dunod, 1995.

Dickens, W. and Lang, K., 1985, "A Test of Dual Market Theory", *The American Economic Review.*

Dreze, J. H., *Underemployement Equilibria-Essays in Theory, Econometrics and Policy*, Cambridge University Press, 1991.

Dreze, J. H. and Bean, C. R., *Europe's Unemployment Problem: Introduction and Synthesis*, The MIT Press, 1990.

European Commission, Central and Eastern Europe: Employment Trends and Developments.

Freyssine, J., 1994, Le chômage, Paris, Éditions La Découverte.

Friedman, M., 1968, "The Role of Monetary Policy", *American Economic Review*, 58.

Frisch, H., *Theories of Inflation*, Cambridge University Press, 1984.

Gindin, S., 1970, "A Model of the Soviet Firm", *Economy of Planning*, 10(3).

Grangeas, G. and Le Page, J. M., *Economie de l'emploi*, Paris, Presses Universitaires de France, 1993.

Godfrey, M., 1995, "La lutte contre le chomage dans les economies en transition: quelle politique a moyen terme?", *Revue internationale du Travail*, Vol. 134.

Hénin, P.-Y. and Laurent, T., 1987, Indexation des salaires et rigidit és salariales, in P.-Y. H énin (ed.): L'index des Salaires Economica.

Hargreaves Heap, S. P., 1980, "Choosing the Wrong Natural Rates: Accelerating Inflation or Decelerating Employment and Growth?", *Economic Journal*, Vol. 90, September.

Homans, G. C., 1953, "Status among Clerical Workers", *Human Organization*, XII (Spring 1953).

Homans, G. C., 1954, "The Cash Posters", *American Sociological Review*,

XIX (Dec.).

International Labour Office Central and Eastern European Team, 1996, "Perspectives For Labour Market and Social Policy Reform in the Russian Federation in the Mid-1990s", *Monthly Bulletin of Statistics*, Vol.L, No.7.

Jaeger, A.and Parkinson, M., 1990, A Measure of Hysteresis in Unemployment Rates, actes du Colloque international d'économétrie appliquée, strasbourg.

Keynes, J.M., *The General Theory of Employment, Interest and Money*, London: Macmillan, 1936.

Koltay, J., 1995, L'Etat et les salairiés face au chômage dans les pays d'Europe central et orientale, Revue d'études comparatives Est-Ouest, No.2.

Layard, R.and Calmfors, L., (ed.), *The Fight against Unemployment*, The MIT Press, 1987.

Lescure, R.and L'Horty, Y., 1995, "Le chômage d'inadéquation en France: une évolution", *Problèmes économiques* n°2.420.

Lewis, W. A., 1954, "Economic Development with Unlimited Supplies of Labour", Manchester, School of Economics and Social Studies, 22.

L'étude de I'OCDE Sur L'emploi, Donn ées et explications, OCDE 1994, Paris.

Lindbeck, A. and Snower, D.J., 1986, "Wage Setting, Unemployment and Relations", *The American Economic Review*, May.

Lindbeck, A.and Snower, D.J., *The Insider-Outsider Theory of Employment and Unemployment*, The MIT Press, 1988.

Lin, Justin Yifu, 1990, "Collectivization and China's Agricultural Crisis in 1959—1961", *Journal of Political Economy*, Vol.98, No.6, December.

McConnell, C. and Brue, S., *Contempory Labor Economics*, McGraw-Hill, 1992.

McDonald, I.and Solow, R.M., 1981, "Wage Bargaining and Employment", *The American Economic Review*, December.

McDonald, I.and Solow, R.M., 1985, "Wage and Employment in Segmented Labor Market", *The Quarterly Journal of Economics*, November.

McNabb, R.and Ryan, P., "Segmented Labour Markets", in Sapsford, D. and Tzannatos, Z., (ed.): *Current Issues in Labour Economics*, Macmillan, 1990.

Malinvaud, E., *The Theory of Unemployment Reconsidered*, Basi Blackwell, 1977.

Malinvaud, E., *Profitability and Unemployment*, Cambridge University Press, 1980.

Malinvaud, E., 1982, "Wages and Unemployment", *Economic Journal*, vol.92.

Malinvaud, E., *Essais sur la théorie du chômage*, Calmann-Levy, 1983.

Malinvaud, E., *Mass Unemployment*, Basil Blackwell, 1984.

Malinvaud, E., 1986, "Sur les statistiques de l'emploi et du chômage", rapport au Premier ministre, juillet, La Documentation francaise.

Malinvaud, E., 1987, "La courbe de Beveridge, in flexibilité, mobiliteé et stimulants économiques", colloque annuel de I'AFSE, Nathan.

Malinvaud, E., 1991, "Voies de la recherche macroéconomique", éditions Odile Jacob.

Malinvaud, E., and Fitoussi, J.P., (ed.), *Unemployment in Western Countries*, Macmillan, 1980.

OCDE, 1995, Emploi et chômage dens I'OCDE: la persistance des problèmes, Probl èmes économiques n°2.436, 1995.

Perrot, A. and Zylberberg, A., 1989, "Salaire d'efficience et dualisme du marché du travail", *Revue économique*, janvier.

Patinkin, D., *Money*, *Interest and Price*, New York: Haeper and Row, 1956.

Perrot, E.S., *Inflation Policy and Unemployment Theory*, Macmillan, 1972.

Phelps, E., 1967, "Phillips Curves, Expectations of Inflation, and Optimal Unemployment over Time", *Economica*, 34 august, 251—81.

Phelps, E.S., *Inflation Policy and Unemployment Theory*, Macmillan, 1972.

Phelps, E. S. et al, *Microeconomic Foundations of Employment and Unemployment*, Norton, 1970.

Phillips, A.W., 1958, "The Relation Between Unemployment and the Rate of Change in Money Wage Rates in the United Kingdom 1861—1957", *Economca*, 25, Nov.283—99.

Pindyck, R.and Rubinfeld, D., *Microeconomics*, New York: Macmillan, 1992.

Piore, M.J., "The Dual Labour Market, Theory and Application", in Barringer, R.and Beer, S.H., (ed.), *The State and the Poor*, Cambridge Mass Winthrop, 1970.

Piore, M.J., 1987, "Historical Perspectives and the Interpretation of Unemployment", *Journal of Economic Literature*, December.

Rosen, S., 1985, "Implicit Contracts: A Survey", *Journal of Economic Lit-*

erature, Vol.23.

Sachs, J. D. and Larrian B. F., *Macroeconomics in the Global Economy*, Prentice-Hall, Inc, 1993.

Sargent, T. J. and Wallace, N., 1975, "Rational Expectations, the Optimal Monetary Instrument, and the Optimal Money Supply Rule", *Journal of Political Economy*, 83, 241—54.

Shapiro, C. and Stiglitz, J., 1984, "Equilibrium Unemployment as a Worker Discipline Device", *The American Economic Review*, Vol.74(3).

Shimada, H., 1982, "Japan's Postwar Industrial Growth and Labor-Management Relations", Proceedings of the Annual Meeting of the Industrial Relations Research Association, 1982.

Solow, R.M., 1979, "Another Possible Source of Wage Stickiness", *Joural of Macroeconomics*, Ⅰ(1).

Solow, R.M., 1985, "Insiders and Outsiders in Wage Determination", *Scandinavian Journal of Economics*, Vol.87, 2.

Sorrentino, C., 1995, "Quel indicateur pour le chômage", *Problèmes économiques*, n°2.449, 1995.

Stiglitz, J.E., 1986, "Theories of Wage Rigidity", NBER reprint n° 716, National Bureau of Economic Research, Inc.

Stiglitz, J. E., 1987, "The Causes and Consequences of the Dependence of Quality on Price", *Journal of Economic Literature*, mars.

Wilkinton, F., *The Dynamics of Labour Market Segmentation*, American Press, 1981.

中文部分

陈宗胜:《完善失业保障,逐步解决失业问题》,《开放导报》1995 年第 3 期。

樊纲:《两种改革成本与两种改革方式》,《经济研究》1993 年第 1 期。

格雷戈里和斯图尔特(Gregory, P. and Stuart, R.):《比较经济体制学》,中译本,上海三联书店 1988 年 6 月版。

霍夫曼(Hoffman, S.):《劳动力市场经济学》,中译本,上海三联书店 1989 年 1 月版。

简新华:《发达市场经济国家失业保障制度》,《经济学动态》1996 年第 6 期。

卡尔·马克思:《资本论》,《马克思恩格斯全集》中文版第 23 卷,人民出版社 1972 年 9 月版。

科尔奈(Kornai, J.):《短缺经济学》,中译本,经济科学出版社 1986 年版。

劳动部劳科所课题组:《中国未来十年发展战略研究》,《管理世界》1996年第1期。
林毅夫等:《中国的奇迹:发展战略与经济改革》,上海三联书店、上海人民出版社1994年版。
刘易斯(Lewis):《劳动力无限供给条件下的经济发展》,中译文载《二元经济论》,北京经济学院出版社1989年版。
陆铭、袁志刚:《过渡性失业保险方案与国有企业改革》,《学习与探索》1997年第2期。
世界经济年鉴编辑委员会:《世界经济年鉴》(1992—1995),中国社会科学出版社。
王诚:《中国就业转型:从隐蔽失业、就业不足到效率型就业》,《经济研究》1996年第5期。
辛欣:《论中国失业保险制度改革》,《上海保险》1995年第7期。
喻文益、朱圣伟:《过剩就业经济学》,企业管理出版社1994年版。
袁志刚(1994a):《非瓦尔拉均衡理论及其在中国经济中的应用》,上海三联书店1994年版。
袁志刚(1994b):《失业理论与中国失业问题》,《经济研究》1994年第9期。
袁志刚:《治理城市失业不能只有短期措施》,《探索与争鸣》1995年第7期。
袁志刚、胡书东:《中国农村剩余劳动力转移和区域经济发展》,《浙江社会科学》1996年第5期。
袁志刚(1996a):《论再就业工程的必要性和意义》,《文汇报》1996年11月6日。
袁志刚(1996b):《中国转型经济中的失业及其治理》,《天津社会科学》1996年第6期。
袁志刚:《西欧与美国失业情况的比较》,《上海经济研究》1997年第1期。
朱铭来:《各国的失业保险制度》,《上海保险》1996年第12期。

后　记

对于失业问题的研究始于我回国以后在复旦大学经济学院博士后流动站工作期间，研究课题是我国宏观经济运行及其调控。当时人们对通货膨胀问题较为关注，但是我的感觉是，失业问题将是我国宏观经济运行中的一个跨世纪的难题。兴趣就逐渐转移到这上面。出站以后继续关注这一问题，并萌发写作一部《失业经济学》的念头，但感到国内资料不足。恰逢此时，我与我的夫人接到法国人文科学院(M.S.H)莫利斯·爱玛德(M.Aymard)院长和副院长让多(P.Gentot)夫人的邀请，于1996年1—4月间在巴黎与社会科学高等研究院(E.H.E.S.S.)的旭房斯(B.Chavance)教授进行合作研究，使我有机会在那里收集到写作本书所需的资料。借本书出版之际，我要表达对爱玛德先生、让多夫人和旭房斯先生的感激之情。同时本课题研究还得到国家教委人教司资助优秀年轻教师基金的资助，在此表示感谢。在失业问题的研究和本书的写作过程中，始终得到我在博士后流动站的联系导师、复旦大学经济学首席教授伍柏麟先生的鼓励，同时也感谢他为本书写了序。我的学生陆铭、方颖和黄景章三位同学仔细阅读了本书的初稿，并提出一些意见，也一并在此感谢。上海人民出版社社长陈昕先生一贯支持年轻学者学术著作的出版，本书的出版过程中，他在百忙中抽出时间亲自审阅定稿，令人十分感激。同时也感谢该社何元龙先生为本书出版所作的工作。

最后，本书得以出版还与我家人的支持分不开。在本书的成稿阶段，我夫人与儿子竟容忍我“离家出走”，我的岳父母专程从杭州来沪承担了家里所有的杂务，使我能躲进复旦正大管理中心招待所潜心写作。

袁志刚

1997年6月30日记于复旦

图书在版编目（CIP）数据

失业经济学/袁志刚著. —上海：格致出版社：上海人民出版社,2016.8
（世纪中国论坛典藏文库）
ISBN 978 – 7 – 5432 – 2652 – 4

Ⅰ. ①失… Ⅱ. ①袁… Ⅲ. ①失业–劳动经济学 Ⅳ. ①F241.4

中国版本图书馆 CIP 数据核字(2016)第 172077 号

责任编辑 忻雁翔
装帧设计 陈 楠

·世纪中国论坛典藏文库·

失业经济学

袁志刚 著

世纪出版股份有限公司 格致出版社
世 纪 出 版 集 团 上海人民出版社 出版
（200001 上海福建中路 193 号 www.ewen.co）
上海世纪出版股份有限公司发行中心发行
上海中华印刷有限公司印刷
开本 720×1000 1/16 印张 16.25 插页 4 字数 207,000
2016 年 8 月第 1 版 2016 年 8 月第 1 次印刷
ISBN 978 – 7 – 5432 – 2652 – 4/F·951
定价 56.00 元